Cen Long

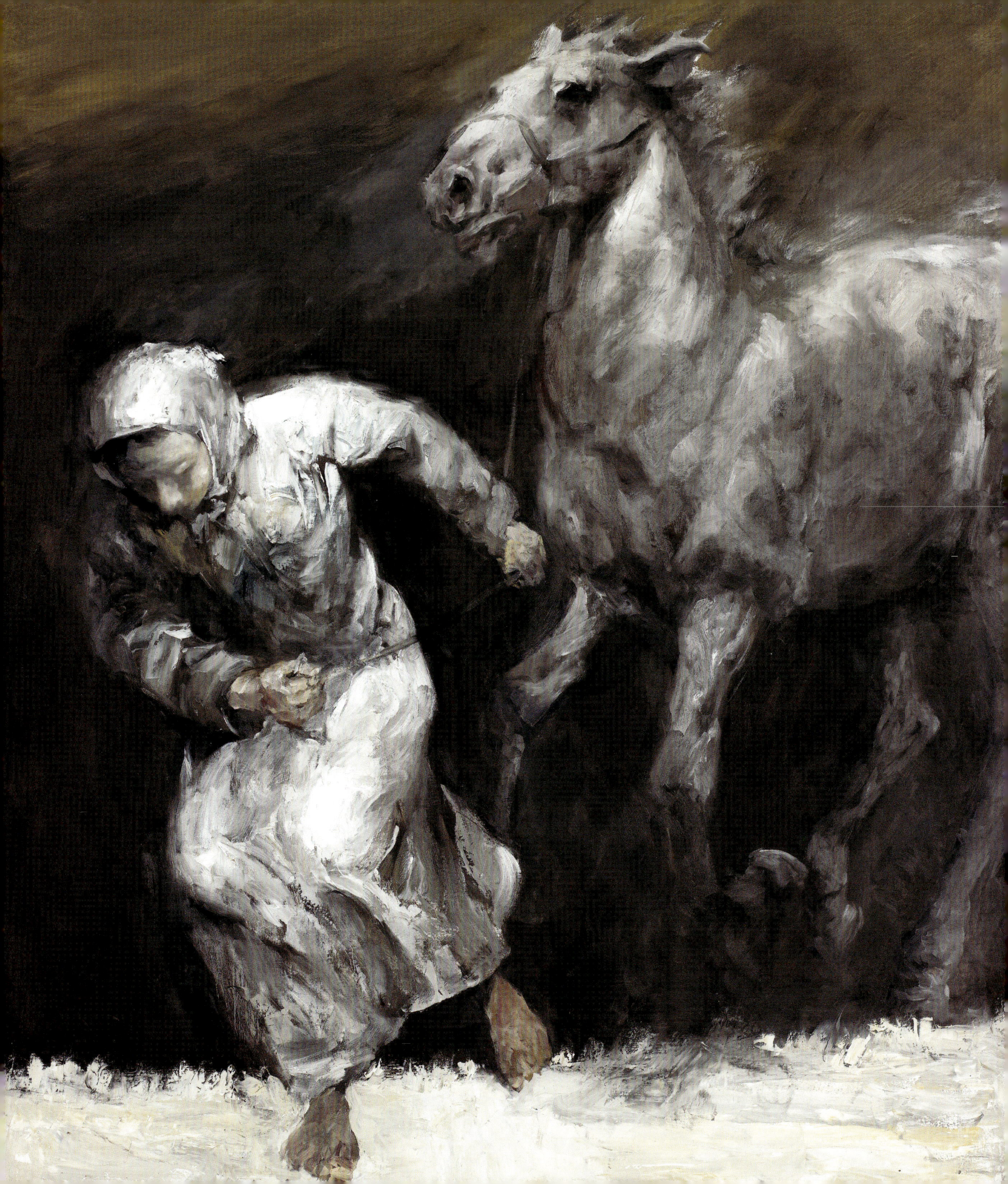

Cen Long

Vita e arte
Life and Art

Candida Syndikus
Metra Lin

SilvanaEditoriale

Con il contributo di / With the contribution of

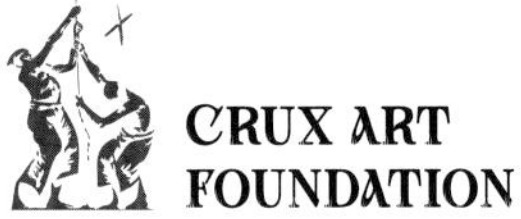

CRUX ART
FOUNDATION

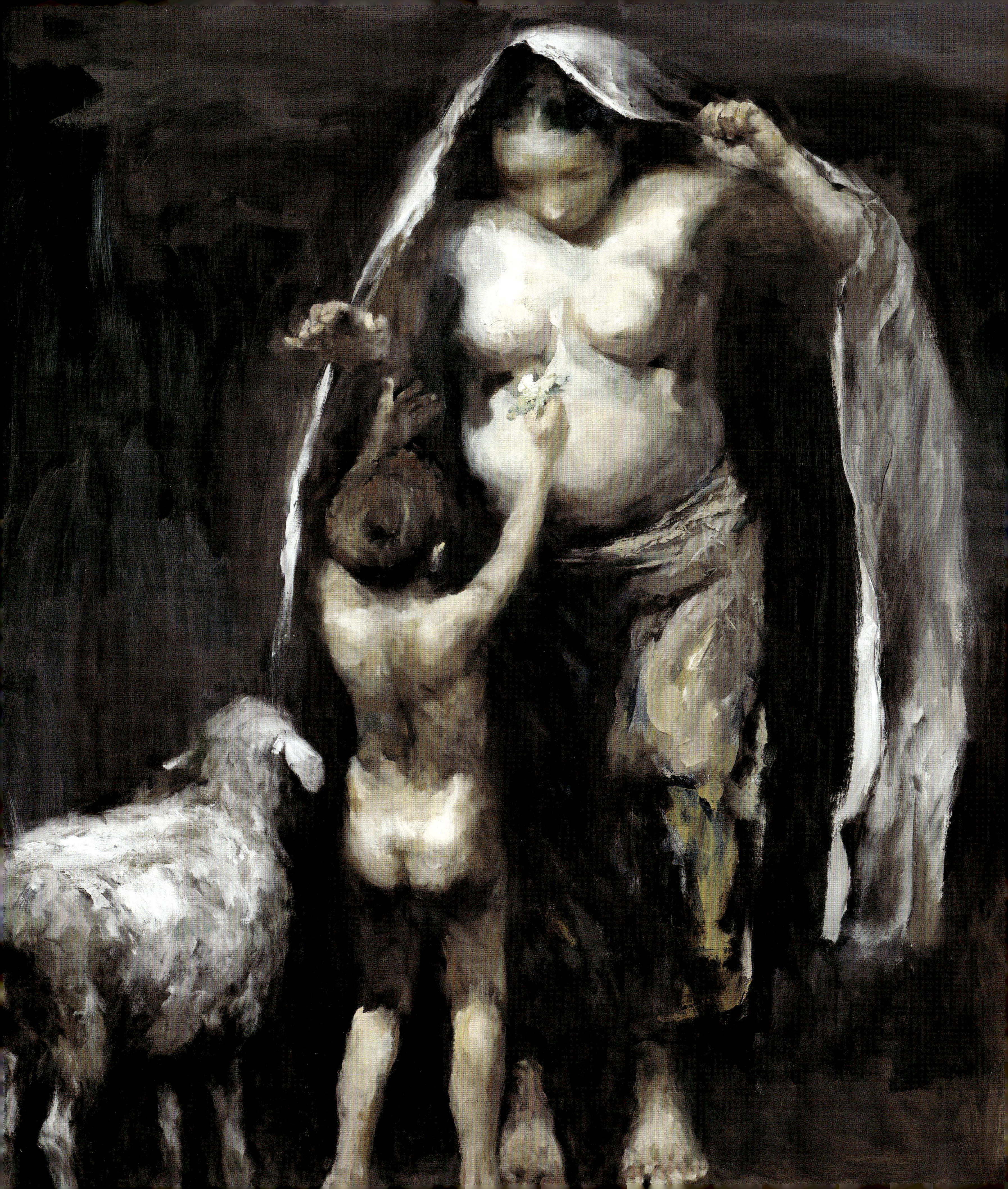

Quando iniziai il mio percorso artistico, all'età di quattro anni,
mi immersi immediatamente nello studio della pittura, rendendomi
via via impermeabile sia alle lodi sia alle critiche. Non mi sono mai
lasciato influenzare dalle opinioni esterne, ma continuo risolutamente
a disegnare solo ciò che è in armonia con il mio intento. Ho coltivato
presto la capacità di discernere tra opere d'arte buone e scadenti e,
con il tempo, insieme alla mia maturità, ho abbracciato un processo
continuo di trasformazione ed evoluzione, un tratto vitale
inerente al temperamento artistico.

Nel santuario dei miei pensieri, le opere eccelse di venerati maestri
compongono un'antologia vivente, sono le luci guida della mia
formazione artistica. Nonostante la loro genialità, riconosco i difetti
occasionali presenti nelle loro creazioni. Perché anche loro sono umani.
Di conseguenza, mi sforzo di emulare la loro genialità evitando
abilmente le loro trappole, per distillare l'immediatezza dell'esistenza
umana sulla tela. Al centro del mio credo artistico c'è l'imperativo
di dare vita alla tela, infondendo vitalità in ogni pennellata,
una filosofia che trasmetto a tutti i miei studenti. Questa vitalità,
caratterizzata da una manifestazione sfumata di essenza
spirituale e cognitiva, riflette la mia convinzione che l'umanità
sia fondamentalmente affine alla pace e alla gentilezza.
Alla luce di tutto questo, la mia aspirazione è che la mia
espressione artistica si plachi come un flusso serenamente
limpido in mezzo alla cacofonia dell'esistenza.

Cen Long

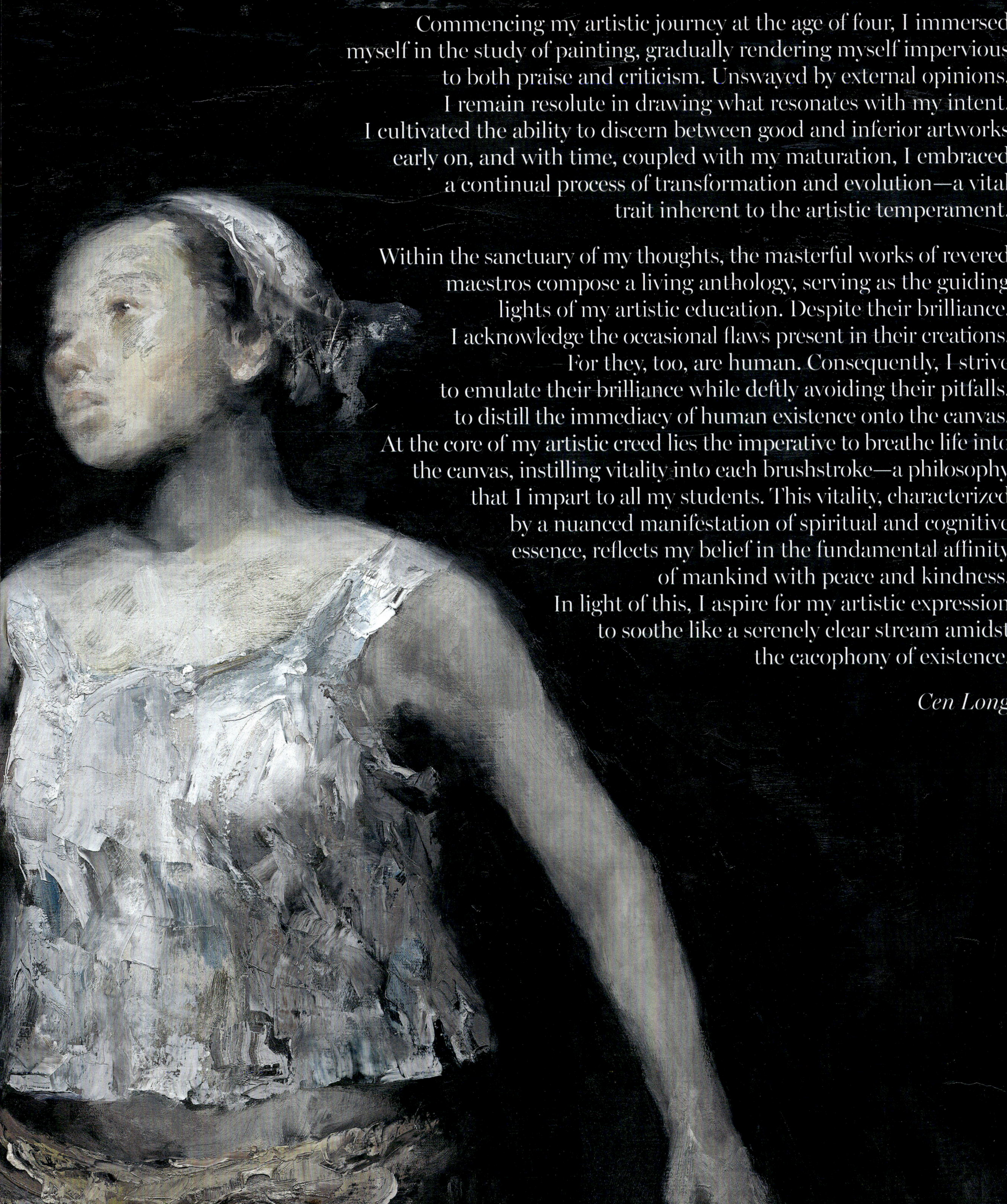

Commencing my artistic journey at the age of four, I immersed
myself in the study of painting, gradually rendering myself impervious
to both praise and criticism. Unswayed by external opinions,
I remain resolute in drawing what resonates with my intent.
I cultivated the ability to discern between good and inferior artworks
early on, and with time, coupled with my maturation, I embraced
a continual process of transformation and evolution—a vital
trait inherent to the artistic temperament.

Within the sanctuary of my thoughts, the masterful works of revered
maestros compose a living anthology, serving as the guiding
lights of my artistic education. Despite their brilliance,
I acknowledge the occasional flaws present in their creations.
For they, too, are human. Consequently, I strive
to emulate their brilliance while deftly avoiding their pitfalls,
to distill the immediacy of human existence onto the canvas.
At the core of my artistic creed lies the imperative to breathe life into
the canvas, instilling vitality into each brushstroke—a philosophy
that I impart to all my students. This vitality, characterized
by a nuanced manifestation of spiritual and cognitive
essence, reflects my belief in the fundamental affinity
of mankind with peace and kindness.
In light of this, I aspire for my artistic expression
to soothe like a serenely clear stream amidst
the cacophony of existence.

Cen Long

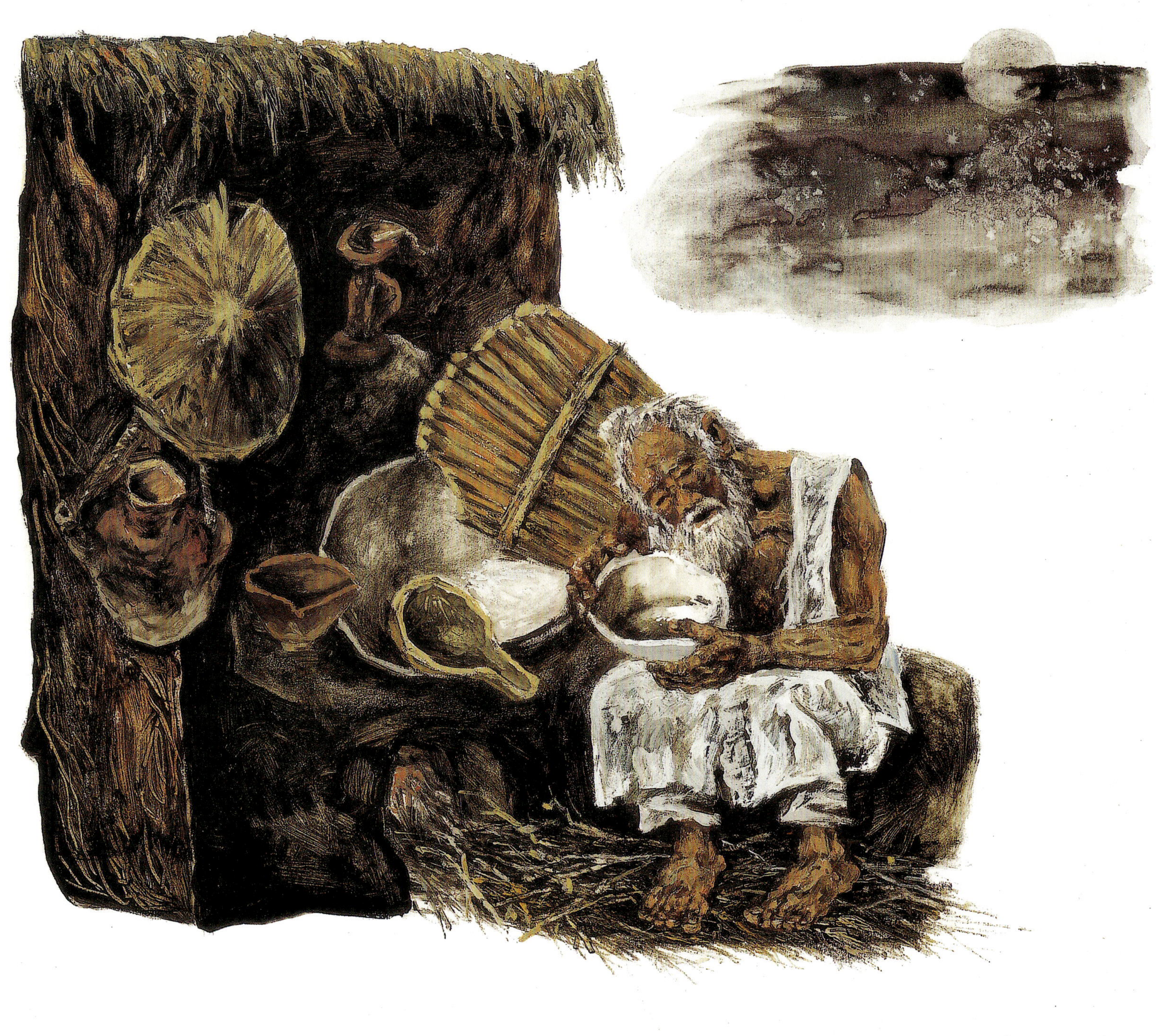

Illustrazioni tratte da *The Old Charcoal Seller*, 1989
Gouache su carta

Illustrations from *The Old Charcoal Seller*, 1989
Gouache on paper

Preface

My introduction to Cen Long dates back to the early months of 2002 when I encountered his illustrations for *The Old Charcoal Seller*. His distinct illustrative style immediately captivated me, laying the foundation for a profound camaraderie that blossomed over the ensuing years.

Written by the renowned Tang Dynasty poet, Bai Juyi, *The Old Charcoal Seller* is a poem about an aged recluse dwelling in the recesses of the mountains. For the sustenance of his kin, the elderly man toils ceaselessly in the mountains, hewing wood and burning charcoal. The impoverished elder, lacking proper protection against the biting cold, endures the frosty temperature while harboring a paradoxical desire for colder weather, foreseeing the prospect of enhanced charcoal prices. One day, as he hoped, a heavy snowfall blankets the landscape. Before daybreak, the elderly man, pushing a cart laden with firewood, embarks on his journey. Abruptly, two well-clad officials appear and coerce him into transporting the load of charcoal into the imperial precincts. In return, they bestow upon the destitute elder some fine fabrics. The old man, who struggles to satiate his hunger, is left pondering the utility of such luxuriant textiles. In Cen's reinterpretation of the denouement, the famished elder, casting a gaze skyward, sighs. His only desire lies in the hope that the heavens, in their benevolence, might grace him with more snow, allowing him to produce and vend more charcoal.

Executed in 1989, the illustrations for *The Old Charcoal Seller* employ opaque watercolors as their medium. Their distinctiveness lies in the deliberate distortion of character forms, the intentional augmentation of physical proportions, and the judicious use of negative space coupled with forceful brushstrokes. My initial fascination transcended into a profound emotional resonance upon discovering that these illustrative works constituted a personal allegory of Cen's life during a period of adversities.

Despite a chronicle marked by successive calamities, his ethos remained unwaveringly optimistic, and his indefatigable vitality became the crucible through which life's vicissitudes were met.

Cen hails from a scholarly lineage. His father, Cen Jia Wu, having met a tragic demise, is posthumously acknowledged as a "precociously stilled genius" in the realms of art history, anthropology, and ethnography. His mother, a luminary in historical scholarship, is amongst China's preeminent female scholars. Cen, moreover, emerges as the paragon of erudition in literature and music among the Asian scholars I know personally. His profound love for classical music and opera is complemented by an extensive exploration of Western literature and philosophy. Furthermore, he possesses a nuanced appreciation for Chinese calligraphy, literature, and the broader realms of history and philosophy. This combination of learning and knowledge imparts an extraordinary depth to his artistic oeuvre.

Over the past two decades, Cen has lived as a solitary figure, embracing a life of seclusion centered around the canvas, music, and books. In our conversations, he openly shared his admiration for the lifelong commitment of the British painter Lucien Freud, aspiring to follow a similar path of continual improvement without succumbing to stagnation in advanced age. Driven by an unwavering work ethic, Cen aspires to create numerous masterpieces before inevitably surrendering to the embrace of death before the canvas. This is the Cen Long I profoundly respect—a thoughtful and persistent philosopher-artist skillfully navigating the currents of contemporary society through the medium of art.

Metra Lin
Taipei, November 2023

Prefazione

Il mio incontro con Cen Long risale ai primi mesi del 2002, quando vidi le sue illustrazioni per *The Old Charcoal Seller* [*Il vecchio venditore di carbone*]. Il suo stile peculiare mi affascinò immediatamente, gettando le basi per una profonda amicizia che sbocciò negli anni successivi.

Scritta da Bai Juyi, celebre poeta della dinastia Tang, *Il vecchio venditore di carbone* è una poesia su un anziano che dimora isolato tra le montagne. L'anziano fatica incessantemente sui monti per il sostentamento dei suoi parenti, tagliando legna e bruciando carbone. Privo di un'adeguata protezione contro il freddo pungente, sopporta la temperatura gelida mentre cova il desiderio paradossale di un ulteriore irrigidimento del clima, prevedendo in questo modo la prospettiva di un aumento dei prezzi del carbone. Un giorno, come sperava, una forte nevicata ricopre il paesaggio. Così l'anziano si mette in viaggio prima dell'alba, spingendo un carro carico di legna da ardere. All'improvviso compaiono due funzionari ben vestiti e lo costringono a trasportare il carico di carbone nei magazzini imperiali. In cambio, donano all'anziano indigente alcuni tessuti pregiati. Il vecchio, che fatica a saziare la sua fame, viene lasciato a riflettere sull'utilità di tessuti così lussuosi. Nella reinterpretazione di Cen dell'epilogo, l'anziano affamato, lanciando lo sguardo al cielo, sospira. Il suo unico desiderio risiede nella speranza che il cielo, nella sua benevolenza, possa onorarlo con più neve, permettendogli di produrre e vendere più carbone.

Eseguite nel 1989, le illustrazioni di *The Old Charcoal Seller* sono realizzate con acquerelli opachi. La loro particolarità risiede nella deliberata distorsione delle forme dei personaggi, nell'aumento intenzionale delle proporzioni fisiche e nell'uso giudizioso dello spazio negativo abbinato a pennellate energiche. L'affascinazione che provai all'inizio si tramutò in una profonda comunanza emotiva quando scoprii che questi disegni costituivano un'allegoria personale della vita di Cen durante un periodo di avversità. Nonostante un'esistenza segnata da successive calamità, la sua etica è rimasta incrollabilmente ottimista, la sua instancabile vitalità è l'attitudine con cui affronta le vicissitudini della vita.

Cen proviene da una famiglia di studiosi. Suo padre, Cen Jia Wu, è morto tragicamente, ma è stato riconosciuto come un genio negli ambiti della storia dell'arte, dell'antropologia e dell'etnografia, purtroppo precocemente silenziato. Sua madre, una luminare di storia, è tra le più eminenti studiose cinesi. Cen, inoltre, viene considerato un modello di erudizione in letteratura e musica tra gli studiosi asiatici che conosco personalmente. Il suo profondo amore per la musica classica e l'opera si affianca alla vasta esplorazione della letteratura e della filosofia occidentale. Inoltre apprezza la calligrafia cinese, la letteratura, la storia e la filosofia. Questa combinazione di apprendimento e conoscenza conferisce una straordinaria profondità alla sua opera artistica.

Negli ultimi due decenni, Cen ha vissuto in solitudine, abbracciando una vita di isolamento incentrata sulla tela, sulla musica e sui libri. Nelle nostre conversazioni ha condiviso apertamente la sua ammirazione per l'impegno continuo del pittore britannico Lucien Freud, aspirando a seguire un percorso simile di miglioramento continuo senza soccombere all'inevitabile rallentamento in età avanzata. Spinto da un'etica del lavoro incrollabile, l'aspirazione di Cen è di continuare a creare numerosi capolavori prima di arrendersi inevitabilmente all'abbraccio della morte, sempre davanti alla tela. Questo è il Cen Long che rispetto profondamente: un artista-filosofo riflessivo e tenace, che naviga abilmente tra le correnti della società contemporanea attraverso il mezzo dell'arte.

Metra Lin
Taipei, novembre 2023

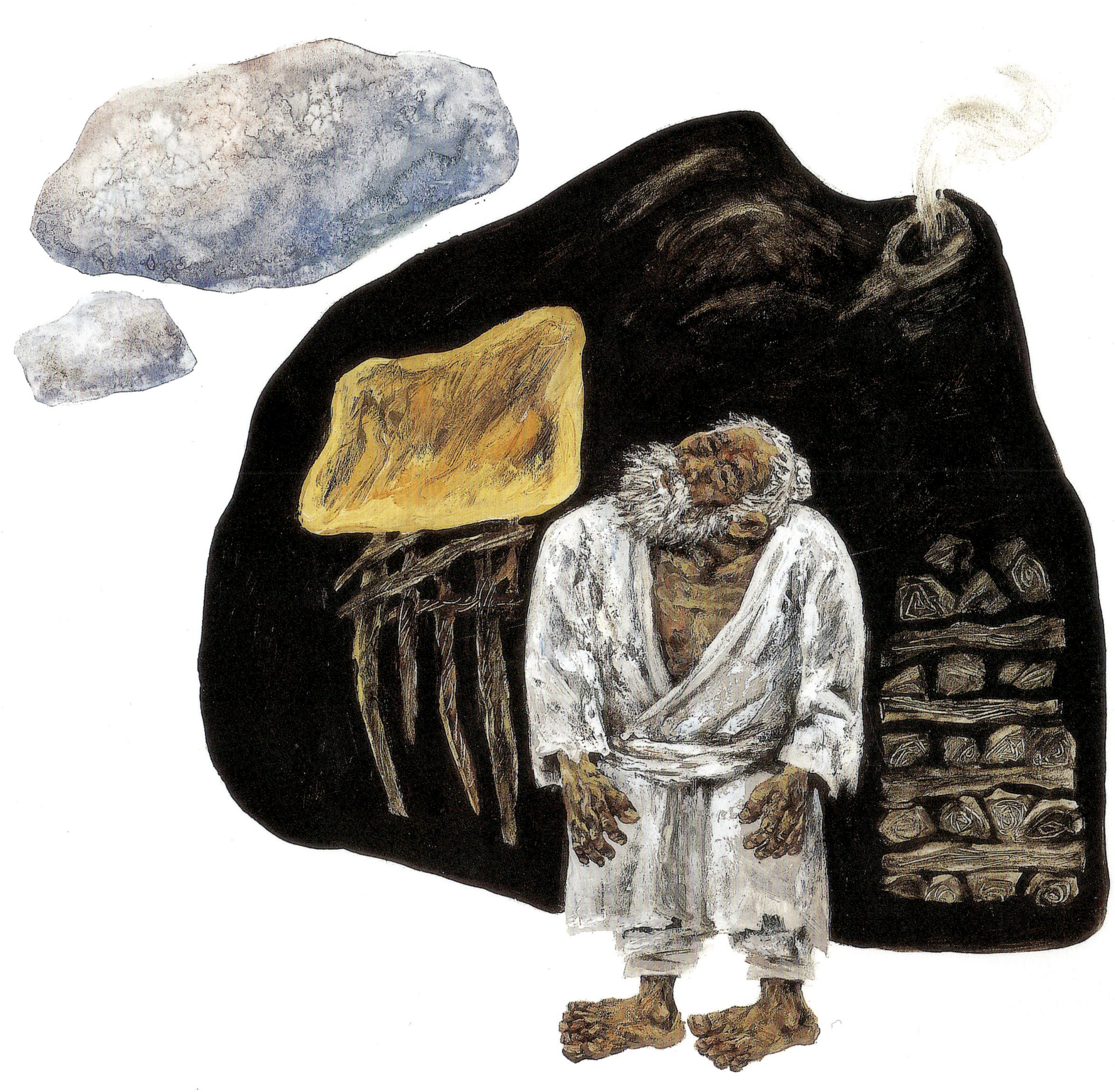

Illustrazioni tratte da *The Old Charcoal Seller*, 1989
Gouache su carta

Illustrations from *The Old Charcoal Seller*, 1989
Gouache on paper

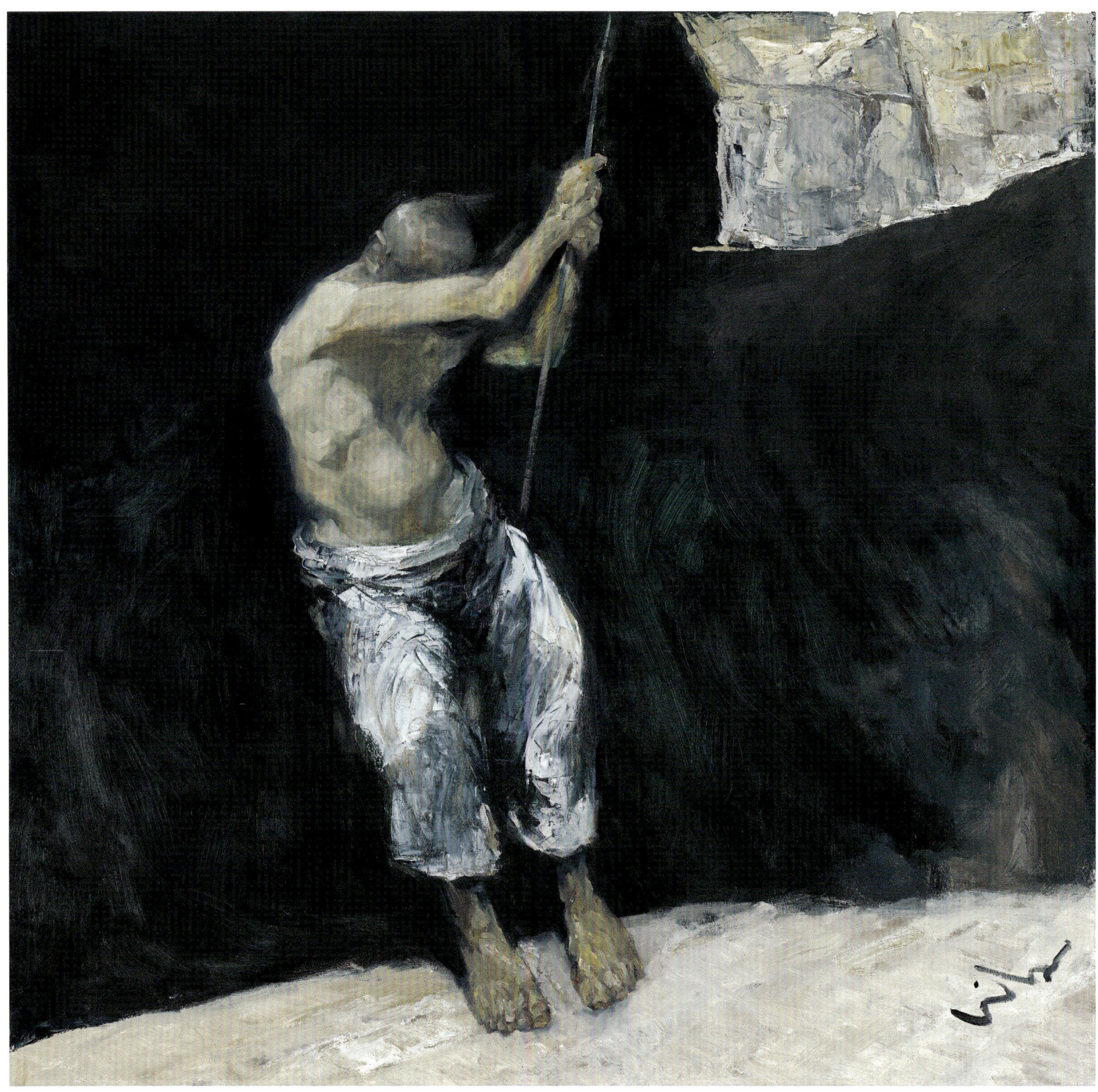

Il marinaio solitario, 2018
Olio su tela
120 x 120 cm

The Lone Sailor, 2018
Oil on canvas
120 x 120 cm

Preface

Art cannot resolve global problems, bring an end to a war, or halt a pandemic. However, owing to their visual impact, artworks possess the ability to contemplate crises and potential solutions. This is why paintings of the Chinese master Cen Long hold such significance in our time. Cen's genuine portrayal of humankind has the power to instill a sense of hope.

Over the span of four decades in his career, Cen Long has crafted a prolific body of paintings distinguished by their cohesive integration of content and form. The primary emphasis of this work revolves around the human figure. His peasants and laborers, both men and women, stand as monumental archetypes of the human condition. His figures resonate with the viewer's emotions, capturing the essence of their profound humanity and unwavering dedication to their tasks.

Unswayed by the pressures of a progressively frenetic contemporary art market, where the correlation between artistic quality and monetary valuation is often skewed, Cen Long produces artworks infused with spiritual profundity and human warmth. Remaining unperturbed by transient fashions and trends within the contemporary art scene, he has acquired—and continues to experience—a liberty of expression and a tranquility of mind that find manifestation in his artworks.

It is my great honor and pleasure to contribute to this volume. My heartfelt gratitude goes to Metra Lin who introduced me to the work of this exceptional artist. Exploring Cen's works alongside her was a truly fulfilling experience. May the readers of this book encounter a similar enriching experience in discovering Cen Long's world.

Candida Syndikus
Taipei, November 2023

Prefazione

L'arte non può risolvere problemi globali, porre fine a un conflitto o fermare una pandemia. Tuttavia, grazie al loro impatto visivo, le opere d'arte hanno la capacità di valutare le crisi e contemplare potenziali soluzioni. È questo il motivo per cui i dipinti del maestro cinese Cen Long assumono ai nostri giorni ancor più importanza. Cen ha realizzato un ritratto genuino dell'umanità, in grado di instillare un senso di speranza.

Il ricco corpus di dipinti creato da Cen Long nell'arco dei quattro decenni della sua attività è caratterizzato da una coesa integrazione di contenuto e forma. L'enfasi principale della sua opera ruota attorno alla figura umana. I contadini e gli operai da lui raffigurati, uomini e donne, si tramutano in archetipi monumentali della condizione umana. Le sue figure echeggiano le emozioni dello spettatore, che catturano l'essenza della loro profonda umanità e dell'incrollabile dedizione ai loro compiti.

Insensibile alle pressioni di un mercato dell'arte contemporanea progressivamente frenetico, dove la correlazione tra qualità artistica e valutazione monetaria è spesso distorta, Cen Long produce opere intrise di profondità spirituale e calore umano. Imperturbabile alle mode e alle tendenze transitorie della scena artistica contemporanea, ha acquisito – e continua a vivere – una libertà di espressione e una tranquillità mentale che trovano piena manifestazione nelle sue opere.

È per me un grande onore e un piacere contribuire a questo volume. La mia più sentita gratitudine va a Metra Lin che mi ha fatto conoscere il lavoro di questo artista eccezionale. Esplorare le opere di Cen insieme a lei è stata un'esperienza davvero appagante. La mia speranza è che i lettori di questo libro possano vivere un'esperienza parimenti arricchente mentre scoprono il mondo di Cen Long.

Candida Syndikus
Taipei, novembre 2023

I giorni del vento, 2017
Olio su tela
100 x 80 cm

The Days of Wind, 2017
Oil on canvas
100 x 80 cm

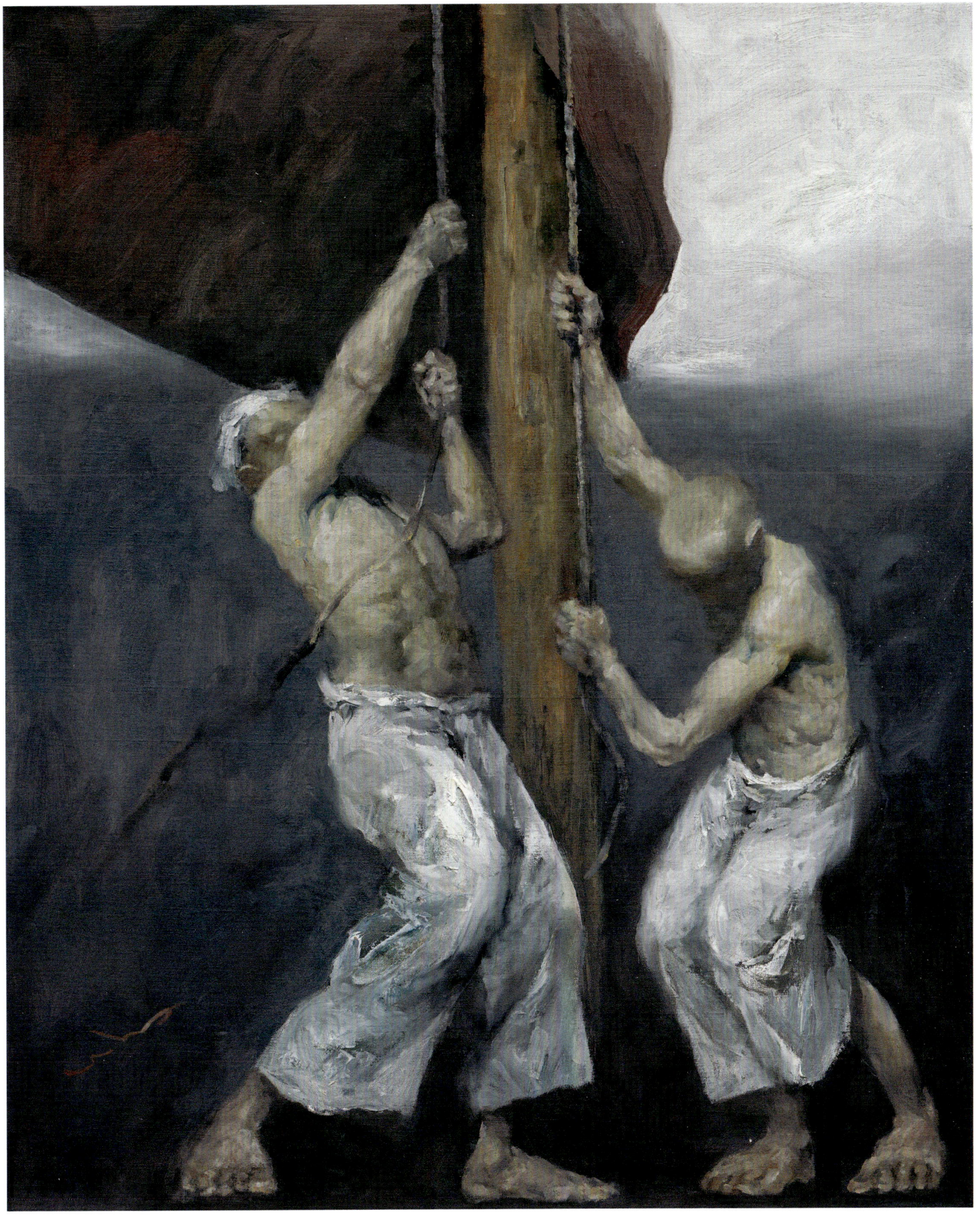

Sommario / Contents

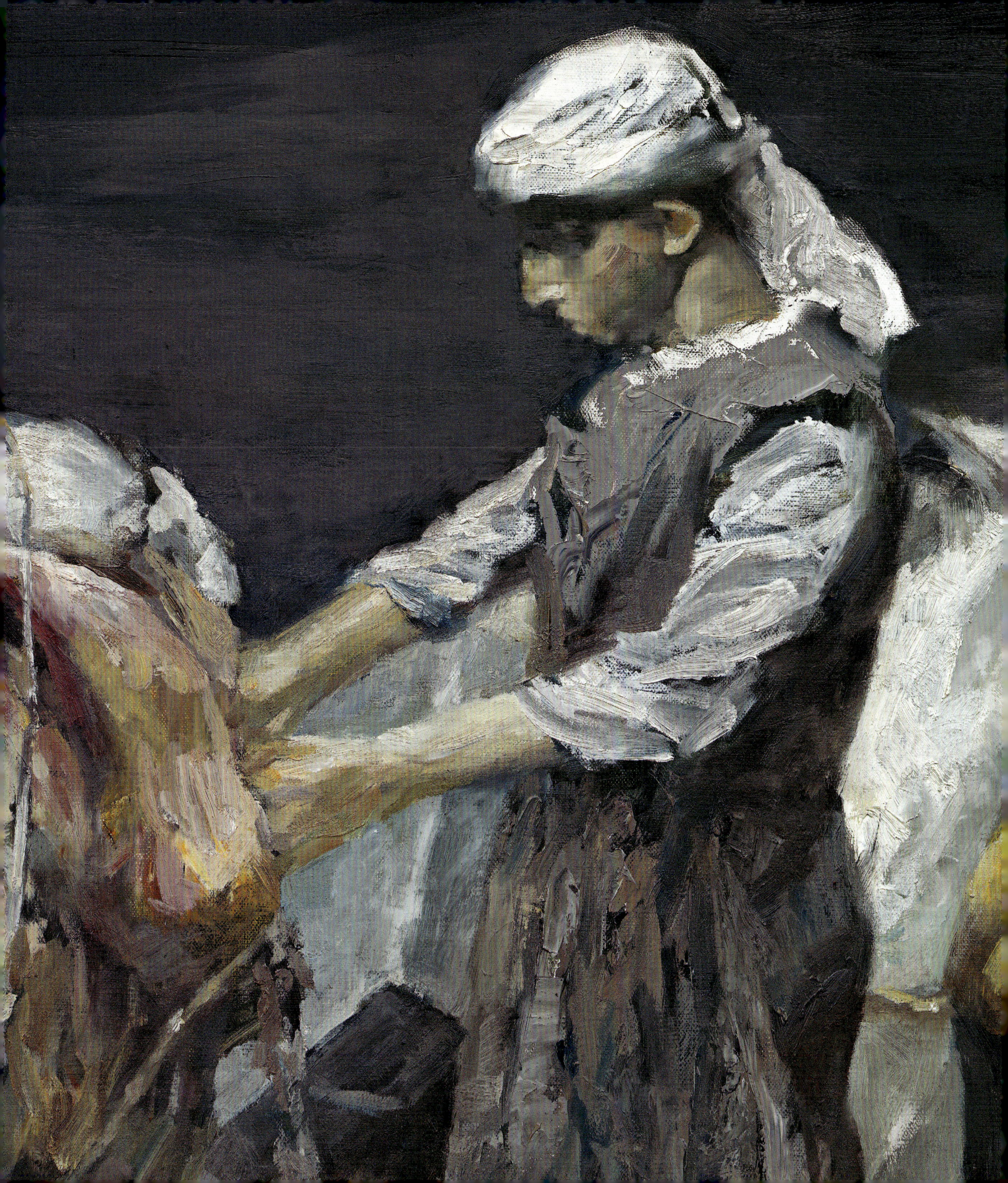

Cen Long e il viaggio della vita

Candida Syndikus

In un breve testo autobiografico intitolato *Rivers* (Fiumi), 2014, Cen Long parla del suo amore per i viaggi e di come questo lo abbia portato a scoprire diverse parti della Cina con i loro paesaggi e le loro culture. I suoi primi anni li descrive così: "Sono nato sulla riva sud del Fiume delle Perle. Nella mia infanzia mi hanno sempre colpito le sirene dei piroscafi che facevano il giro del fiume. [...] Dopo la scuola, mi piaceva restare a passeggiare lungo il fiume Yangtze ascoltando il mormorio dell'acqua corrente. A quel tempo, mi commuovevo e avevo gli occhi pieni di lacrime quando sentivo la canzone intitolata *Ospite che vieni da lontano, per favore resta*. [...] Usavo l'acqua della neve del fiume Xia per cancellare le sciocchezze di quello che avevo sognato la notte precedente. E mangiavo con gioia lo yogurt fatto dalla vecchia nonna. Quando il primo raggio di sole illuminava il Muztagata avvolto nella nebbia, cantavo con i cantanti tagiki che suonavano il Ghichak nella Palude d'Oro presso il fiume Tashkorghan"[1].

Il saggio suggerisce la sua fascinazione per i corsi d'acqua del suo paese d'origine e per le comunità che si stabilirono sulle loro sponde[2]. Molte delle sue opere raffigurano la vita quotidiana dei contadini nelle zone rurali della Cina, mettendo in mostra il loro lavoro e le loro attività. E tuttavia, è interessante osservare che i fiumi non sono un motivo centrale nel lavoro di Cen. Sebbene li troviamo in alcuni dei suoi dipinti, sono rari[3]. Le ambientazioni dei suoi personaggi sono spesso pianure e praterie, o il mare.

È evidente dai suoi versi scritti e dai suoi dipinti che Cen Long considera il fiume, in senso metaforico, come un elemento vitale per l'esistenza umana. I corsi d'acqua della Cina risvegliano in lui la memoria dei tempi in cui le cose semplici arricchivano la vita quotidiana delle persone e ricorda immagini, suoni, profumi e sapori di momenti lontani[4]. Il bellissimo brano di *Rivers* aiuta a far ulteriormente luce sul processo creativo di Cen, rivelando come lui tragga ispirazione dai suoi ricordi e dalla sua immaginazione. Le sue figure sono impegnate in attività quotidiane come l'agricoltura e la pesca, ma, soprattutto, rappresentano archetipi dell'esistenza umana che non si limitano a una specifica regione geografica o origine etnica. Attraverso l'arte di Cen Long possiamo sperimentare un mondo che apprezza l'importanza delle azioni umane più basilari.

Dai documenti di Cen scopriamo inoltre che trascorse parte dei suoi primi anni in Francia: "Ho lasciato la mia città natale con il mio padrino e sono andato a Chalon-sur-Saône, un luogo con molti castelli e antiche dimore dai tetti rossi. Di solito inseguivo le pecore della Colline de Fourvière, che sono giocose e vivaci. Provavo anche una profonda venerazione per il suono delle campane notturne della cattedrale"[5]. Queste informazioni sono cruciali per aiutare il lettore a comprendere aspetti importanti del suo lavoro. Cen ha trovato ispirazione per i suoi protagonisti durante i suoi viaggi nelle zone rurali della Cina e in altri paesi che ha visitato. L'interesse di Cen per le culture straniere ha instillato in lui grande rispetto ed empatia verso gli altri, che si riflette fortemente nei tipi che raffigura nei suoi dipinti.

I brani menzionati sottolineano ulteriormente l'importanza dell'apprendimento continuo per affinare la sua comprensione del mondo. Cen riesce a comprendere un mondo sempre più intricato grazie a una vita di studi, che gli ha fornito profondità intellettuale. I suoi interessi vanno oltre il regno dell'arte per includere anche la letteratura occidentale, la filosofia, la musica classica e il cinema[6]. La capacità di adottare una prospettiva globale gli consente di articolare la sua arte come riflesso degli aspetti fondamentali della vita umana, affrontando il mondo con una visione degli elementi essenziali della vita.

Negli anni più recenti, i dipinti di Cen si sono concentrati particolarmente sull'esistenza umana nel suo insieme. Questo concetto è racchiuso nel suo trittico *Purgatory* (*Purgatorio*) del 2010 (pp.

pp. 16-17

Prima del viaggio, 2017 (dettaglio)
Olio su tela
80 x 100 cm

Before the Journey, 2017 (detail)
Oil on canvas
80 x 100 cm

Cen Long's Voyage of Life

Candida Syndikus

In a brief autobiographical text titled "Rivers" (2014), Cen Long talks about his love for traveling and how it led him to discover different parts of China with their diverse landscapes and cultures. He says of his early years: "I was born in the South Bank of the Pearl River. In my childhood, the sirens of the steamers that went around the river have always impressed me. [...] After school, I loved to stay and walk by the Yangtze River listening to the murmuring of the rushing water. At that time, I would be moved and had my eyes brimmed with tears as I heard the song named 'Guest from Afar, Please Stay.' [...] I used the snow water from Xia River to wash away the balderdashes of my last night's dream. I would also taste with delight the yogurt made by the old grandma. When the first beam of sunlight illuminated the mist-shrouded Muztagata, I would sing with the Tajik singers who played the Ghichak at the Golden Marsh by the river of Tashkorghan."[1]

The essay suggests his fascination for the streams of his home country and the communities that settled at their banks.[2] Many of his works depict the daily life of peasants in rural areas of China, showcasing their labor and activities. Yet, it is intriguing to observe that rivers are not a central motif in Cen's work. Though we do find them in some of his paintings, they are rare.[3] Instead, the settings for his characters are often flat scrublands and prairies, or the sea.

It is evident from his written lines and paintings that Cen Long takes the river—in a metaphorical sense—as a vital element for human existence. The streams of China raise his memories of the times when simple things enriched peoples' daily lives, and he recollects images, sounds, scents, and tastes of moments long ago.[4] The beautiful passage of the "Rivers" helps further shed light on Cen's creative process and reveals how he draws inspiration from his memories and imagination. He depicts his figures engaging in everyday activities like farming and fishing, but—more than that—they represent archetypes of human existence that are not limited to a specific geographical region or ethnic background. Through Cen Long's art, we can experience a world that cherishes the importance of the most basic human undertakings.

Cen's records reveal further that he spent a portion of his early years in France:

"I left my hometown with my godfather and went to Chalon-sur-Saône a place with many castles and old mansions of red roofs. I usually went after the sheep at the Colline de Fourvière which are playful and spirited. I also felt a deep veneration for the ringing of the night bells at the cathedral."[5]

This information is crucial in helping the reader understand important aspects of his work. He found inspiration for his protagonists during his travels to rural areas of China and other countries he visited. Cen's interest in foreign cultures instilled in him a great respect and empathy for others, which is strongly reflected in the types he depicts in his paintings.

The passages mentioned above further suggest the importance of continuous learning in refining his understanding of the world. Cen comprehends an ever more intricate world thanks to a lifetime of studying, which provided him with intellectual depth. His interests extend beyond the realm of art to encompass Western literature, philosophy, classical music, and cinema as well.[6] The capacity to adopt a comprehensive perspective allows him to articulate his art as a reflection of the fundamental aspects of human life, confronting the world with a vision of life's essentials.

In recent years, Cen's paintings have particularly focused on human existence as a whole. This concept is encapsulated in his seminal triptych *Purgatory*, which he created in 2010 (pp. 24–25).[7] Cen

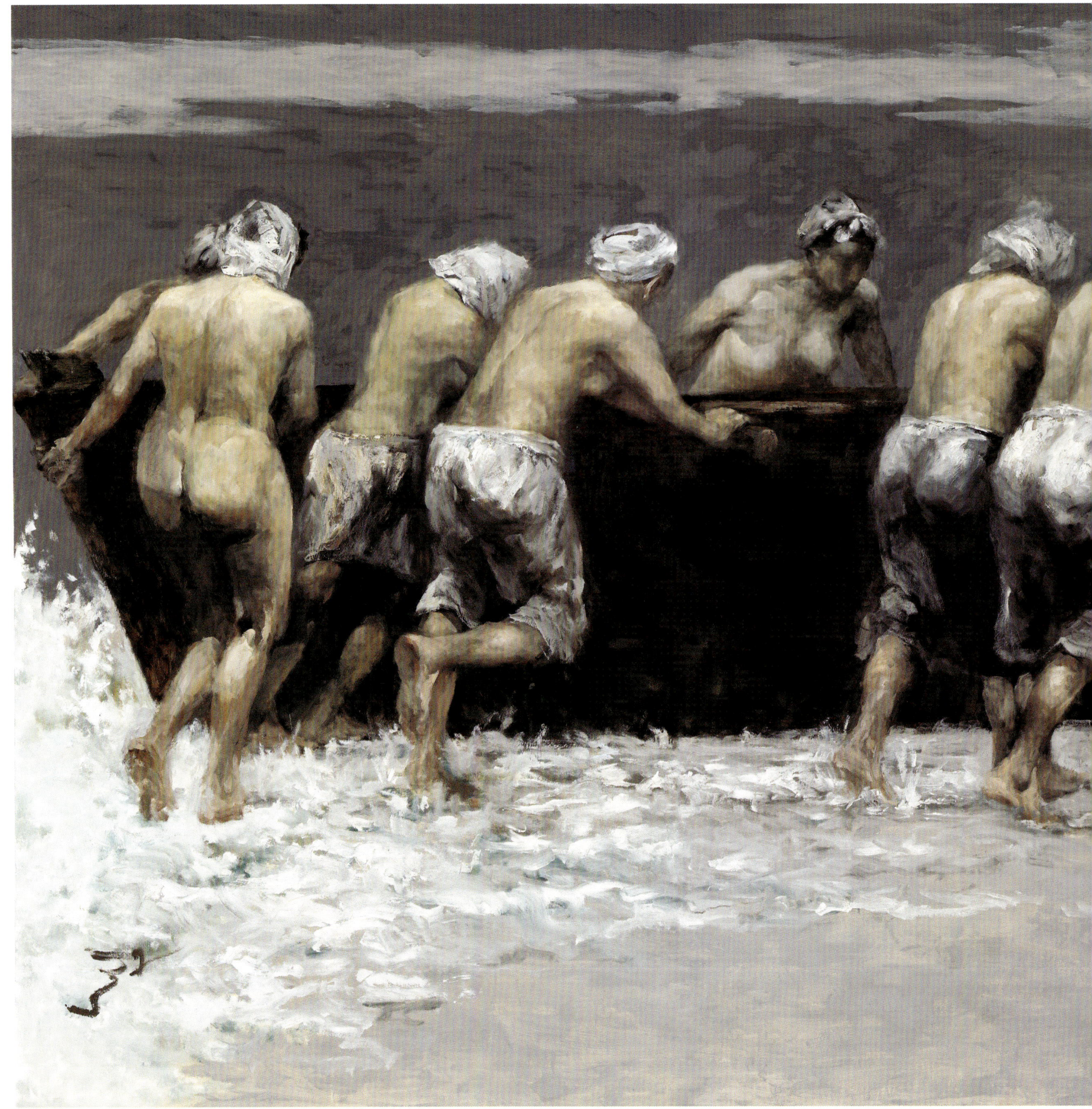

Cen Long e il viaggio della vita

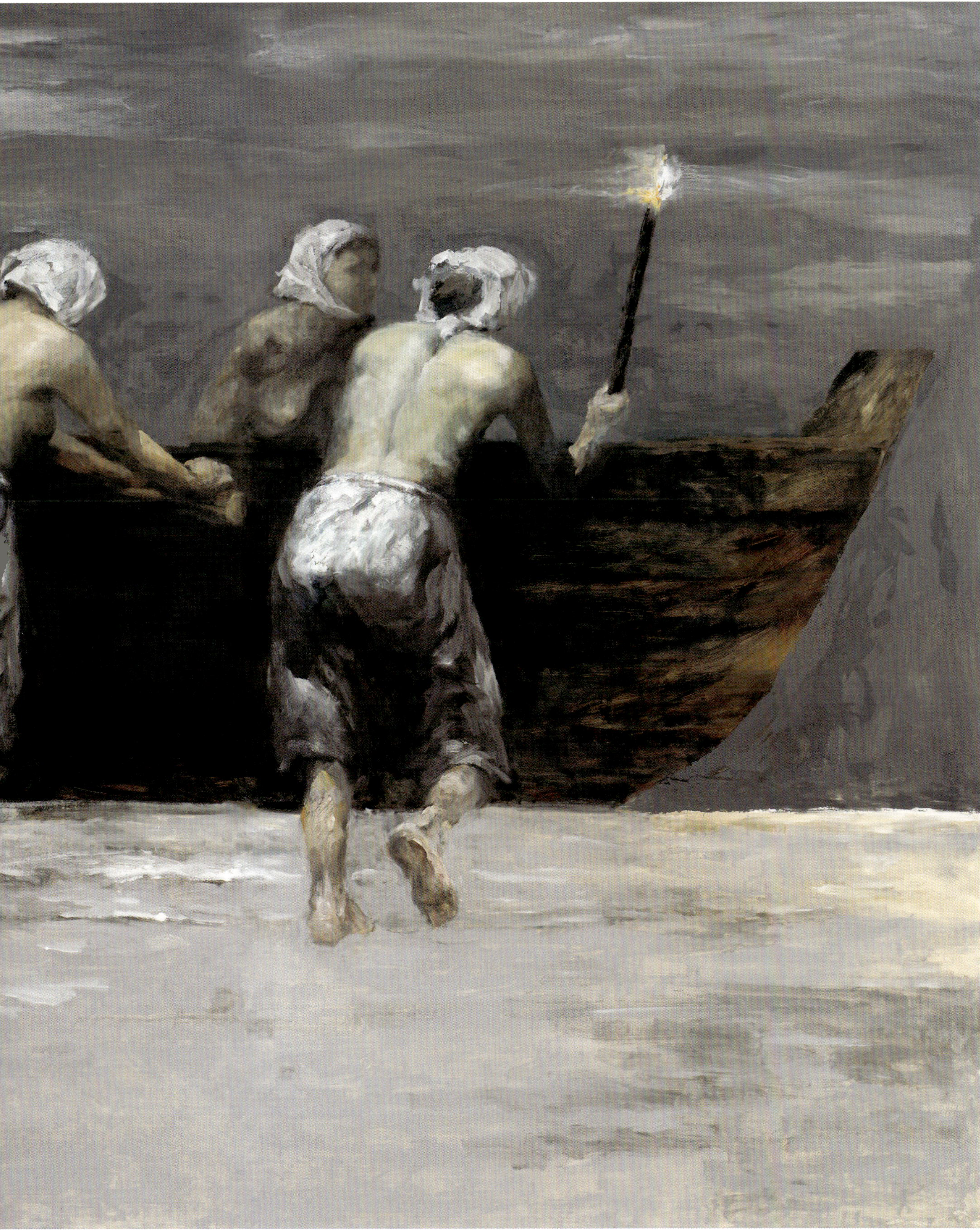

Il rito delle pescatrici di perle, 2019
Olio su tela
200 x 360 cm

The Pearl Fishers' Rite, 2019
Oil on canvas
200 x 360 cm

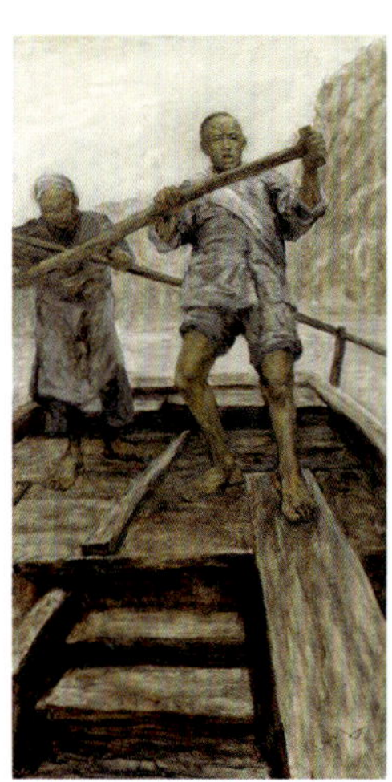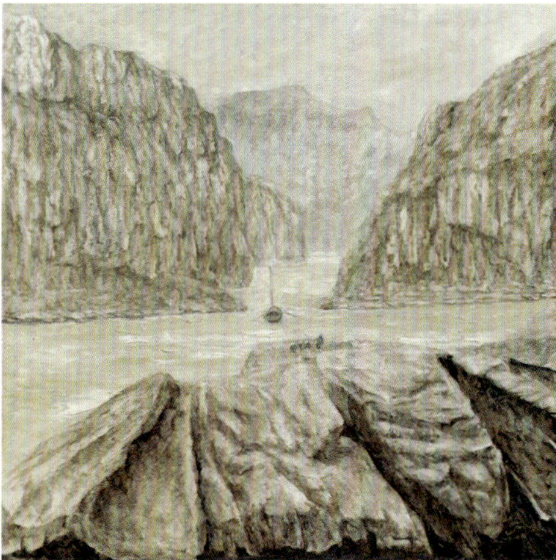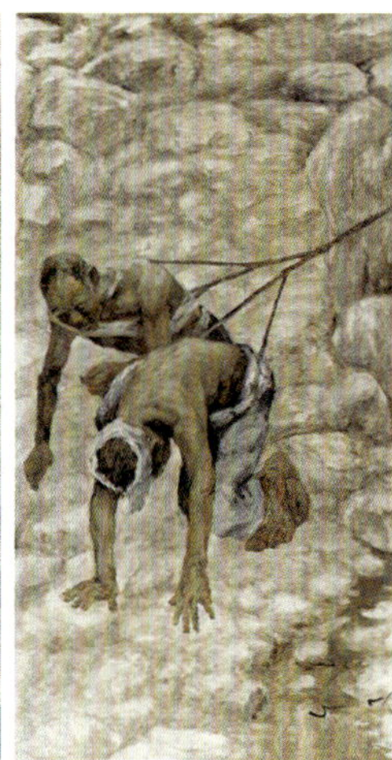

La canzone del Burlak
(Trittico), 2013
Olio su tela
100 x 200 cm

Burlak Song (Triptych),
2013
Oil on canvas
100 x 200 cm

24-25)[7]. Qui Cen ha ridotto notevolmente i campi visivi per concentrarsi sulle figure. Questa modalità compositiva lo aiuta a muoversi verso la monumentalità. Allo stesso tempo, una palette di colori decisamente tenui e contrasti chiaroscurali pronunciati gli permettono di attirare l'attenzione dello spettatore sulle figure centrali dei suoi dipinti.

Caratterizzato dalla maggiore ampiezza della parte centrale rispetto alle ali, il pezzo centrale, intitolato *The Moon's Shadow* (*L'ombra della luna*), è dominato da un vecchio albero nodoso che estende i suoi rami in tutte le direzioni e apparentemente oltre i margini dell'immagine. Splende brillantemente nella luce bianca della luna contro un campo scuro che da qualche parte sullo sfondo sembra fondersi con il cielo cupo. Cen ha avvicinato l'albero il più possibile alla superficie del dipinto, stabilendo un contatto diretto con lo spettatore. Anche se gli siamo vicini è impossibile discernere la specie a cui appartiene. Ciò che percepiamo è il concetto di un albero, piuttosto che di una singola pianta ben riconoscibile.

Light of Heart (*La luce del cuore*), a sinistra, raffigura un uomo in piedi, su una pianura desolata e rocciosa che si estende verso lo sfondo lontano; viene ritratto nel momento in cui si china e raccoglie dal terreno arido e brullo una lampada a olio. Il cavallo nel piano intermedio è il suo unico compagno nella desolata vastità della pianura. L'immagine a destra, *Night Sailor* (*Marinaio di notte*), raffigura un marinaio a bordo della sua barca, che si prepara a intraprendere un viaggio incerto nel vasto mare aperto.

A parte la posizione centrale dell'albero nel trittico, la vera essenza del messaggio si trova in *Light of Heart* a sinistra. L'uomo tiene delicatamente tra le mani una lampada a olio, proteggendola come un tesoro prezioso. La minuscola fiamma risalta con le sue calde tonalità riflesse dalla superficie dell'olio. Il ritratto di agricoltori, contadini, pescatori, marinai e pastori di Cen Long è una testimonianza convincente delle lotte della condizione umana. La fiamma rappresenta il barlume di speranza nelle difficoltà della vita quotidiana. Altro elemento fondamentale è il modo in cui Cen incorpora lo spettatore nella sua opera d'arte: mentre si ammira l'opera si ha la sensazione di doversi muovere molto cautamente davanti al dipinto in modo da non spegnere accidentalmente la fiamma. Osservando la parte destra, lo spettatore ha la sensazione di unirsi al marinaio sulla sua barca. Nonostante le figure evitino il confronto diretto con il pubblico, poiché sono profondamente assorbite nelle loro azioni, l'artista coinvolge lo spettatore aprendo lo spazio pittorico davanti al piano dell'immagine. Questa azione crea immediatezza e contribuisce alla sensazione di grande autenticità che promana dalle opere di Cen.

Le figure nel trittico abitano uno spazio di natura austera. Le sfumature opache dei colori enfatizzano l'atmosfera generale. La scelta dei colori da parte dell'artista si discosta in modo significativo dai vibranti toni della terra utilizzati nei dipinti che raffigurano un'immagine più realistica degli individui nell'ambiente circostante (pp. 24-25). Il cielo notturno, cupo, con il suo vasto vuoto e la mancanza di luce, trasmette un senso di malinconia e disperazione. Ma la lampada ci ricorda in modo toccante che anche nell'oscurità, a patto di cercarle, possiamo trovare speranza e bellezza.

La maggior parte dei recenti dipinti di Cen manca di caratteristiche narrative e dettagli topografici precisi come in *Purgatory*. Tutti i motivi e le dimensioni spaziali del trittico – la pianura, la barca e il mare – sono stati formalmente ridotti a modelli quasi astratti, complementi dell'albero e degli uomini, senza tuttavia perdere il loro significato. Riflettono le condizioni delle figure. Le opere di Cen sono sempre più caratterizzate da questa rigida gerarchia di centro e periferia, con un'enfasi sulle configurazioni centrali.

Dalle opere di Cen promana un senso di gentilezza, compassione ed empatia verso tutti gli esseri

has significantly decreased the fields of view to focus on the figures. This compositional mode helps him move towards monumentality. At the same time, a distinctly muted color scheme and pronounced *chiaroscuro* contrasts allow him to draw the viewer's focus to the central figures within his paintings.

Distinguished by its greater width from the wings, the centerpiece, titled *The Moon's Shadow*, is dominated by a gnarled old tree spreading out its branches in all directions, and ostensibly beyond the picture's edges. It is shining brightly in the white light of the moon against a dark field that somewhere in the background appears to merge with the gloomy sky. Cen approximated the tree as closely as possible to the painting surface establishing direct contact with the viewer. Even though we are close to it, it is impossible to discern the species to which it belongs. What we perceive is the concept of a tree rather than a recognizable individual plant.

Light of Heart on the left portrays a man standing on a desolate and rocky plain that stretches into the distant background; he bends down and picks up an oil lamp from the dry, barren ground. A horse in the middle ground is his sole companion in the desolate vastness of the plain. The image on the right side depicts a *Night Sailor* aboard his boat, preparing to embark on an uncertain journey into the vast open sea.

The central position of the tree in the triptych aside, the true essence of the message lies within *Light of Heart* on the left. The man holds the oil lamp gently in his hands, protecting it like a precious treasure. The tiny flame stands out with its warm hues reflected by the surface of the oil. Cen Long's portrayal of farmers, peasants, fishermen, sailors, and shepherds is a compelling testimony to the struggles of the human condition. The flame stands for the glimmer of hope in the hardships of daily life. One cannot overlook how Cen incorporates the viewer into his artwork. It is like you have to be very cautious while moving in front of the painting so that you do not accidentally extinguish the flame. On the right-hand side, the beholder feels to be joining the sailor on his boat. Despite the figures avoiding direct confrontation with the audience, as they are deeply absorbed in their actions, the artist engages the viewer by opening the pictorial space in front of the picture plane. This creates immediacy and contributes to the great authenticity of the works.

Cen's figures in the triptych inhabit a space that is austere in nature. The dull shades of colors enhance the overall atmosphere. The artist's choice of colors deviates significantly from the vibrant earthy tones used in the paintings that depict a more realistic image of individuals in their surroundings (pp. 24–25). The dark night sky, with its vast emptiness and lack of light, conveys a sense of melancholy and despair. The lamp is a poignant reminder that even amid darkness, there is hope and beauty to be found if we look for it.

Most of Cen's recent paintings lack narrative features and precise topographical details as *Purgatory*. All spatial motifs and dimensions in the triptych—the plain, the boat, and the sea—have been reduced formally to nearly abstract patterns, foils for the tree and the men, yet, without losing their meaning. They are reflecting the condition of the figures. Increasingly, Cen's works are characterized by this strict hierarchy of center and periphery with an emphasis on the central configurations.

Cen's works present a true sense of kindness, compassion, and empathy towards all living beings, be they humans or animals. His people seem to live in perfect harmony with their domestic animals, horses, donkeys, sheep, and goats. In the artist's works, there is a clear association between humans

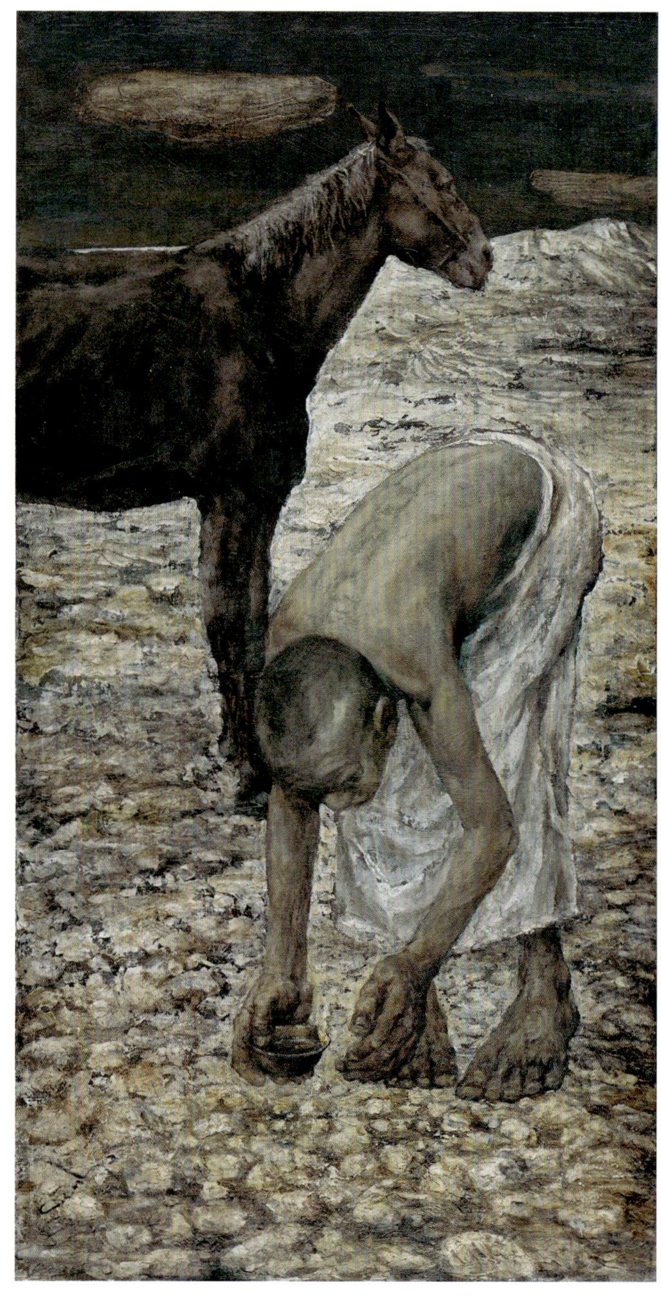

Purgatorio (Trittico),
La luce del cuore (sinistra),
L'ombra della luna (centro),
Marinaio di notte (destra), 2010
Olio su tela
100 x 180 cm

Purgatory (Triptych),
Light of Heart (left),
The Moon's Shadow (middle),
Night Sailor (right), 2010
Oil on canvas
100 x 180 cm

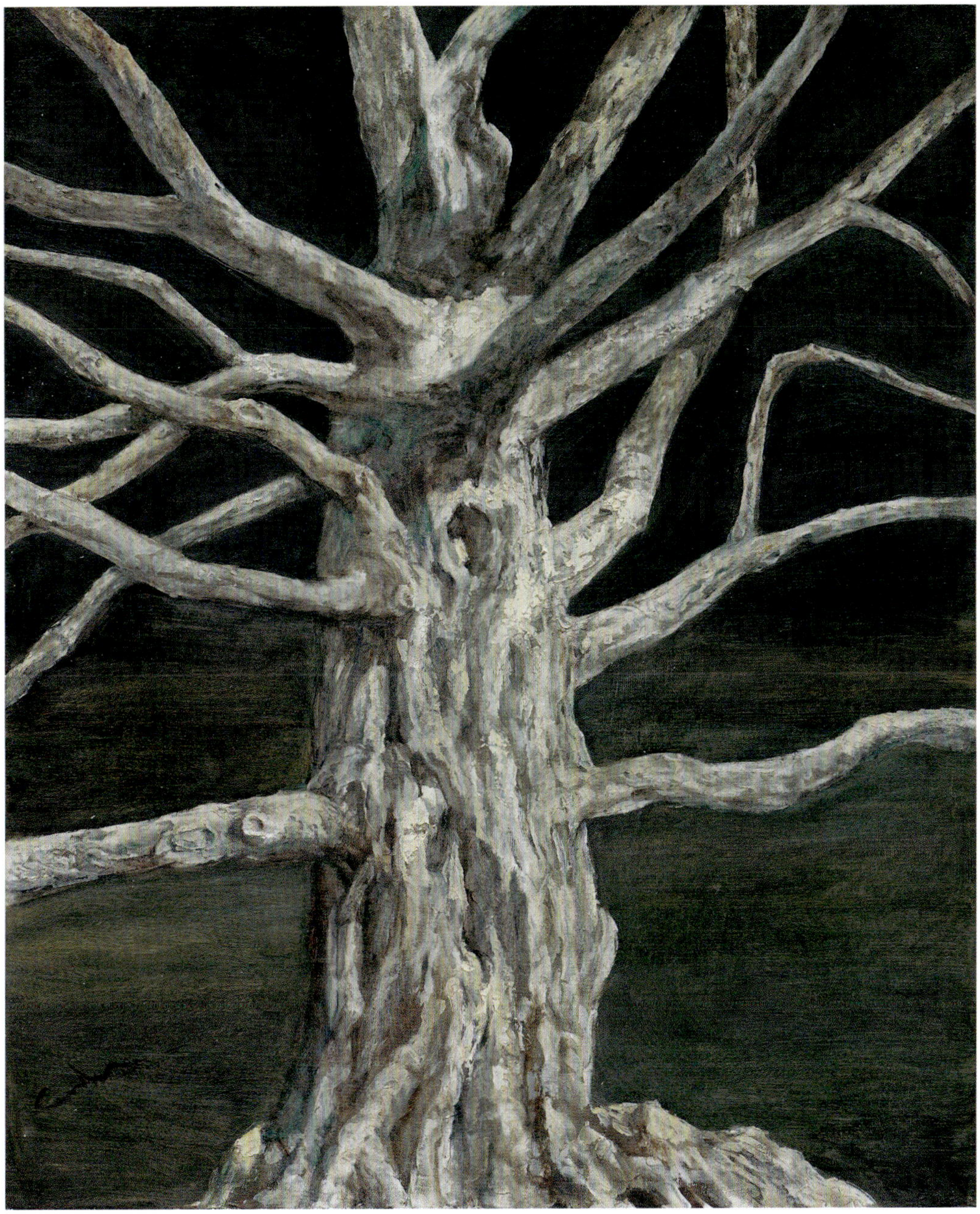

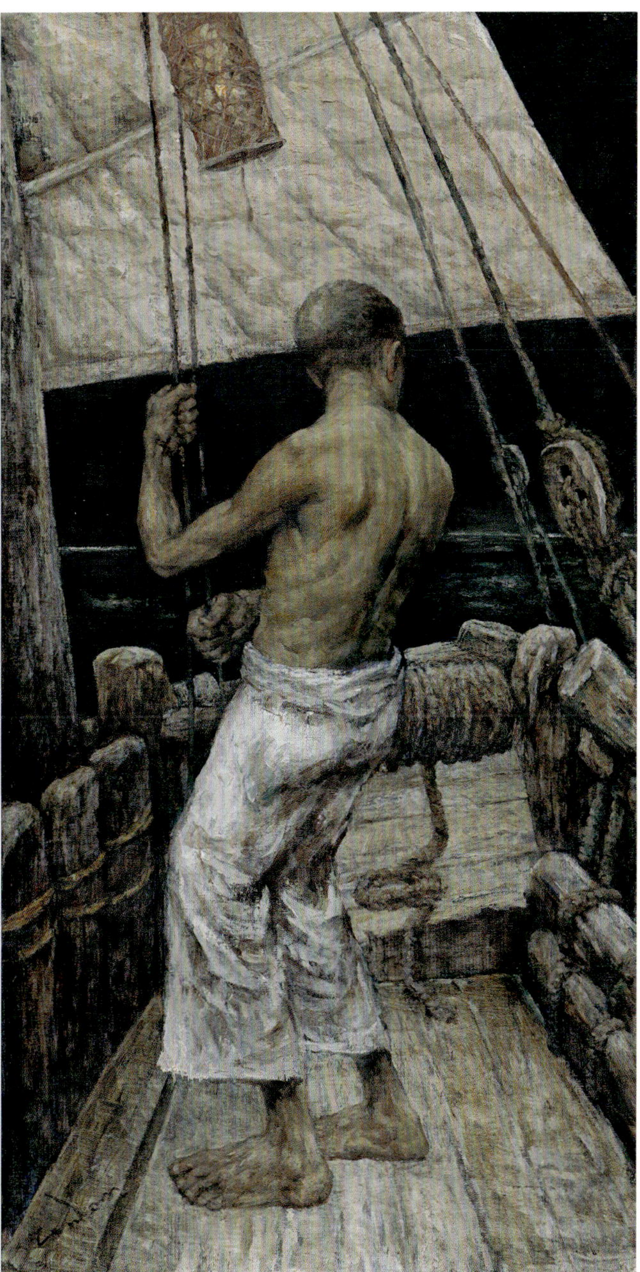

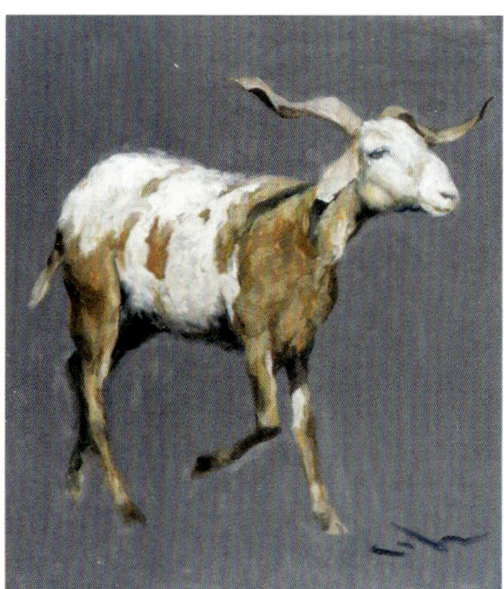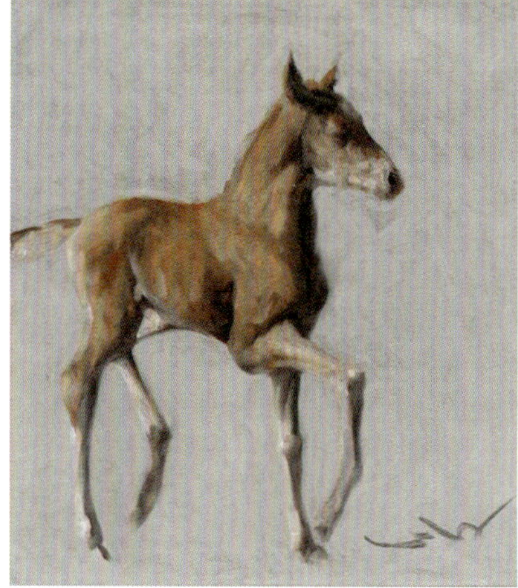

viventi, siano essi umani o animali. La sua gente sembra vivere in perfetta armonia con i propri animali domestici: cavalli, asini, pecore e capre. Nelle opere dell'artista c'è una chiara associazione tra uomo e animale, sottolineandone l'uguale status di esseri viventi. Cen eleva gli animali dall'essere semplici strumenti a veri compagni degli esseri umani, organizzando attentamente le composizioni e utilizzando colori terrosi simili per entrambi. Nel mondo di Cen Long, gli esseri umani sono per lo più tipologie definite dalle loro azioni, mentre ad alcuni animali vengono dati nomi che li fanno apparire più simili agli umani. Oltre a ciò, sono raffigurati come individui. *The Heard Leader* (*Il capo gregge*), la pecora, *Little Belle* (*La piccola Belle*), il puledro, e *Silvie*, l'asino, sono presentati in veri e propri ritratti che si stagliano su uno sfondo neutro o su un'ampia pianura (pp 26, 27).[8]

Cen estende la sua umanità all'intero Creato: con i suoi rami che si sviluppano orizzontalmente, l'albero illuminato dalla luna nell'immagine centrale del trittico del *Purgatorio* sembra aprire le braccia. Sotto questo aspetto, l'opera evidenzia notevoli somiglianze con la pittura occidentale del diciannovesimo secolo, dove la Natura è un tema importante. Al centro del piccolo *Paesaggio invernale* (*Winterlandschaft*) del 1811 del romantico tedesco Caspar David Friedrich (1774-1840), ad esempio, una quercia senza foglie assume il ruolo di protagonista dell'opera[9]. L'albero esprime l'atmosfera misteriosa di una fredda notte invernale. Anche nel trittico di Cen l'albero ha assunto il ruolo centrale, mentre gli esseri umani sono confinati sulle ali del trittico. La forte presenza corporea dell'albero in *The Moon's Shadow* evoca ulteriormente *La quercia di Flagey* (*Le chêne de Flagey*) di Gustave Courbet (1819-1877), dove una quercia è la protagonista della scena[10]. Michael Fried ha dimostrato l'allusivo "antropomorfismo" di Courbet[11]. Utilizzando analogie nel modo di rappresentare un motivo, la quercia di Flagey assume caratteristiche umane[12].

In molte delle sue opere, Cen Long segue la tradizione di un "antropomorfismo" allusivo, ma, in effetti, non bisogna trascurare le differenze tra i concetti da lui espressi, il Romanticismo di Friedrich e il "Realismo" di Courbet. In particolare, *La quercia di Flagey* è un soggetto ben distinto situato in un ambiente topografico specifico. È anche legato alla storia antica attraverso il suo ampio sottotitolo, "nota come la quercia di Vercingetorige, campo di Cesare vicino ad Alesia, Franca Contea[13]. Al contrario, il nostro pittore ritrae un vecchio albero esposto alle intemperie che ha resistito – la sua attuale vitalità o morte è sconosciuta – con una sostanziale presenza fisica.

Le opere di Cen Long riflettono la sua profonda conoscenza dell'arte occidentale. Pare che il primo soggiorno in Francia abbia gettato le basi per il suo grande apprezzamento delle opere d'arte europee. Il tradizionale formato del trittico, che ricorda l'arte paleocristiana e medievale, ne è un buon esempio[14]. Troviamo diversi trittici nell'opera di Cen, e uno di questi è *Purgatory* (pp. 24-25). La struttura tripartita del trittico permette al pittore di articolare le sue idee attraverso la combinazione di tre sezioni distinte. Come molti artisti moderni, Cen sfrutta il potere associativo di diversi temi e composizioni giustapposte tra loro[15]. Caratteristico del suo stile, omette qualsiasi narrazione esplicita. In *Purgatory* le tre tele costituiscono un'espressione complessiva delle sue idee sulla condizione umana.

Cen Long ritorna occasionalmente sui suoi vecchi temi in quanto questa scelta gli consente di migliorare e rafforzare la sua capacità di esprimersi, una modalità che coinvolge anche noi spettatori nella sua meticolosa valutazione delle proprie composizioni. *Evening over the Land of Sunshine* (*Sera sulla terra della luce solare*) e *Child of Sun* (*Figlio del sole*) mostrano due fasi dello stesso dipinto, eseguite nell'arco di due anni tra il 2014 e il 2016 (pp. 28, 29)[16]. Lo stato precedente è fortunatamente conservato

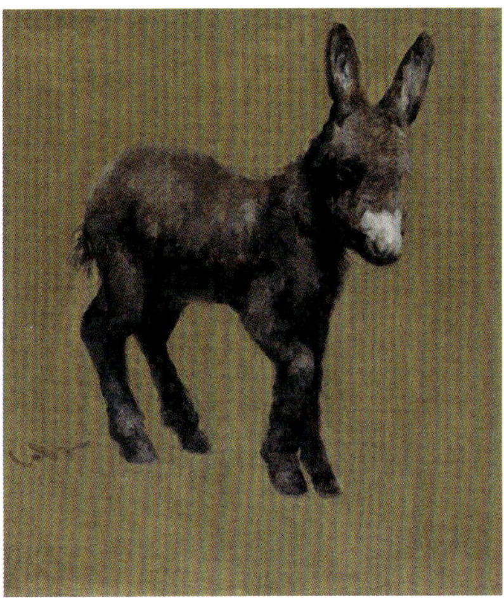

Silvie, 2018
Olio su tela
70 x 60 cm

Silvie, 2018
Oil on canvas
70 x 60 cm

and animals, highlighting their equality as living beings. Cen elevates animals from being mere objects to true companions to humans by thoughtfully arranging the compositions and utilizing similar earthy colors for both of them. In Cen Long's world, humans are mostly types defined by their actions, while some of the animals are given names that make them appear more human-like. Beyond that, they are depicted as individuals. *The Heard Leader*, the sheep, *Little Belle*, the foal, and *Silvie*, the donkey, are presented in real portraits standing out against a neutral background or a wide plain (pp. 26, 27).[8]

Cen extends his humanity to the entire creation: With its horizontally spreading branches, the moonlit tree in the central image of the *Purgatory* triptych seems to open its arms. In this respect, the work shares similarities with Western nineteenth-century painting, where Nature is a prominent theme. In the center of German Romanticist Caspar David Friedrich's (1774–1840) small *Winter Landscape* of 1811, for example, a leafless oak tree takes on the role of the protagonist in the work.[9] The tree expresses the uncanny atmosphere of a cold winter night. In Cen's triptych, the tree has likewise taken over the central role, whereas the human beings are confined to the wings of the triptych. The strong corporeal presence of the tree in *The Moon's Shadow* further evokes Gustave Courbet's (1819–1877) *Oak of Flagey* (*Le chêne de Flagey*), where an oak tree is the protagonist of the scenery.[10] Michael Fried has demonstrated Courbet's allusive 'anthropomorphism.'[11] By employing analogies in the way of representing a motif, the *Oak of Flagey* assumes human characteristics.[12]

In many of his works, Cen Long follows the tradition of an allusive 'anthropomorphism,' but, indeed, one should not overlook the differences between his concepts, Friedrich's Romanticism, and Courbet's 'Realism.' In particular, the *Oak of Flagey* by the latter is a distinct subject situated in a specific topographical setting. It is even linked to ancient history through its extensive subtitle, "known as the Oak of Vercingetorix, Caesar's Camp near Alesia, Franche-Comté."[13] In contrast, our painter portrays an old, weather-beaten tree that has endured—its current vitality or demise unknown—with a substantial physical presence.

Cen Long's works reflect his deep understanding of Western Art. His early sojourn in France appears to have laid the foundation for his great appreciation of European artworks. The traditional triptych format, reminiscent of early Christian and medieval art, serves as a good example.[14] We find several triptychs in Cen's œuvre, and one of these is *Purgatory* (pp. 24–25). The tripartite structure of the triptych allows the painter to articulate his ideas through a combination of three distinct sections. Like several modern artists, Cen exploits the associative power of diverse themes and compositions juxtaposed with each other.[15] Characteristic of his style, he omits any explicit narrative. In *Purgatory*, the three canvases constitute a comprehensive expression of his ideas about the human condition.

Cen Long occasionally returns to his old themes since this allows him to enhance and strengthen his ability to express himself. This mode involves us in his meticulous assessment of his compositions. *Evening over the Land of Sunshine* and *Child of Sun* show two stages of the same painting, executed within two years in 2014–2016 (pp. 28, 29).[16] The previous state has luckily been preserved in photographs. In *Evening over the Land of Sunshine*, he depicted a boy drawing a heavy plow. The figure stands out against muddy fields that extend into the far distance. On the horizon, a strip of sunlit evening sky indicates the end of a long day at work. After completing the painting in 2014, Cen must have reflected deeply on its composition. In 2016, he changed the boy's expression and the overall

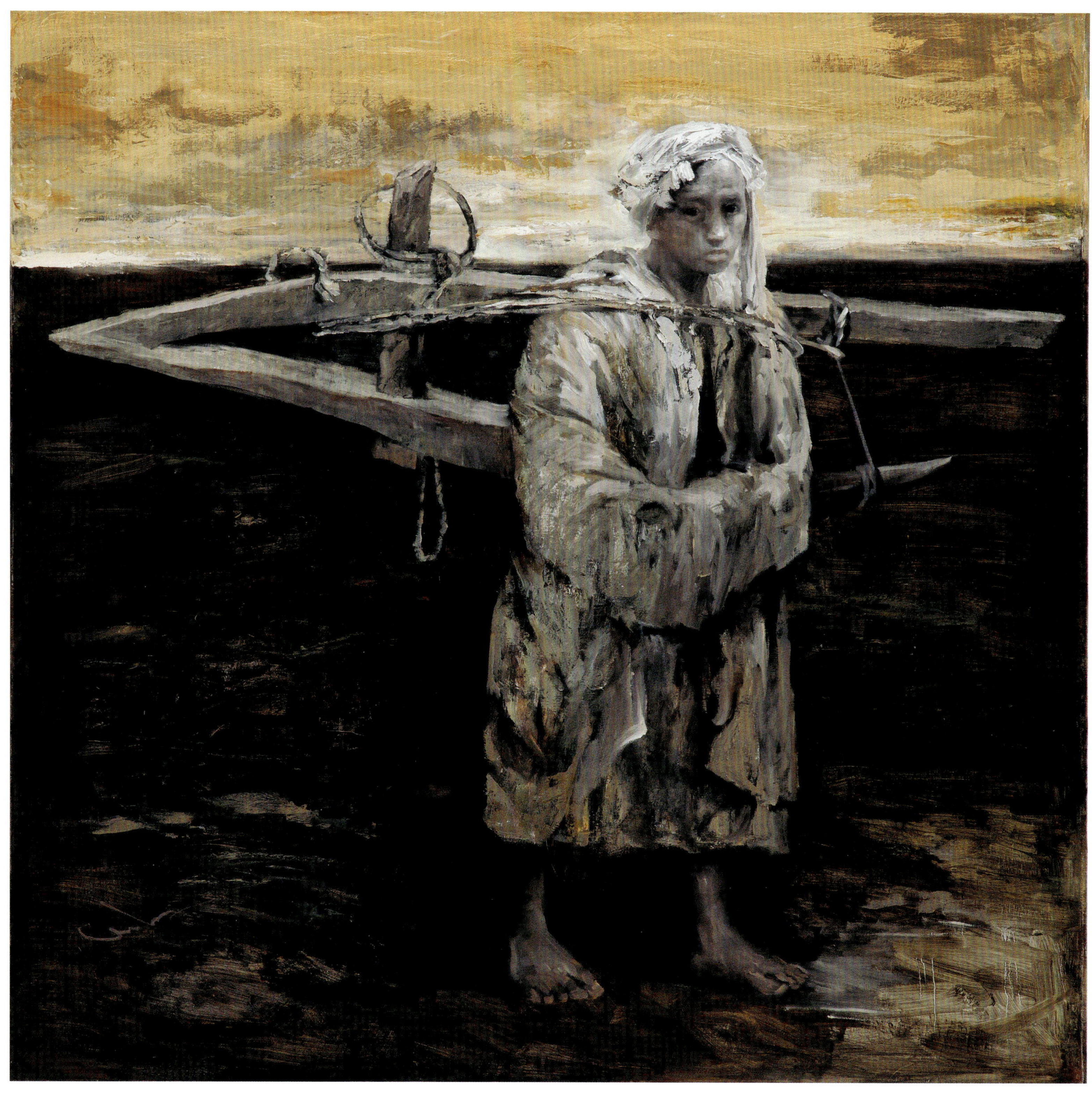

Figlio del sole, 2014-2016
Olio su tela
120 x 120 cm

Child of Sun, 2014-2016
Oil on canvas
120 x 120 cm

Cen Long e il viaggio della vita

atmosphere of the painting. The earlier version represents the figure tearing the plow with concentration, his head bowed, a jaded boy with slouched shoulders; in the later stage, the young peasant has come to a halt bluntly facing the beholder.

In his rendering of the nude body, Cen aligns with the appreciation for the naked human body evident in the works of the French Realist Gustave Courbet and the British painter Lucian Freud (1922–2011). However, his figures lack the provokingly vulgar fleshiness of Freud's nudes or the forthright sensuality in Courbet's depiction of women. Both approaches disclose a distinctly masculine perspective. Cen Long explores an alternative direction. The depiction of the nude, comprising men and women, expresses his conceptualization of humanity. His nudes harken back to the idea of a terrestrial paradise—an Arcadian realm characterized by pristine wilderness—where human beings (and animals) coexist in perfect harmony with Nature. Unlike the notion of the Christian paradise, the realms of Cen's figures are not devoid of hardship and labor.

During the difficult years of the COVID-19 pandemic that Cen had to pass in Wuhan, he con-

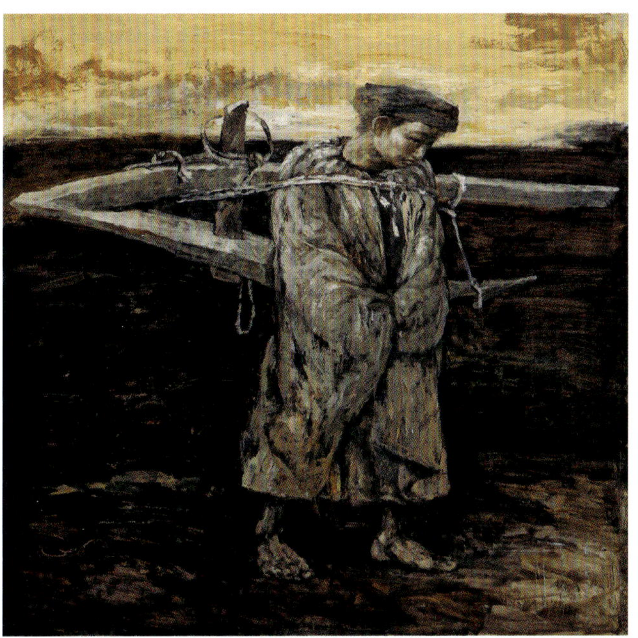

secutively created two large canvases, *The Passing* and *The Pursuit of Light* (pp. 32–33, 31).[17] These works capture the emotions and struggles of the people in this trying period. The composition of the earlier of the two paintings, *The Passing* (2020), consists of two groups of men, women, and children lined up in a frieze-like pattern against a dark-brown background (pp. 32–33). Cen gives a description of the peoples' reactions to the situation and their emotional state. On the left-hand side, a mother breastfeeds her child, while the man beside her desperately raises his hands, as if praying for help. A nude girl is springing toward them, opening her arms in search of refuge. Standing firmly and upright with slightly open hands, a woman observes the group on the right. Constituting the robust element within the painting's composition, she embodies a character brimming with strength and hope. By contrast, a man sitting on the ground, symbolizing malady, is accompanied by two individuals. This group, and particularly the seated ill man with legs extended, strongly resonates with a familiar Christian theme, the Lamentation over the Dead Christ, as exemplified by paintings and prints of the eminent German painter Albrecht Dürer (1471–1528).[18] The influence of Western religious elements permeates his entire body of work. Nonetheless, by integrating Christian motifs into a new context, as in *The Passing*, the thematic elements acquire a comprehensive dimension.

The entire configuration embodies the sense of increasing insecurity and anguish of those years. The evident gap between the two groups, their separation into two distinct parts, may denote the risk of contagion during the pandemic. It seems that more than in other works, the artist let his personal anxieties and tensions directly pervade his creation. However, through his mode of expression, the work transcends to a universal level. The nude figures wear whitish waistcloths draped around their hips; some of them have their heads covered with a hood textured from the same fabric. As in many of his paintings, the nude or scantily dressed figures are not meant as individuals, but representatives of humankind. Cen employs the body shape to dynamically modulate the human figure, bestowing it with a powerful presence and immediacy.

in fotografie. In *Evening over the Land of Sunshine* raffigura un ragazzo che trascina un pesante aratro, con la figura che si staglia su campi fangosi estesi a perdita d'occhio. All'orizzonte, una striscia di cielo serale illuminato dal sole indica la fine di una lunga giornata di lavoro. Dopo aver completato il dipinto nel 2014, Cen deve aver riflettuto profondamente sulla sua composizione, e nel 2016 ha cambiato l'espressione del ragazzo e l'atmosfera generale del dipinto. La versione precedente rappresenta la figura che trascina l'aratro con concentrazione, la testa chinata di un ragazzo stanco con le spalle cadenti; nella fase successiva il giovane contadino si ferma di fronte allo spettatore.

Nella sua interpretazione del corpo nudo, Cen si allinea con l'apprezzamento per il corpo umano nudo così evidente nelle opere del realista francese Gustave Courbet e del pittore britannico Lucian Freud (1922-2011). Tuttavia, le sue figure sono prive della carnosità provocatoriamente volgare dei nudi di Freud e della schietta sensualità nella rappresentazione delle donne di Courbet. Entrambi gli approcci rivelano una prospettiva decisamente maschile, mentre Cen Long esplora una direzione alternativa. La rappresentazione del nudo, comprendente uomini e donne, esprime la sua concettualizzazione dell'umanità. I suoi nudi richiamano l'idea di un paradiso terrestre – un regno arcadico caratterizzato da una natura incontaminata – dove gli esseri umani (e gli animali) convivono in perfetta armonia con la Natura. A differenza della nozione di Paradiso cristiano, i mondi delle figure di Cen non sono privi di difficoltà e fatica.

Durante gli anni difficili della pandemia di COVID-19, che Cen ha dovuto affrontare a Wuhan, l'artista ha creato consecutivamente due grandi tele, *The Passing* (*Il passaggio*) e *The Pursuit of Light* (*Alla ricerca della luce*) (pp. 32-33, 31)[17], opere che catturano le emozioni e le battaglie delle persone in questo periodo difficile. La composizione del primo dei due dipinti, *The Passing* (2020), è costituita da due gruppi di uomini, donne e bambini allineati in uno schema simile a un fregio su uno sfondo marrone scuro (pp. 32-33). Cen fornisce una descrizione delle reazioni delle persone alla situazione e del loro stato emotivo. Sul lato sinistro, una madre allatta il suo bambino, mentre l'uomo accanto a lei alza disperatamente le mani, come se pregasse per chiedere aiuto. Una ragazza nuda si lancia verso di loro, aprendo le braccia in cerca di rifugio. Una donna osserva il gruppo sulla destra in posizione eretta, con le mani leggermente aperte. Rappresentando l'elemento forte all'interno della composizione del dipinto, incarna un personaggio pieno di coraggio e speranza. Al contrario, un uomo seduto a terra, che simboleggia la malattia, è accompagnato da due individui. Questo gruppo, e in particolare l'uomo malato seduto con le gambe distese, echeggia fortemente un tema cristiano familiare, il *Compianto sul Cristo morto*, esemplificato dai dipinti e dalle stampe dell'eminente pittore tedesco Albrecht Dürer (1471-1528)[18]. L'influenza degli elementi religiosi occidentali permea tutta l'opera di Cen. Tuttavia, integrando motivi cristiani in un nuovo contesto, come in *The Passing*, gli elementi tematici trascendono a un livello universale.

L'intera composizione incarna il senso di crescente insicurezza e angoscia di quegli anni. L'evidente divario tra i due gruppi, la loro separazione in due parti distinte, può essere un riferimento al rischio di contagio durante la pandemia. Sembra che qui, più che in altre opere, l'artista abbia lasciato che le sue ansie e le tensioni personali pervadessero direttamente la sua creazione. Tuttavia, attraverso la sua modalità espressiva, l'opera trascende a un livello universale. Le figure nude indossano drappi biancastri attorno ai fianchi; alcuni di loro hanno la testa coperta da un cappuccio dello stesso tessuto. Come in molti dei suoi dipinti, le figure nude o discinte non sono intese come individui, ma come rappresentanti dell'umanità. Cen utilizza la forma del corpo per modulare dinamicamente la figura

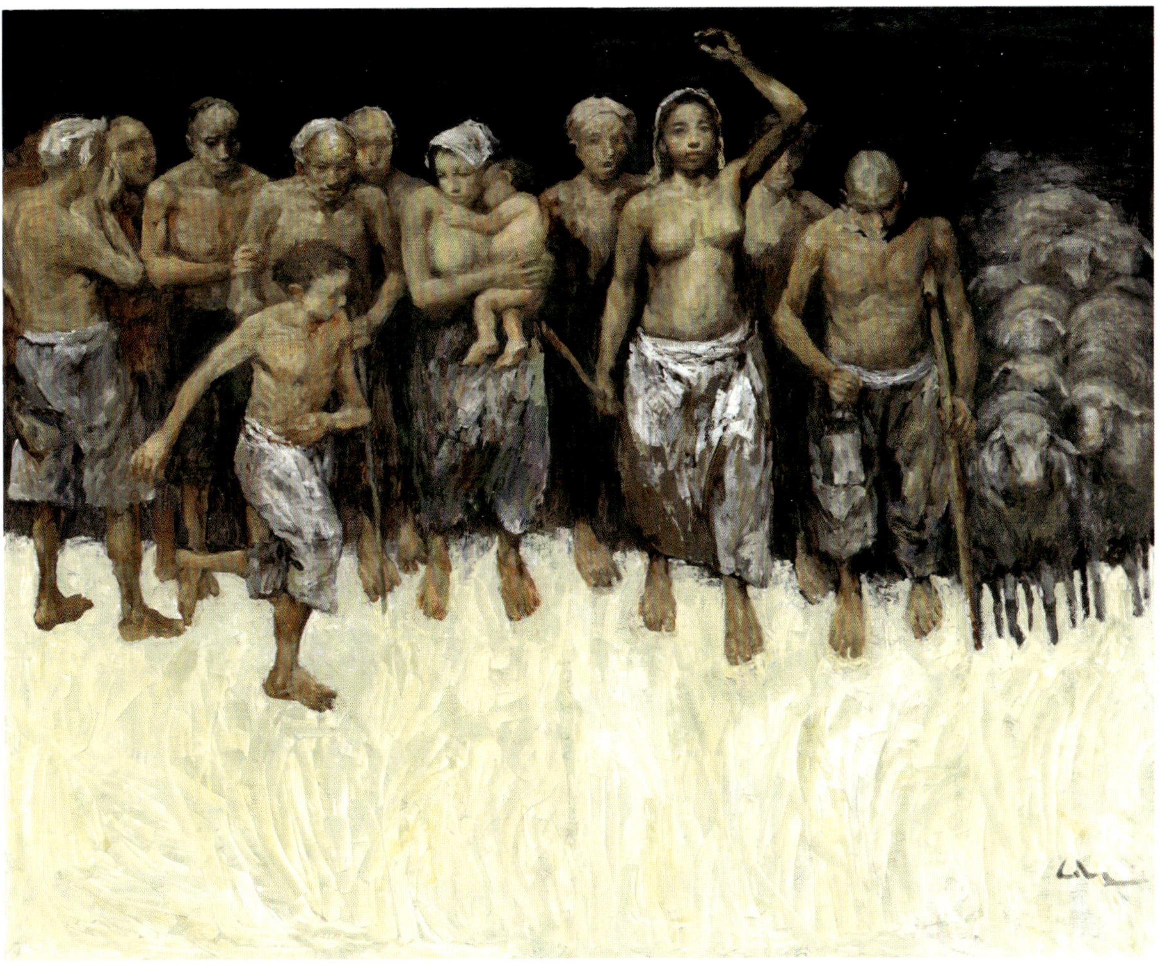

This impact is intensified by his modeling of anatomical forms using bold *alla prima* painting. The figures' forms are composed of a dense relief of thick brushstrokes in various earth tones. Simultaneously, he obscures the facial characteristics of his types to symbolize the broader human experience. Yet, his expressive capability allows him to delineate the figures based on their age and state of mind.

Created in the year 2021, *In Pursuit of Light* follows the previous work, surpassing it in both dimensions and the number of figures (p. 31). The frieze-like pattern is once again employed in depicting the group. In the earlier painting, the group moved parallel to the picture plane, whereas, in this work, the densely crafted crowd is approaching the viewer with significant force. A boy is sprinting towards the right, generating a countermovement. The rural setting might be disclosed by a herd of sheep on the right moving in the same direction. However, the motif of the figures and animals can also be interpreted broadly, once again linked to the experiences of the pandemic. Hence, the figures using crutches to walk can be associated with illness in a general sense.

The work seems to echo Cen Long's interest in historical painting and film. *The Fourth Estate* (*Il Quarto Stato*) of 1901 by Giuseppe Pelizza da Volpedo (1868–1907) depicts a phalanx of farmworkers advancing towards the observer.[19] Even though the Italian painter has not yet garnered the international attention he merits, his *Fourth Estate* is recognized well beyond the borders of Italy. The painting was employed for the opening credits sequence in Bernardo Bertolucci's (1941–2018) cinematic masterpiece *1900* (*Novecento*), released in 1976.[20]

A comparison between Cen Long's *In Pursuit of Light* and Pellizza's *The Fourth State* can serve as an illustrative example of the former's substantial engagement in a dialogue with his artistic predecessors. He would never replicate a model or its motifs, but he emulates artworks in his own interpretive manner so that something new emerges. For *In Pursuit of Light*, he incorporated the theme of a crowd advancing towards the observer within the context of his thematic and stylistic framework. While he expanded upon Pellizza's frieze-like arrangement of a crowd and the luminous strip of the road in the lower section of the canvas, he relaxed the density of the group and relinquished the strict symmetry of the painting. The protagonist is now a woman, not a man, slightly moved

umana, conferendole una presenza potente e immediata.

Questo impatto è intensificato dal modo in cui modella le forme anatomiche utilizzando un'audace pittura alla prima. Le forme delle figure sono composte da un denso rilievo di pennellate spesse in varie tonalità di terra. Allo stesso tempo, oscura le caratteristiche facciali dei suoi tipi per simboleggiare l'esperienza umana più ampia. Eppure la sua capacità espressiva gli permette di delineare le figure in base alla loro età e allo stato d'animo.

Realizzata nel 2021, *In Pursuit of Light* segue l'opera precedente, superandola sia nelle dimensioni che nel numero di figure (p. 31). Il motivo a fregio viene utilizzato ancora una volta per rappresentare il gruppo. Nel dipinto precedente questo si muoveva parallelamente al piano dell'immagine, mentre in questa opera la folla fitta si avvicina allo spettatore emanando una forza significativa. Un ragazzo sta correndo verso destra, generando un contro-movimento. L'ambientazione rurale potrebbe essere rivelata da un gregge di pecore sulla destra che si muove nella stessa direzione, ma il motivo delle figure e degli animali può essere interpretato anche in senso lato, ancora una volta legato alle esperienze della pandemia. Quindi la figura che usa le stampelle per camminare può essere associata alla malattia in senso generale.

L'opera sembra riecheggiare l'interesse di Cen Long per la pittura e il cinema storici. *Il Quarto Stato* (1901) di Giuseppe Pelizza da Volpedo (1868-1907) raffigura una falange di braccianti che avanza verso l'osservatore[19]. Anche se il pittore italiano non ha ancora raccolto l'attenzione internazionale che meriterebbe, il suo *Quarto Stato* è noto ben oltre i confini italiani. Il dipinto è stato utilizzato per la sequenza dei titoli di testa del capolavoro cinematografico *Novecento* di Bernardo Bertolucci (1941-2018), uscito nel 1976[20].

Un confronto tra *In Pursuit of Light* di Cen Long e *Il Quarto Stato* di Pellizza può servire come esempio illustrativo del sostanziale impegno del primo in un dialogo con i suoi predecessori artistici. Cen non replicherebbe mai un modello o i suoi motivi, ma emula le opere d'arte secondo la sua modalità interpretativa, così che emerga qualcosa di nuovo. Per *In Pursuit of Light* ha incorporato il tema di una folla che avanza verso l'osservatore nel contesto di una cornice tematica e stilistica. Mentre amplia la disposizione della folla, che Pellizza ha voluto simile a un fregio, e la striscia luminosa della strada nella parte inferiore della tela, allenta la densità del gruppo e abbandona la rigorosa simmetria del dipinto. La protagonista ora è una donna, non più un uomo, leggermente spostata dal centro verso destra, che alza il braccio per segnalare alla folla la direzione da seguire.

A questo punto, si potrebbe tracciare un parallelo con *La Libertà che guida il popolo* (*La Liberté guidant le peuple*), che Eugène Delacroix (1798-1863) creò in commemorazione della Rivoluzione di luglio del 1830[21]. Nel rappresentare una donna come la figura principale, risoluta, all'interno del gruppo, Cen potrebbe aver trovato ispirazione nella personificazione della Libertà di Delacroix che si precipita oltre le barricate, verso lo spettatore. Tuttavia eliminare ogni traccia di violenza dalla sua composizione è in linea con il temperamento di Cen.

L'idea di lavoratori impoveriti che marciano in segno di protesta pacifica contro l'ingiustizia sociale è stata correlata a uno scenario contemporaneo di repressione coercitiva nel mezzo della crisi pandemica di COVID-19. Il titolo del dipinto di Cen, *In Pursuit of Light* (*Alla ricerca della luce*) emana un senso di ottimismo. Potrebbe anche aver tratto ispirazione dal lavoro di Pellizza, dove gli operai camminano verso la luce, proiettando le loro ombre dietro di sé. Attraverso *The Passing* e *In Pursuit of Light*, Cen Long ci lascia in eredità una testimonianza avvincente degli anni difficili segnati dalla miseria, dalla solitudine e dalla speranza che rinasce.

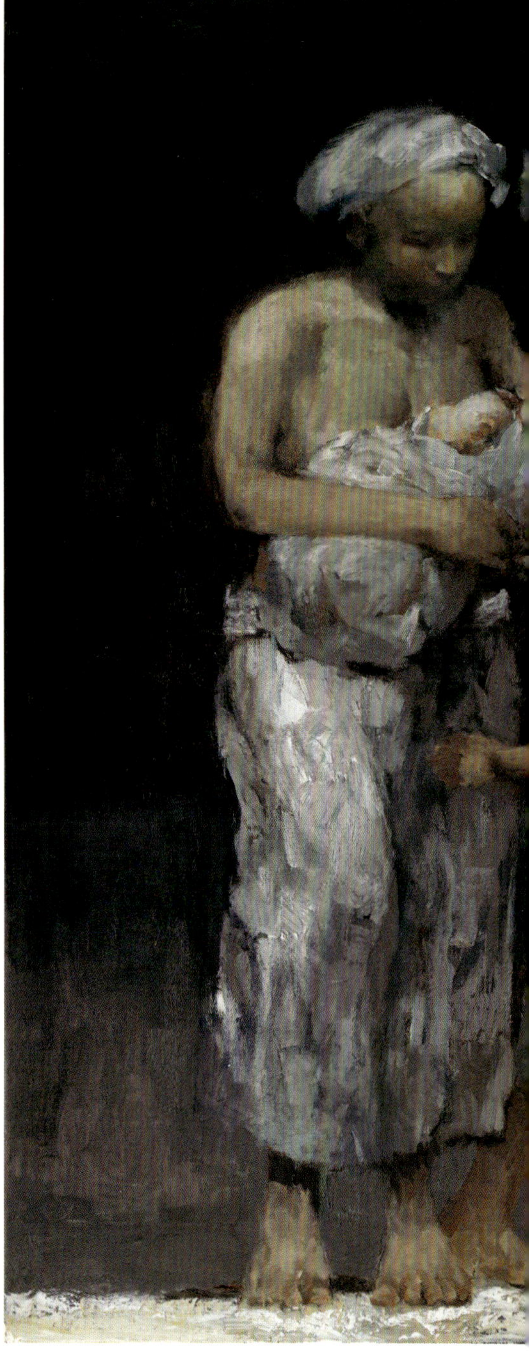

Il passaggio, 2020
Olio su tela
120 x 200 cm

The Passing, 2020
Oil on canvas
120 x 200 cm

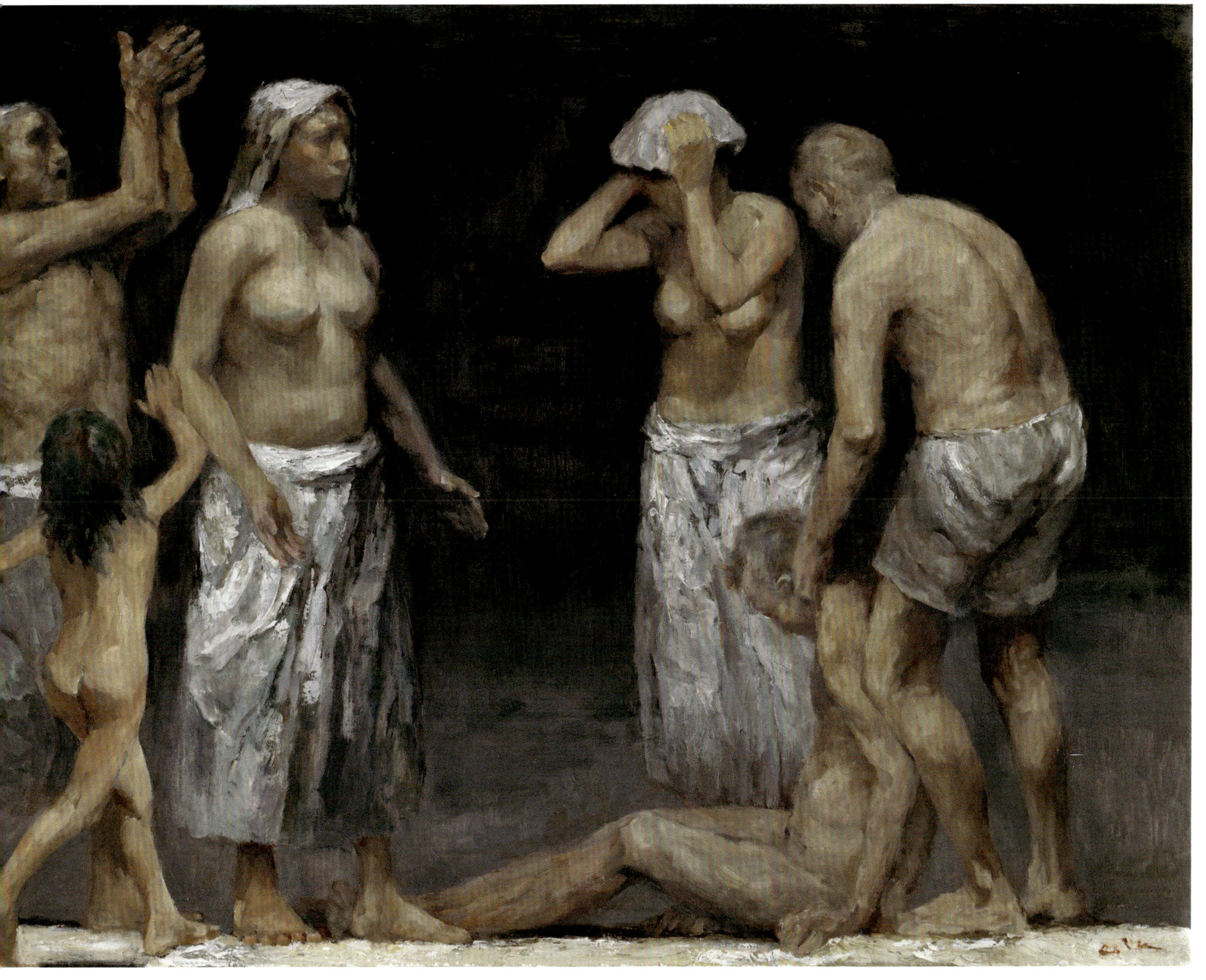

from the center to the right, raising her arm to signal the direction for the crowd to follow her.

At this juncture, it might be allowed to draw parallels with the *Liberty Leading the People* (*La Liberté guidant le peuple*), which Eugène Delacroix (1798–1863) had created in commemoration of the July Revolution of 1830.[21] In portraying a woman as the resolute leading figure within the group, Cen may have found inspiration in Delacroix's personification of *Liberty* storming ahead over the barricades toward the viewer. However, it aligns with Cen's temperament to eliminate all traces of violence from his composition.

The notion of impoverished workers marching in peaceful protest against social injustice has been correlated with a contemporary scenario of coercive repression amid the COVID-19 crisis. The title of Cen's painting, *In Pursuit of Light*, exudes a sense of optimism. It may also have drawn inspiration from Pellizza's work, where the laborers walk toward the light, casting their shadows behind them. Through *The Passing* and *In Pursuit of Light*, Cen Long has bequeathed a compelling testimony of the arduous years marked by destitution, loneliness, and nascent hope.

1   Cen Long, "Rivers. Generation Autobiography", in Metra Lin, a cura di, *Cen Long and his Silver Age, 2007–2014*, Hong Kong, Today Art Museum 2014, pp. 13-14, qui p. 13 (testo originale cinese a p. 9). Il Muztagata è nell'estremità settentrionale dei monti tibetani. Il Ghichak è un tipo di liuto particolare, caratteristico dell'Asia centrale. La città di Tashkorghan si trova nella regione di Xinjiang.
2   Cfr., in particolare, il saggio di Metra Lin, "Rivers", in Metra Lin, a cura di, *The Southern Cross. Cen Long, His World of Art*, Tainan, Elpis Art & Licensing Co. 2021, pp. 51-52.
3   Per esempio, nel grandioso trittico *Burlak Song* (*La canzone del Burlak*) del 2013 (100 × 200 cm, p. 22), illustra uomini che stanno remando con forza e *burlak* sul fiume Yangtze. Tutte le opere citate in questo saggio sono dipinte a olio su tela.
4   Questo aspetto è già stato evidenziato da Metra Lin nel suo saggio "Rivers". Cfr. nota 2.
5   Cen (come in nota 1), p. 13. Chalon-sur-Saône si trova nella Francia orientale, nel *département* Saône-et-Loire. Fourvière è un quartiere di Lione, posto su una collina vicino al centro storico.
6   Cfr. Huang Zhuan, "Cen Long and his Silver Age", in: Lin (come in nota 1), pp. 17-19.
7   Trittico *Purgatory* (*Purgatorio*), olio su tela, 2010, composto da una parte centrale più grande, *The Moon's Shadow* (*L'ombra della luna*), 100 × 80 cm, un'ala sinistra, *Light of Heart* (*La luce del cuore*), 100 × 50 cm, e un'ala destra, *Night Sailor* (*Marinaio di notte*), 100 × 50 cm.
8   *Silvie*, 2018, 70 × 60 cm; *Little Belle*, 2018; 70 × 60 cm; *The Herd Leader* (*Il capo gregge*), 2018, 70 × 60 cm; *Little Silvie in the Meadows*, 2019, 100 × 80 cm; *Little Silvie in the Mist*, 2015, 60 × 60 cm.
9   *Winter Landscape* (*Paesaggio autunnale*), 1811, olio su tela, 33 × 46 cm, Staatliches Museum, Schwerin; cfr. Helmut Börsch-Supan, *Caspar David Friedrich*, Monaco di Baviera, Prestel 1990, cat. 10, pp. 92-93.
10 Gustave Courbet, *Le chêne de Flagey* (*Le Chêne de Vercingétorix*) [*La quercia di Flagey* (*La quercia di Vercingetorige*)], 1864, olio su tela, 89 × 110 cm, Musée Courbet, Ornans.
11 Cfr. il capitolo di Fried "Courbet and Anthropomorphism", in Michael Fried, *Courbet's Realism*, Chicago, University of Chicago Press 1992, pp. 238-254, in particolare p. 242.
12 Linda Nochlin ha interpretato il dipinto come un autoritratto; Linda Nochlin, "*Le Chêne de Flagey* de Courbet: Un motif de paysage et sa signifi-

cation", in *Quarante-huit/Quatorze*, Musée d'Orsay 1, 1989, pp. 15-25; Linda Nochlin, "The Oak of Flagey, *known as* the Oak of Vercingetorix 1864", in: Sarah Faunce e Linda Nochlin, a cura di, *Courbet Reconsidered*, Brooklyn, New Haven, Yale University Press, 1988, pp. 150-151, cat. 44. Cfr. inoltre Petra ten-Doesschate Chu, "It Took Millions of Years to Compose That Picture", in: Ibidem, pp. 55-65, qui pp. 62-64.
13 Citato da Nochlin 1988 (come in nota 12), p. 150.
14 Il termine trittico deriva dal Greco antico τρίπτυχος (*tríptychos*), che significa "diviso in tre parti" o "composto da tre strati." Per la traduzione artistica di questo formato cfr., per esempio, Dagmar Eichberger, "The Winged Altarpiece in Early Netherlandish Art", in Philip Lindley, a cura di, *Making Medieval Art*, Donington, Shaun Tyas, 2003, pp. 152-172, in particolare pp. 154-157.
15 Il celebre pittore tedesco Max Beckmann (1884-1950) realizzò nove trittici. Wolf-Dieter Dube, *Max Beckmann: das Triptychon Versuchung*, Munich, Hirmer, 1981; Eleanor Anderson, "Max Beckmann's Carnival Triptych", in: "Art Journal" 24, n. 3, primavera, 1965, pp. 218-225.
16 *Evening over the Land of Sunshine* (*Sera sulla terra della luce solare*), 2014, 120 × 120 cm; rielaborato e rinominato *Child of Sun* (*Figlio del sole*),. 2016.
17 *The Passing* (*Il passaggio*), 2020, 120 × 200 cm. *The Pursuit of Light* (*Alla ricerca della luce*), 2021, 200 × 240 cm.
18 Albrecht Dürer, *Epitaph of the Holzschuher Family from Nuremberg* (*Epitaffio della famiglia Holzschuher da Norimberga*), 1498, olio su tavola, 147 × 118 cm, Germanisches Nationalmuseum, Norimberga (GM 165); *Lamentation over the Dead Christ* (*The Large Passion*, n. 7) [*Compianto di Cristo* (*La Grande Passione*)], c. 1497, xilografia, 39 × 28 cm.
19 Giuseppe Pelizza da Volpedo, *Il Quarto Stato*, 1898-1901, olio su tela, 293 × 545 cm, Galleria d'Arte Moderna di Milano, Milano. Cfr. Aurora Scotti Tosini, a cura di, *Il Quarto Stato: Pellizza da Volpedo*, catalogo della mostra, Milano, Museo del Novecento, 2013-2014, Milano, Electa 2013.
20 Bernardo Bertolucci (regista), *Novecento*, sceneggiatura di Franco Arcalli, Giuseppe Bertolucci e Bernardo Bertolucci, prodotto da Alberto Grimaldi, presentato il 21 maggio 1976 nel corso della 29a edizione del Festival di Cannes; tra gli attori: Robert De Niro, Gérard Depardieu.
21 Eugène Delacroix, *La Liberté guidant le peuple*, 1830, olio su tela, 260 × 325 cm, Musée du Louvre, Paris (RF 129). Desidero ringraziare Metra Lin per avermi reso noto l'interesse di Cen Long per Delacroix.

Cen Long e il viaggio della vita

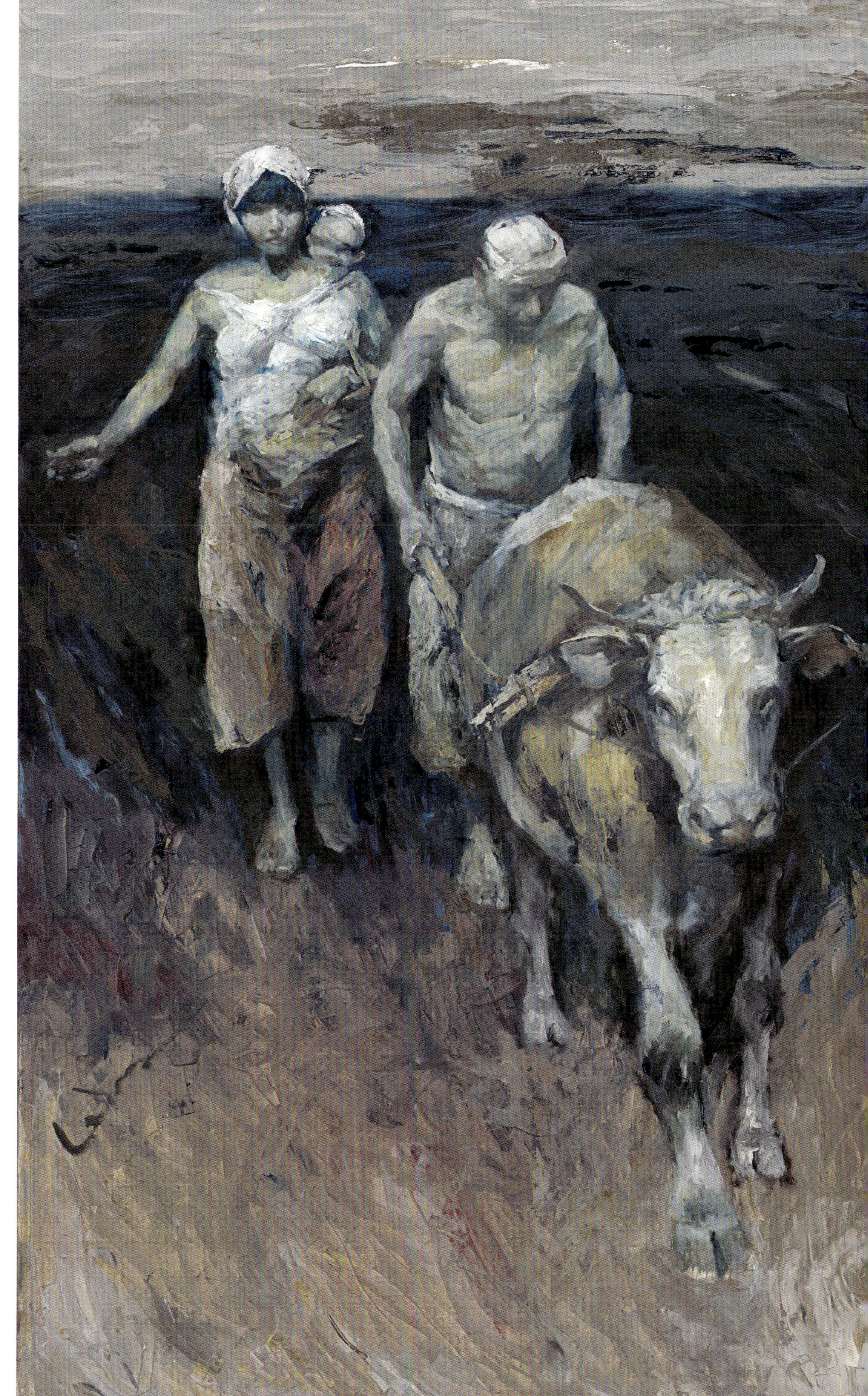

Seminando speranza, 2017
Olio su tela
200 x 120 cm

Sowing Hope, 2017
Oil on canvas
200 x 120 cm

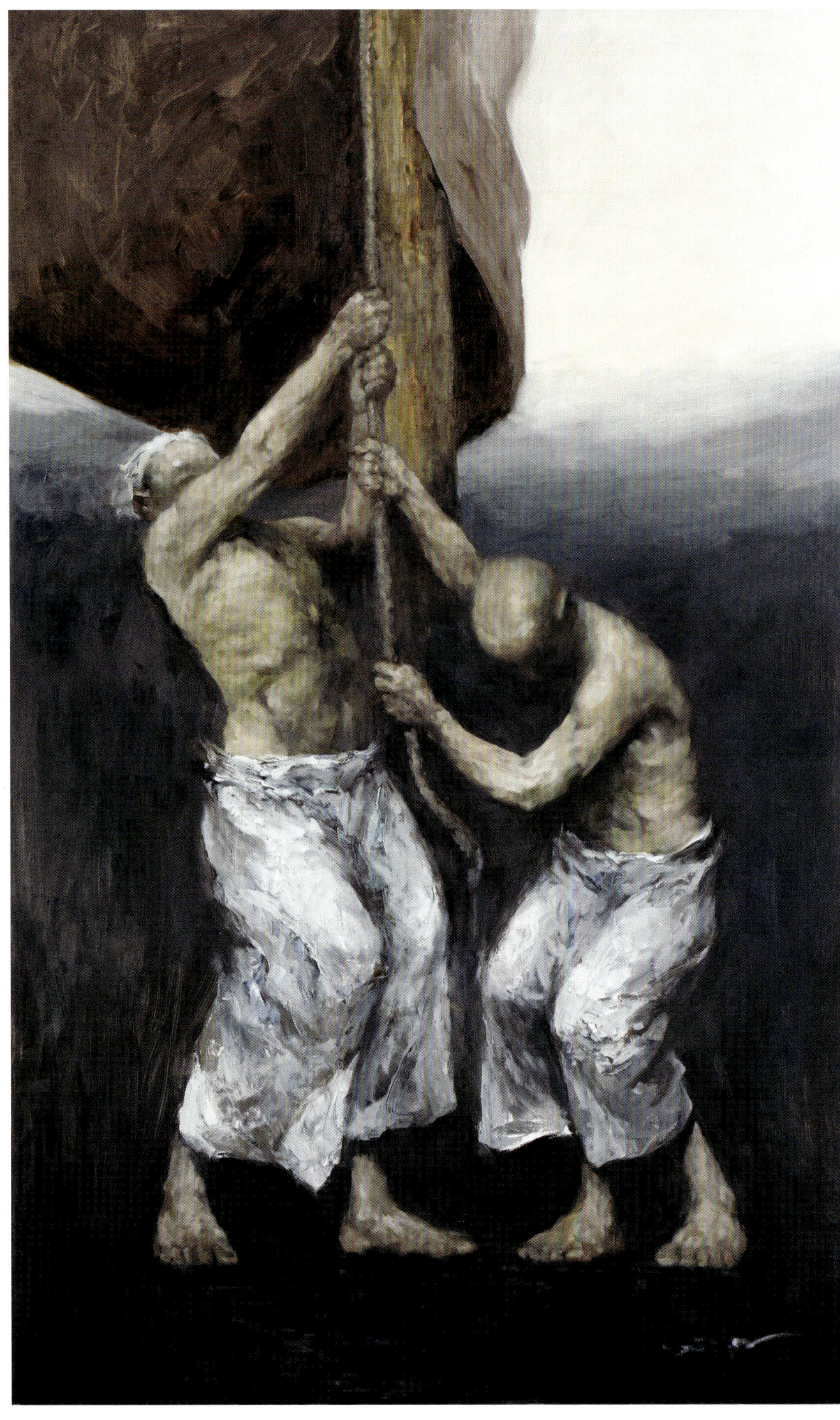

I giorni del vento, 2019
Olio su tela
200 x 120 cm

The Days of Wind, 2019
Oil on canvas
200 x 120 cm

Cen Long e il viaggio della vita

1   Cen Long, "Rivers. Generation Autobiography," in: Metra Lin, ed., *Cen Long and his Silver Age, 2007–2014*, Hong Kong: Today Art Museum, 2014, pp. 13–14, here p. 13 (with adjustments; Chinese original text on p. 9). The Muztagata is situated at the northern periphery of the Tibetan mountains. The Ghichak represents a distinct type of lute characteristic of Central Asia. Tashkorghan is a town located in the region of Xinjiang.
2   See, especially, the essay by Metra Lin, "Rivers," in Metra Lin, ed., *The Southern Cross. Cen Long, His World of Art*, Tainan: Elpis Art & Licensing Co., 2021, pp. 51–52.
3   For instance, in his grand triptych *Burlak Song* of 2013 (100 × 200 cm, p. 22), he illustrates hard-working rowers and *burlaks* on the Yangtze River. All works discussed in this chapter are painted with oil on canvas.
4   This has already been indicated by Metra Lin in her essay "Rivers." See above note 2.
5   Cen (as note 1), p. 13. Chalon-sur-Saône is located in eastern France in the *département* Saône-et-Loire. Fourvière is a district of Lyon situated on a hill near the historical city center.
6   See Huang Zhuan, "Cen Long and his Silver Age," in: Lin (as note 1), pp. 17–19.
7   Triptych *Purgatory*, oil on canvas, 2010, consisting of a larger central part, *The Moon's Shadow*, 100 × 80 cm, a left wing, *Light of Heart*, 100 × 50 cm, and a right wing, *Night Sailor*, 100 × 50 cm.
8   *Silvie*, 2018, 70 × 60 cm; *Little Belle*, 2018; 70 × 60 cm; *The Herd Leader*, 2018, 70 × 60 cm; *Little Silvie in the Meadows*, 2019, 100 × 80 cm; *Little Silvie in the Mist*, 2015, 60 × 60 cm.
9   *Winter Landscape*, 1811, oil on canvas, 33 × 46 cm, Staatliches Museum, Schwerin; see Helmut Börsch-Supan, *Caspar David Friedrich*, Munich: Prestel, 1990, cat. 10, pp. 92–93.
10   Gustave Courbet, *Le chêne de Flagey* (*Le Chêne de Vercingétorix*), 1864, oil on canvas, 89 × 110 cm, Musée Courbet, Ornans.
11   See Fried's paragraph "Courbet and Anthropomorphism," in: Michael Fried, *Courbet's Realism*, Chicago: University of Chicago Press, 1992, pp. 238–254, especially p. 242.
12   Linda Nochlin has read the painting as a self-portrait; Linda Nochlin, "*Le Chêne de Flagey* de Courbet: Un motif de paysage et sa signification," in: *Quarante-huit/Quatorze*, Musée d'Orsay 1, 1989, pp. 15–25; Linda Nochlin,

"The Oak of Flagey, *known as* The Oak of Vercingetorix 1864," in: Sarah Faunce and Linda Nochlin, eds., *Courbet Reconsidered*, Brooklyn, New Haven: Yale University Press, 1988, pp. 150–151, cat. 44. See furthermore Petra ten-Doesschate Chu, "It Took Millions of Years to Compose That Picture," in: Ibidem, pp. 55–65, here pp. 62–64.
13   Quoted from Nochlin 1988 (as note 12), p. 150.
14   'Triptych' originates from the ancient Greek term τρίπτυχος (*tríptychos*), meaning "divided into three parts" or "consisting of three layers." For the artistic tradition of the format see, for example, Dagmar Eichberger, "The Winged Altarpiece in Early Netherlandish Art," in: Philip Lindley, ed., *Making Medieval Art*, Donington: Shaun Tyas, 2003, pp. 152–172, especially pp. 154–157.
15   The important German painter Max Beckmann (1884–1950) created nine triptychs. Wolf-Dieter Dube, *Max Beckmann: das Triptychon Versuchung*, Munich: Hirmer, 1981; Eleanor Anderson, "Max Beckmann's Carnival Triptych," in: *Art Journal* 24, No. 3, Spring, 1965, pp. 218–225.
16   *Evening over the Land of Sunshine*, 2014, 120 × 120 cm; reworked and renamed *Child of Sun*, 2016.
17   *The Passing*, 2020, 120 × 200 cm. *The Pursuit of Light*, 2021, 200 × 240 cm.
18   Albrecht Dürer, *Epitaph of the Holzschuher Family from Nuremberg*, 1498, oil on panel, 147 × 118 cm, Germanisches Nationalmuseum, Nuremberg (GM 165); *Lamentation over the Dead Christ* (*The Large Passion*, no. 7), c. 1497, woodcut, 39 × 28 cm.
19   Giuseppe Pelizza da Volpedo, *Il Quarto Stato*, 1898–1901, oil on canvas, 293 × 545 cm, Galleria d'Arte Moderna di Milano, Milan. See Aurora Scotti Tosini, ed., *Il Quarto Stato: Pellizza da Volpedo*, exhibition catalog, Milan, Museo del Novecento, 2013–2014, Milan: Electa, 2013.
20   Bernardo Bertolucci (film director), *1900* (*Novecento*), screenplay by Franco Arcalli, Giuseppe Bertolucci, and Bernardo Bertolucci, produced by Alberto Grimaldi, released on 21 May 1976 at the 29th Cannes Film Festival; starring Robert De Niro, Gérard Depardieu among many others.
21   Eugène Delacroix, *La Liberté guidant le peuple*, 1830, oil on canvas, 260 × 325 cm, Musée du Louvre, Paris (RF 129). I would like to express my gratitude to Metra Lin for bringing Cen Long's interest in Delacroix to my attention.

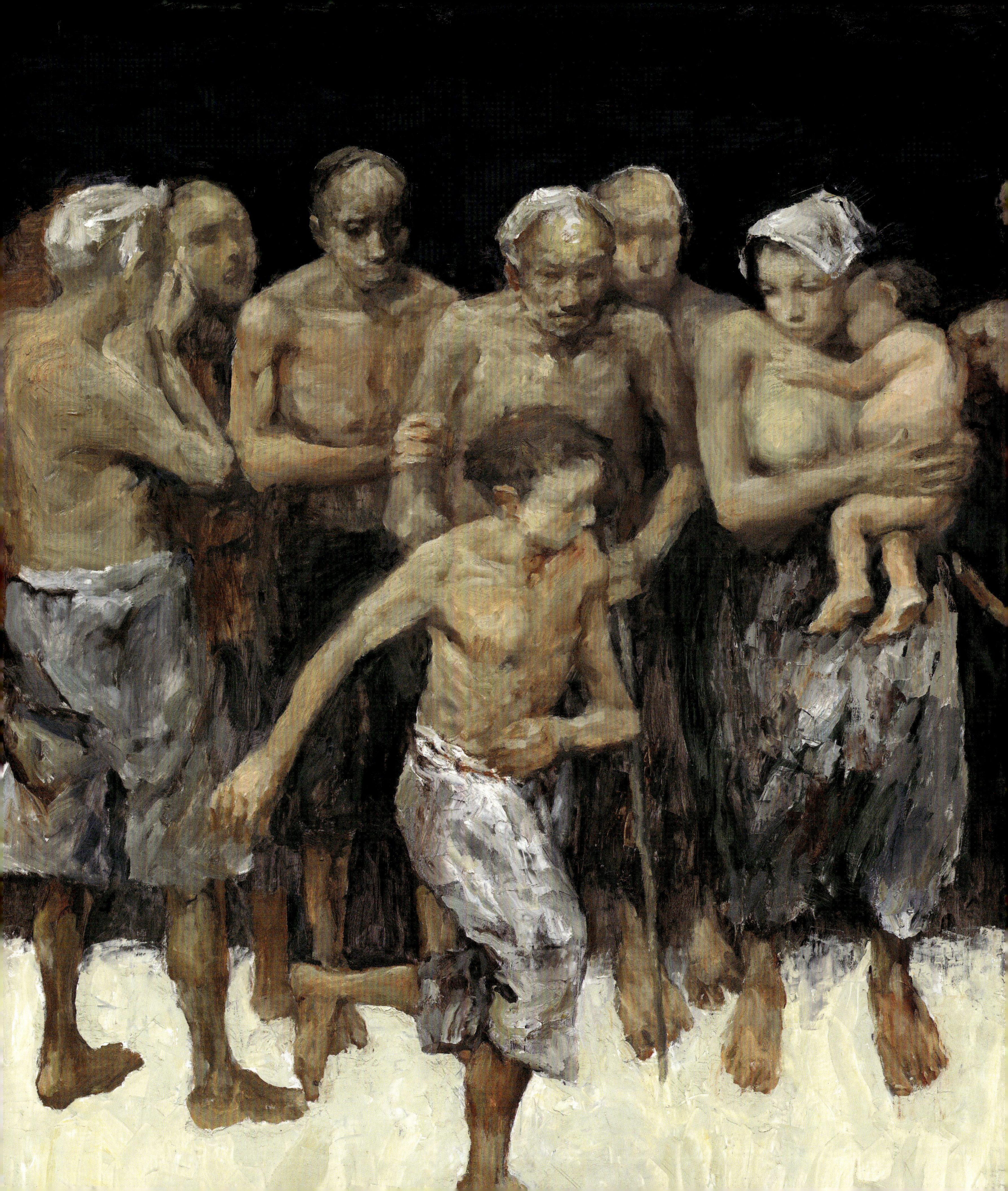

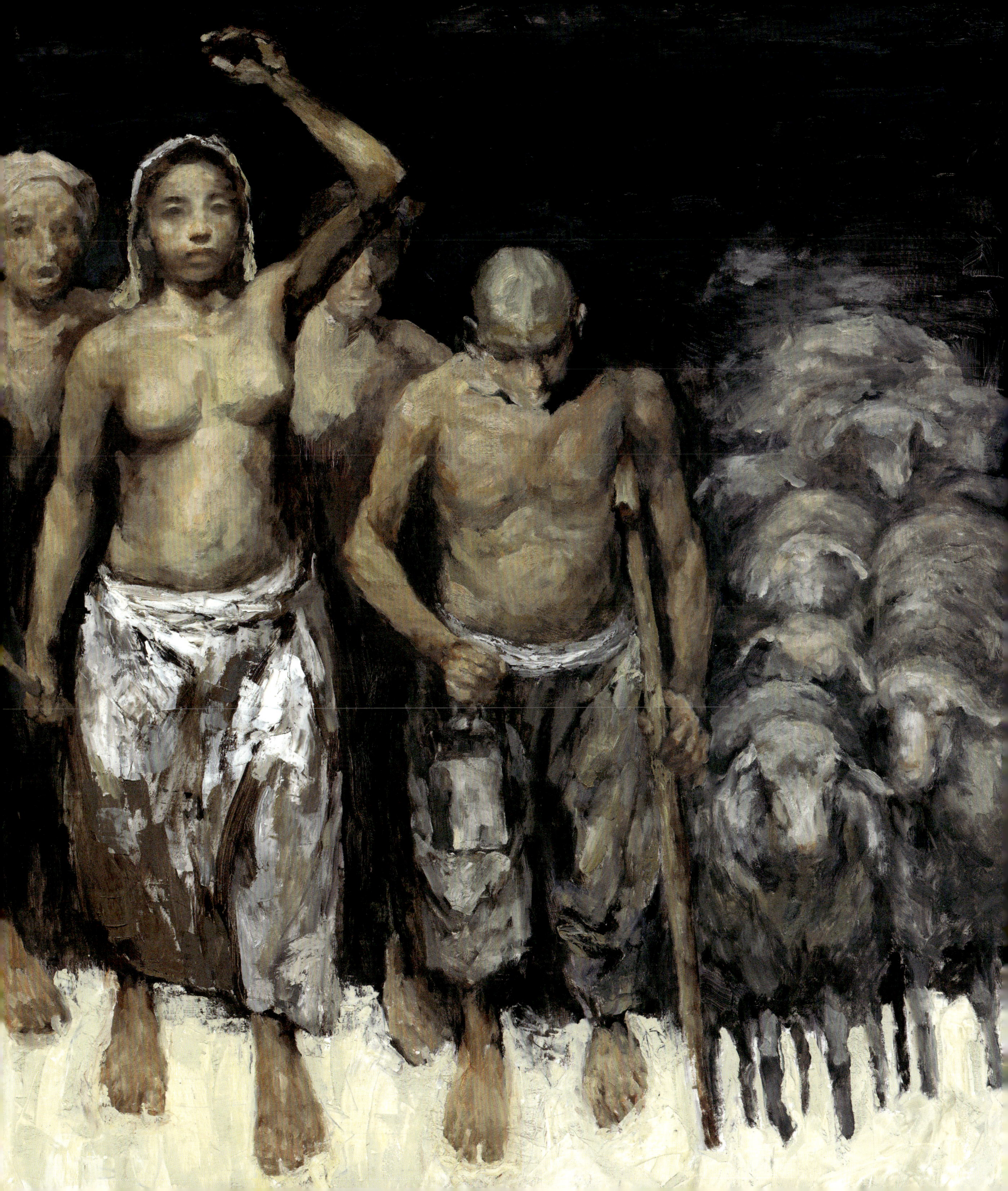

Cantore sopra le nuvole:
la storia di Cen Long

Metra Lin

Gli anni cinquanta furono un periodo molto turbolento in Cina, al punto da costringere un famoso etnologo ad affidare il figlio maggiore alle cure di un buon amico all'estero. Così Cen Long, che allora aveva appena due anni, iniziò la sua nuova vita a Lione, in Francia, e poiché sia i bambini sia gli adulti di casa alla mattina uscivano per andare rispettivamente a scuola e al lavoro, iniziò a dipingere per alleviare la sua solitudine.

La fornitura apparentemente infinita di carta da parte della famiglia affidataria facilitò il suo desiderio di dipingere ogni cosa: belle immagini, reali o inventate, cristallizzate su qualsiasi tipo di carta che il giovane Cen riusciva a trovare. Quando Cen iniziò a frequentare la scuola, dimostrò un'incredibile attitudine per la pittura ad acquerello, tanto che la maturità delle sue prime composizioni gli valse molti complimenti sorpresi. Il tutore di Cen era inoltre ben felice di accompagnarlo in giro per musei, avvicinandolo alle opere dei maestri europei fin dalla tenera età. L'influenza stimolante di questi capolavori ha fornito a Cen un fondamento spirituale che persiste in lui ancor oggi. Col senno di poi, la ricerca di bellezza, grazia e amore da parte di Cen potrebbe essere fatta risalire alla conoscenza dell'Europa e della sua cultura, direttamente vissuta durante l'infanzia. L'opera che più affascinò il giovane Cen durante il suo soggiorno in Europa fu un dipinto a olio dell'artista finlandese Akseli Gallenkallela, intitolato *La prima lezione* (p. 42). Nel cuore del rigido inverno, in un'umile casetta di legno, un povero pescatore ripara la sua rete da pesca accanto al focolare. La sua bambina è inginocchiata su uno sgabello di legno e legge ad alta voce dalle pagine di un libro aperto. Il pescatore è profondamente affascinato dalla voce della piccola e dallo svolgersi della narrazione. I toni della scena sono focalizzati sulle allegre fiamme del focolare. Il calore trasmesso in quest'opera d'arte sembra emanare dall'intensità del fuoco, ma in realtà ha origine dalle emozioni meticolosamente colte dall'artista. Da quel momento in poi, Cen fu ancor più consapevole delle profonde possibilità offerte dall'arte, aspirando a diventare un artista che avrebbe dipinto la sua *Prima lezione* e trasmesso così un'esperienza autenticamente commovente al suo futuro pubblico.

All'età di otto anni, Cen tornò in Cina assecondando il desiderio dei suoi genitori, che avevano sentito molto la sua mancanza mentre era in Europa e credevano che la situazione in Cina fosse cambiata in meglio. Lo shock provato da Cen fu fortissimo. Sebbene fosse felice del tanto desiderato ricongiungimento con i suoi genitori, Cen, che all'epoca non sapeva nemmeno usare le bacchette, dovette adattarsi a un ambiente sociale e a valori radicalmente diversi. Sopraffatto dall'impatto con la società cinese, che a lui apparve inizialmente molto strana, trovò conforto solo nella natura, con la sua onnipresente intelligibilità. Sebbene la Francia fosse ormai diventata un ricordo frammentato, i semi gettati nel cuore di Cen erano germogliati tramutandosi in un giardino; un santuario il cui aspetto reca i segni della grande arte e la cui clausura ha consentito stabilità interiore a Cen. Continuò a dipingere e cominciò a mostrare interesse per la scrittura di saggi, vincendo spesso premi in entrambe le discipline. Nonostante il suo talento promettente, i genitori non lo incoraggiarono a proseguire gli studi in discipline umanistiche. Capivano che essere uno studioso di queste materie nella Cina del tempo comportava spesso critiche e disoccupazione. Tuttavia, il padre fu così orgoglioso di Cen quando il suo saggio arrivò secondo in un concorso municipale che portò il figlio da Rong Bao Zhai, uno storico negozio di articoli d'arte, e comprò a Cen, all'epoca studente di scuola media, un pennello professionale per acquerello fatto di pelo di lupo. Al ritorno a casa, Cen iniziò immediatamente a dipingere un

pp. 38-39

Alla ricerca della luce, 2021 (dettaglio)
Olio su tela
200 x 240 cm

In Pursuit of Light, 2021 (detail)
Oil on canvas
200 x 240 cm

The Singer on the Top of Clouds: Cen Long's Story

Metra Lin

The fifties were a turbulent time in China, compelling a renowned ethnologist to pass his oldest son into the care of a good friend abroad. Thus, Cen Long, then just two years old, began his new life in Lyon, France. Since both the children and adults of the house had to leave for school and work respectively, Cen began painting to allay his solitude.

The seemingly endless supply of paper provided by Cen's foster family facilitated his desire to paint anything and everything. Beautiful images, whether seen or imagined, were set down on whatever paper young Cen could find. By the time Cen entered preschool, he demonstrated an incredible aptitude for watercolor painting, with the maturity of his early compositions earning him many astounded compliments. Cen's guardian was also keen to take him on trips to museums, exposing him to the works of European Masters from a very young age. The stimulating influence of these masterpieces provided Cen with a spiritual foundation that persists within him to this day. In hindsight, Cen's pursuit of beauty, grace, and love can perhaps be traced back to his experiences of Europe and its culture during childhood. The work that most captivated the young Cen during his stay in Europe was an oil painting by a Finnish artist, Akseli Gallenkallela, titled *The First Lesson* (p. 42). In the harsh winter, within a humble wooden cottage, a poor fisherman mends his fishing net by the warm hearth. His little daughter kneels on a wooden stool, reciting from the pages of an open book. The fisherman is deeply captivated by the child's voice and the unfolding narrative of the book. The tones of the scene reveal the hearth burning brightly. The warmth conveyed in this artwork seems to emanate from the fervor of the fire, yet it truly originates from the emotions meticulously crafted by the artist. As someone who loved to draw, from this moment on, Cen became more conscious of art's profound capabilities, aspiring to become someone who would paint his own First Lesson and thereby impart an authentically moving experience to his future audience.

At the age of eight, Cen returned to China per the wishes of his parents, who had missed him dearly whilst he was in Europe and believed that the situation in China had changed for the better. What a shock Cen experienced! Though he cherished the much-desired reunion with his parents, Cen, who at the time could not even use chopsticks, had to adjust to a radically different social environment and its values. Overwhelmed by the initial strangeness of Chinese society, only nature, with its ubiquitous intelligibility, offered Cen solace. Though France became a fragmented memory, the seeds sown there within Cen's heart had sprouted into a garden; a sanctuary whose scenery bear the marks of great art and whose seclusion allowed internal stability for Cen. He continued to paint and began to show an interest in writing essays, where he frequently won prizes in both disciplines. Despite his promising talent, his parents did not encourage him to pursue further study in the humanities. They understood that being a scholar of the humanities in China at that time often entailed criticism and unemployment. Nonetheless, Cen's father was so proud of Cen when his essay came second place in a municipal competition that he took Cen to Rong Bao Zhai, a historical art supply store, and bought the middle school-age Cen a professional watercolor brush made of wolf hair. Upon returning home, Cen immediately began painting a landscape featuring the Hongshan Pagoda with his new brush. The result was a piece of meticulous realism, which Cen's father glanced at before picking up the paintbrush and effortlessly painting the same scene himself. He appeared to only outline the physical structures of the Pagoda, but every brushstroke combined to create a vivid scene.

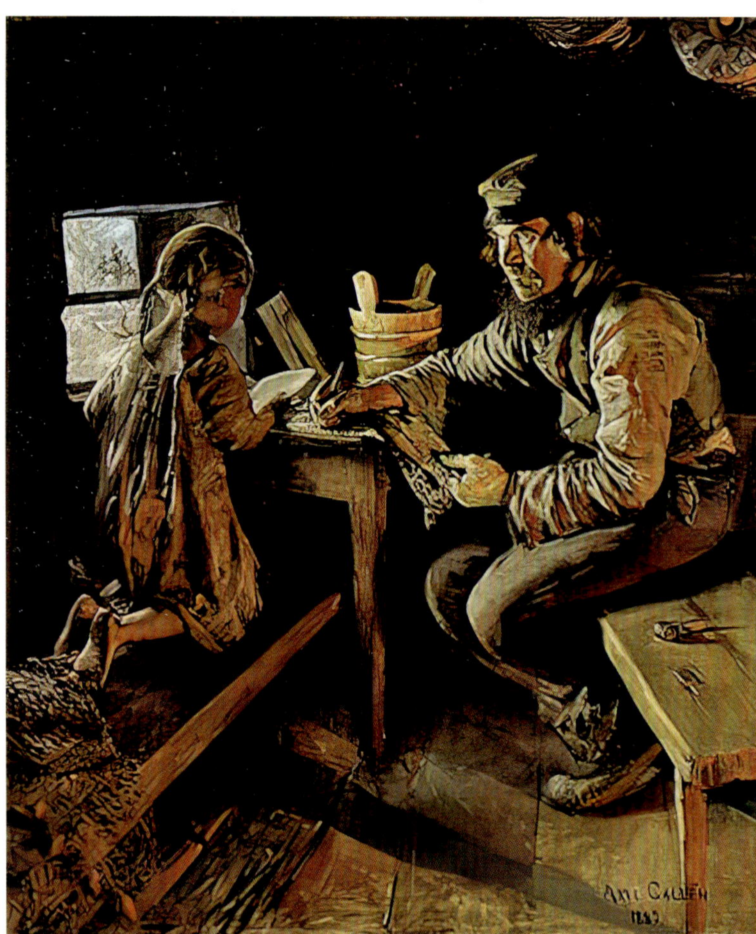

Akseli Gallenkallela,
La prima lezione, 1887

Akseli Gallenkallela,
The First Lesson, 1887

paesaggio raffigurante la Pagoda Hongshan, usando il suo nuovo pennello. Il risultato è un'opera di meticoloso realismo, a cui il padre di Cen diede una rapida occhiata prima di prendere il pennello e dipingere lui stesso senza sforzo la stessa scena. Mentre dipingeva, sembrava delineare solamente la struttura fisica della Pagoda, e invece ogni pennellata si combinava per creare una scena vivida.

Riferendosi al suo lavoro, disse al giovane Cen che "La pittura significa catturare l'essenza dell'oggetto. Dovremmo dedicare il trenta per cento dei nostri sforzi a ricreare la forma dell'oggetto, ma dovremmo spendere il restante settanta per cento a catturare come l'oggetto rappresenta sé stesso". Dopo aver suggerito a Cen di aggiungere alcune rocce e alberi al paesaggio, completò il dipinto con un'annotazione calligrafica: "Jia Wu e suo figlio provano un nuovo pennello a Capodanno". Purtroppo questo dipinto è andato perduto a causa delle vicissitudini della Rivoluzione Culturale (p. 46).

Il padre di Cen, Cen Jia Wu, nacque in un povero villaggio rurale. Orfano di entrambi i genitori sin dalla giovane età, venne aiutato durante i suoi primi anni di vita da parenti e amici intimi. Dall'età di quattordici anni iniziò a guadagnarsi da vivere scrivendo articoli per varie riviste. L'attitudine accademica che dimostrò gli valse alla fine una borsa di studio per frequentare l'Università di Tokyo, all'estero. Al ritorno dai suoi studi, all'età di ventiquattro anni, Cen Jia Wu pubblicò in successione tre opere accademiche fondamentali nei campi dell'etnografia e della storia dell'arte: *Storia dell'arte dei totem*, *Introduzione alla storia preletteraria* e *Storia dell'arte preistorica*. *Storia dell'arte dei totem* è senza dubbio tra le sue opere più rappresentative, dove non solo vengono rivelate le origini dell'arte totemica, ma si analizza profondamente anche il rapporto tra totem e arte. Ampiamente riconosciuta come una monografia pionieristica senza precedenti, ha raccolto ampi consensi nel mondo accademico. Ben presto, ancora ventenne, fu nominato professore associato. Tuttavia la sua vita fu segnata da continue sfortune: visse prolungati periodi di povertà, la tragica perdita di due figlie nella mezza età e i tumultuosi sconvolgimenti della guerra e dei successivi movimenti politici. Nonostante queste avversità, non cessò mai la sua attività letteraria, dedicandosi con tenacia alla ricerca accademica per tutta la sua esistenza.

La passione per il collezionismo di libri e opere d'arte accompagnò il Cen Jia Wu per tutta la sua vita. Purtroppo, molte delle sue rare collezioni furono confiscate o distrutte durante la Rivoluzione Culturale. Ogni domenica, ricorda Cen, accompagnava il padre nelle sue ricerche di vecchie edizioni e libri antichi. Attraverso queste avventure, Cen conobbe tutte le librerie antiche di Wuhan e sviluppò una passione personale per la caccia alle vecchie edizioni. Insolitamente, l'ufficio universitario del padre di Cen era composto da due stanze invece della solita stanza singola di cui disponevano

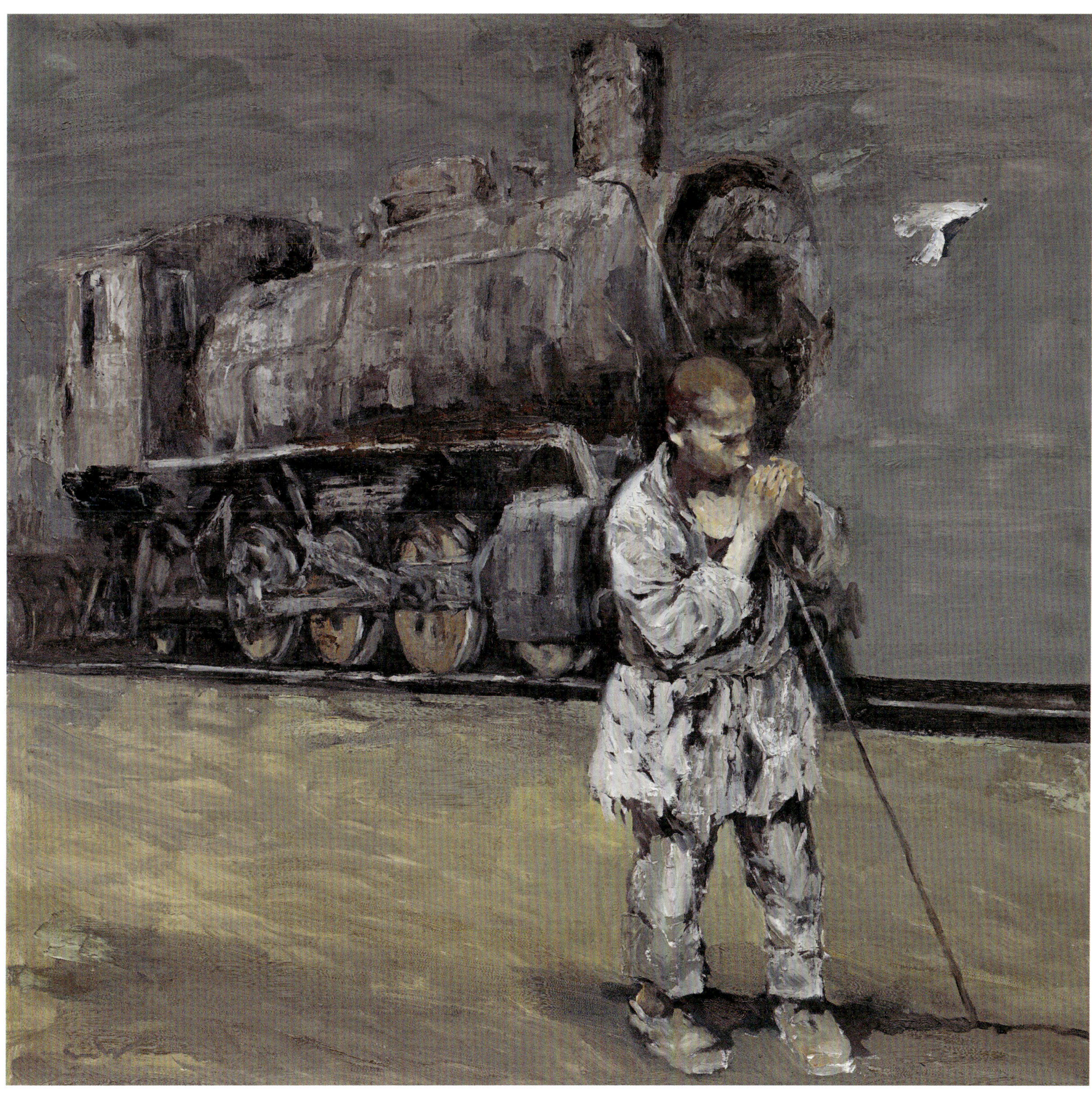

I giorni della gioventù, 2019
Olio su tela
120 x 120 cm

The Days of Youth, 2019
Oil on canvas
120 x 120 cm

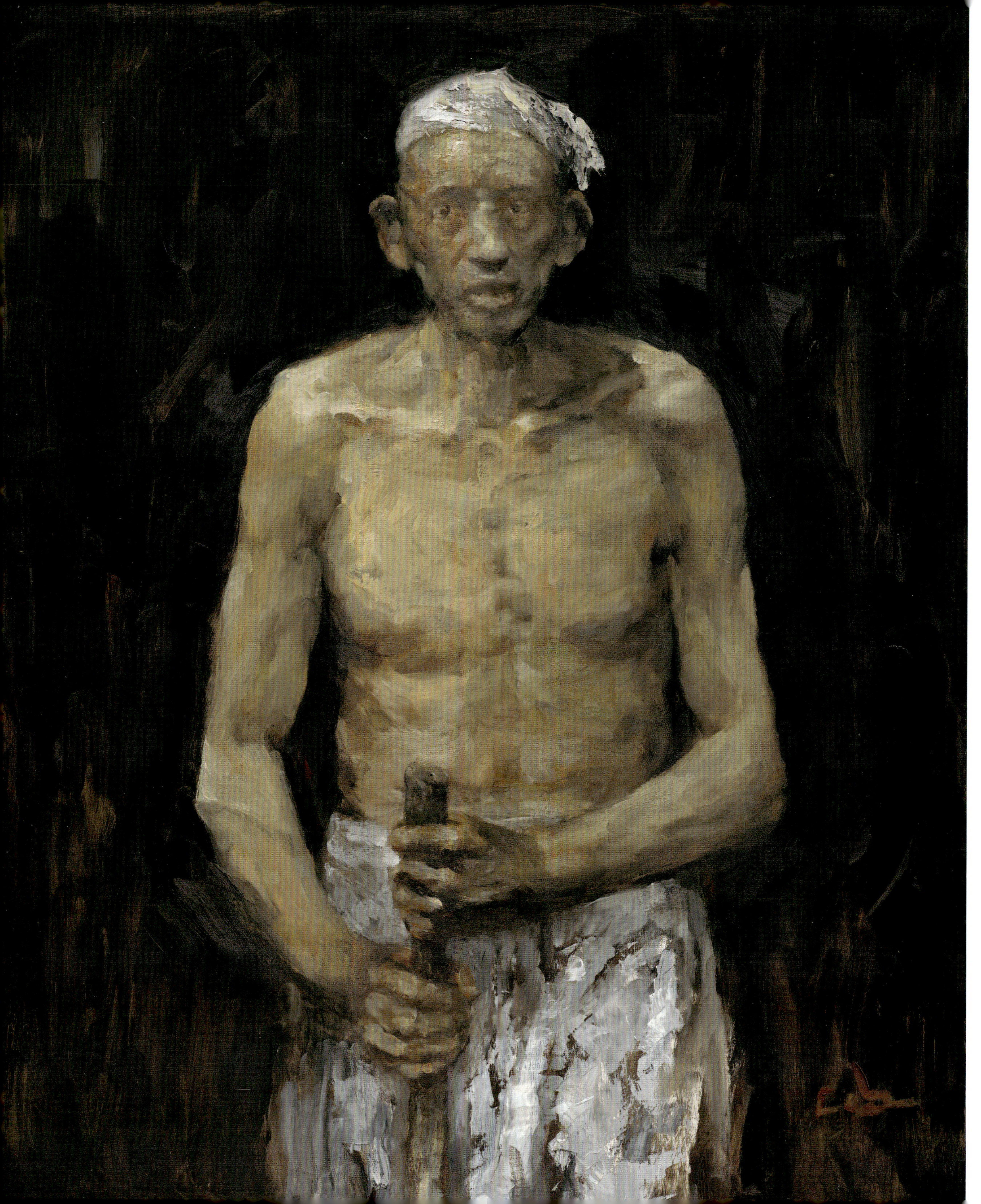

Referencing his work, he told the young Cen that, "Painting is about capturing the essence of the object. We should dedicate thirty percent of our efforts to recreating the form of the object, but should spend the remaining seventy percent capturing how the object represents itself." After suggesting that Cen should add some rocks and trees to the landscape, he completed the painting with a calligraphic annotation: Jia Wu and his son trying a new brush at New Year's. Unfortunately, this painting was lost to the vicissitudes of the Cultural Revolution (p. 46).

Cen's father, Cen Jia Wu, was born in a poor farming village. Having lost both his parents at a young age, Cen Jia Wu was supported during his early life by relatives and close friends. From the age of fourteen, he began to make a living writing articles for various journals. The academic aptitude he demonstrated eventually earned him a scholarship to study abroad at Tokyo University. Upon returning from his studies abroad, Cen Jia Wu published three seminal academic works within the fields of ethnography and art history in succession in his twenties: *Totem Art History* (1937), *Prehistoric Art History* (1938), and *An Introduction to Preliterary History* (1940). Among his most representative works is undoubtedly *Totem Art History*, which not only reveals the origins of totemic art but also profoundly elucidates the relationship between totems and art. Widely recognized as an unprecedented pioneering monograph, it garnered extensive acclaim within academia. Soon, still in his twenties, he was appointed as an associate professor. However, his life was marked by continuous misfortune: enduring prolonged periods of poverty, the tragic loss of two daughters in midlife, and experiencing the tumultuous upheavals of war and subsequent political movements. Despite these adversities, he never ceased his literary pursuits, persistently and tenaciously dedicating himself to scholarly research until the very end of his life.

Mr. Cen Jia Wu's passion throughout his life was his deep affection for collecting books and artworks. Regrettably, many of his rare collections were either confiscated or destroyed during the Cultural Revolution. Every Sunday, Cen recalls, he would accompany his father on visits to antique books in search of old editions. Through these adventures, Cen came to know all the antique bookstores of Wuhan like the back of his hand and developed a personal passion for hunting for old editions. Unusually, the university office of Cen's father was comprised of two rooms rather than the standard one-room many of his colleagues had. One of these rooms was essentially a personal library, crammed with bookshelves overflowing with books in Chinese, English, Japanese, French, Russian, and German, as well as various art albums that were so densely packed that it became challenging to pull out any single volume. Cen often found solace in his father's study, immersed in books. Cen's father also bought both Cen and his younger brother a variety of children's books, notably including Chinese translations of foreign picture books. He frequently urged Cen Long to pay close attention to the reproduced original illustrations in the translated classics, emphasizing that they represented the sublimation of a book's content—an interpretation and a form of secondary creation that contributed to the literary work.

Cen's enduring interest in illustration can therefore be traced back to the influence of his father. This inclination has led him to engage in children's book illustration for an extended period, besides his involvement in oil painting creation and teaching. This pursuit is both an irreplaceable passion and a way to cherish the memory of his father. Illustrating, in Cen's perspective, is not driven

L'uomo onesto, 2021
Olio su tela
100 x 80 cm

Honest Man, 2021
Oil on canvas
100 x 80 cm

molti dei suoi colleghi. Una di queste stanze era essenzialmente una biblioteca personale, piena di scaffali traboccanti di libri in cinese, inglese, giapponese, francese, russo e tedesco, oltre a vari album d'arte, così fitti che era divenuto difficile tirare fuori un solo volume. Cen trovava spesso conforto nello studio di suo padre, immerso nei libri. Il padre acquistò per Cen e per il fratello minore una varietà di libri per bambini, comprese traduzioni cinesi di libri illustrati stranieri. Esortava spesso Cen Long a prestare molta attenzione alle illustrazioni originali riprodotte nei classici tradotti, sottolineando che rappresentavano la sublimazione del contenuto di un libro: un'interpretazione e una forma di creazione secondaria che contribuivano all'opera letteraria.

L'interesse di Cen per l'illustrazione può quindi essere fatto risalire all'influenza di suo padre. Questa inclinazione lo ha portato a impegnarsi per un lungo periodo nell'illustrazione di libri per bambini, oltre a coinvolgerlo nella creazione e nell'insegnamento della pittura a olio. Questa ricerca è sia una passione insostituibile che un modo per custodire la memoria di suo padre. Illustrare, nella prospettiva di Cen, non è un'azione guidata principalmente dal guadagno finanziario, nonostante le sue illustrazioni abbiano ricevuto numerosi premi internazionali. Cen è convinto che i bambini, con la loro innata purezza e gentilezza, meritino l'accesso alle opere artistiche più preziose. Vede le illustrazioni come un mezzo diretto e potente per comunicare con i piccoli e prova gioia nel condividere con loro i suoi lavori creativi. Nel realizzare un mondo di purezza per il divertimento dei bambini, Cen si impegna anche in una riflessione nostalgica sui momenti piacevoli trascorsi leggendo e disegnando insieme a suo padre, quasi come se stesse rivivendo le sue amate esperienze infantili. I racconti popolari cinesi sono una delle fonti di ispirazione artistica preferite di Cen. Influenzato dagli interessi accademici dei suoi genitori, Cen è profondamente attratto dalle minoranze etniche cinesi e dalle testimonianze della loro cultura tradizionale – un elemento, questo, riconoscibile anche nelle sue illustrazioni. Cen ha creato illustrazioni in modo costante sin dagli anni ottanta, sebbene la loro realizzazione richieda molto tempo. Trovo questo aspetto particolarmente toccante, poiché il lavoro di illustrazione tende ad essere scarsamente ricompensato e può persino invitare a critiche sminuenti del proprio status di artista professionista. Pertanto, la dedizione instancabile di Cen all'impresa dei libri per bambini è, per me, segno di vera integrità.

Durante la Rivoluzione Culturale, i giovani intellettuali furono costretti a svolgere lavori fisici obbligatori nelle zone rurali. Inizialmente Cen venne inviato nelle campagne di Tianmen, nella

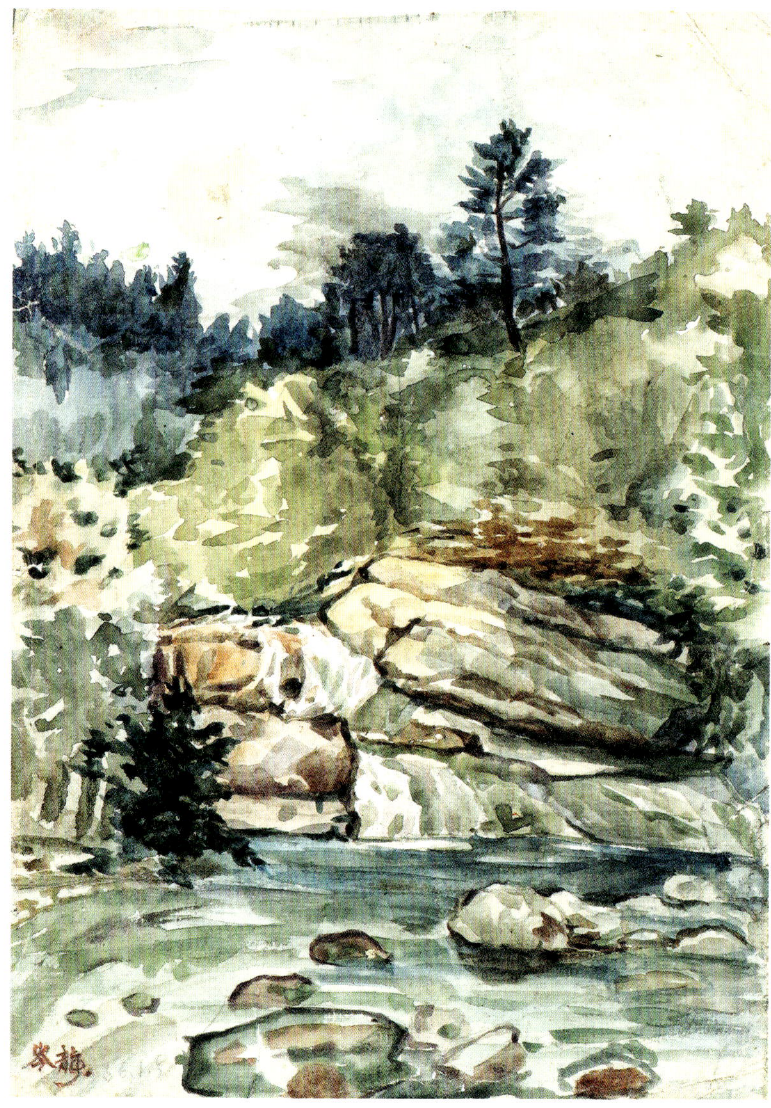

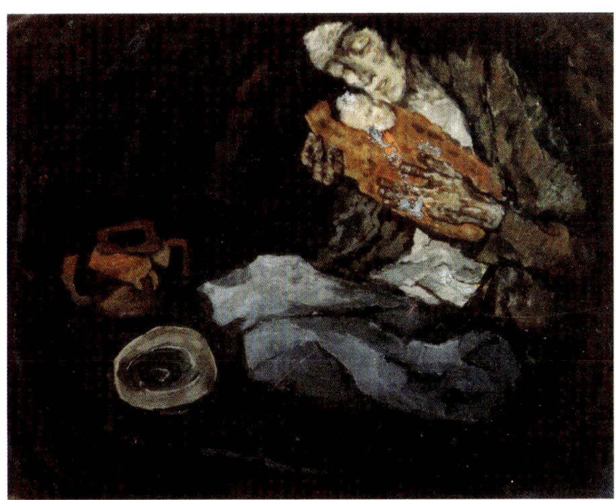

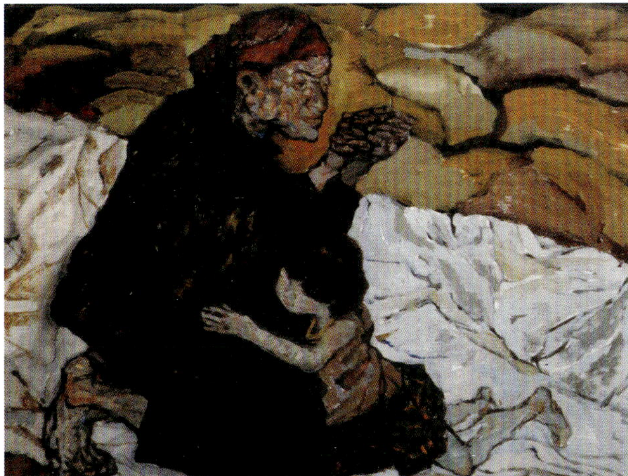

Madre, 1978
Gouache su carta
40 x 80 cm

Mother, 1978
Gouache on paper
40 x 80 cm

Madre, 1978
Gouache su carta
40 x 80 cm

Mother, 1978
Gouache on paper
40 x 80 cm

primarily by financial gain, despite the recognition his illustrations have received through multiple international awards. Cen holds the belief that children, with their innate purity and kindness, deserve access to the most valuable artistic works. He sees illustrations as a direct and powerful medium of communication with children and he takes joy in sharing his creative works with them. In crafting a world of purity for the enjoyment of children, Cen also engages in a nostalgic reflection on the delightful moments of reading and drawing alongside his father, almost as if he is reliving his own cherished childhood experiences. Chinese folktales are one of Cen's favorite sources of artistic inspiration. Influenced by the academic interests of his parents, Cen is deeply drawn to the ethnic minorities of China and the records of their traditional culture—something which is also discernable in his illustrations. Cen has created illustrations consistently since the eighties though the illustration process is a time-consuming one. I find this especially touching, as illustration work tends to be poorly recompensed and can even invite belittling criticism of one's status as a professional artist. Thus, Cen's unstinting dedication to the enterprise of children's books is, for me, a sign of true integrity.

During the Cultural Revolution, young intellectuals were forced to undertake obligatory physical labor in rural areas. Cen was initially assigned to perform physical labor in the countryside of Tianmen in Hubei Province. Within a few months, however, Cen was luckily reassigned to teach Chinese, History, and Geography at the local middle school. There, he was content to spend time with his students until, based on his painting abilities and a recommendation from a friend, he became a member of the Army's Artistic Division after passing a qualifying exam. As a member of the artistic division, Cen was charged with painting stage sets and aiding participants in military art shows with the composition and execution of their pieces. As Cen needed to be ready and able to assist the military in any artistic undertaking, he had to master the differences between various mediums, such as oil paint, Chinese ink painting, watercolor, gouache, and woodblock printing. Each medium posed its unique challenges, requiring differentiated skills. Cen had to promptly revise artworks to meet exhibition requirements and even attain recognition or awards. However, Cen did not receive credit for pieces he altered or, in some cases, radically repainted, due to the discrimination leveled at his father's intellectual profession. Although his job in the military was demanding, it provided him not only with the comparatively rare certainty of basic comfort but also the opportunity to work intensively with different materials and techniques. Furthermore, Cen was able to continue his path of artistic learning through chance encounters with trained artists who were also in the military.

On his days off, Cen would spend his time sketching passersby, animals, and the surrounding scenery at train stations or on the streets. When sketching people, he would often engage them in short conversations, from which he could deduce details about their personalities and professions to incorporate into his sketches. Thus, Cen's travels with the military enabled him to amass a veritable assortment of sketches. This experience also provided him with a solid training in realist portraiture. The troops he was assigned to were mainly stationed in the Henan, Hubei, and Hunan Provinces, and, of the three, the poorer and further north Henan Province was the one most frequently visited. The barren lands of Henan resembled an untamed nature, making life tough for those who inhabited the land. That the inhabitants nonetheless managed to maintain an accepting equanimity, and even optimism, in the face of a multitude of naturally inflicted hardships was something

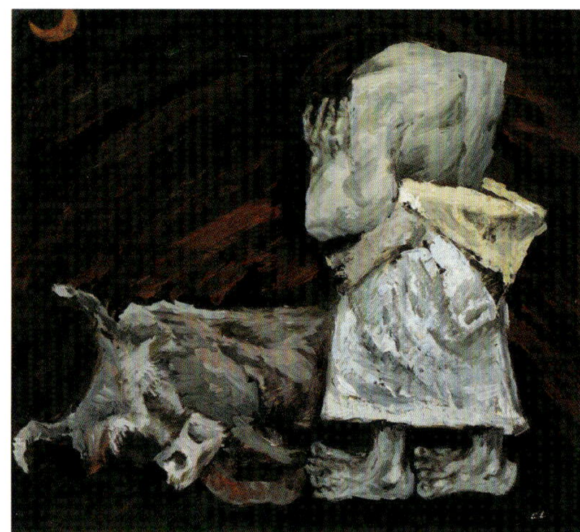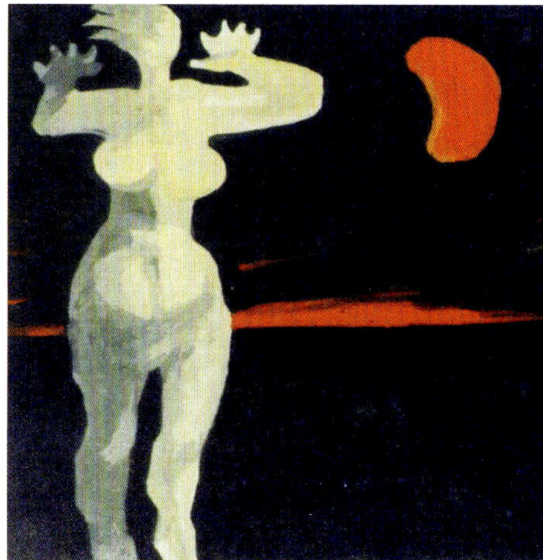

provincia di Hubei. Nel giro di pochi mesi, tuttavia, fu fortunatamente riassegnato a insegnare cinese, storia e geografia presso la scuola media locale. Qui passò un periodo sereno, contento di trascorrere del tempo con i suoi studenti, finché, grazie alle sue capacità pittoriche e alla raccomandazione di un amico, divenne membro della Divisione Artistica dell'esercito dopo aver superato un esame di abilitazione. In qualità di membro della Divisione Artistica, Cen fu incaricato di dipingere le scenografie e di aiutare i partecipanti alle mostre d'arte militare con la composizione e l'esecuzione dei loro pezzi. Poiché Cen doveva essere pronto e in grado di assistere i militari in qualsiasi impresa artistica, doveva padroneggiare le diverse tecniche artistiche, come la pittura a olio, la pittura a china, l'acquerello, la tempera e la xilografia. Ogni mezzo poneva sfide uniche, richiedendo competenze differenziate. Cen doveva prontamente rivedere le opere d'arte in modo che potessero soddisfare i requisiti espositivi e persino ottenere riconoscimenti o premi. Tuttavia, non riceveva credito per i pezzi da lui modificati o, in alcuni casi, radicalmente ridipinti, a causa della discriminazione nei confronti della professione intellettuale di suo padre. Sebbene il suo lavoro militare fosse impegnativo, gli diede non solo la certezza relativamente rara di una vita moderatamente agiata, ma anche l'opportunità di lavorare intensamente con materiali e tecniche diverse. Inoltre, Cen poté continuare il suo percorso di apprendimento artistico attraverso incontri casuali con artisti che lavoravano anche in ambito militare.

Nei suoi giorni liberi, Cen passava il tempo a disegnare passanti, animali e paesaggi nei pressi delle stazioni ferroviarie o per le strade. Quando disegnava le persone, spesso le coinvolgeva in brevi conversazioni, dalle quali poteva dedurre dettagli sulla loro personalità e professione da incorporare poi nei suoi schizzi. Pertanto, i viaggi di Cen con i militari gli hanno permesso di accumulare un vero e proprio assortimento di schizzi. Questa esperienza gli fornì anche una solida formazione nella ritrattistica realista. Le truppe a cui fu assegnato erano di stanza principalmente nelle province di Henan, Hubei e Hunan e, delle tre, la provincia più povera e più a nord dell'Henan era quella visitata più frequentemente. Le terre aride di questa regione, così simile a una natura selvaggia, rendevano la vita dura a coloro che le abitavano. Il fatto che gli abitanti riuscissero comunque a mantenere un'equanimità di accettazione, e persino ottimismo, di fronte a una moltitudine di difficoltà inflitte naturalmente ispirò in lui un profondo rispetto. Mentre le truppe erano di stanza in un villaggio, uno dei compiti della Divisione Artistica era creare e realizzare spettacoli per alleggerire il peso della guerra. Cen ricorda ancora i momenti in cui si sedeva nel retro di un camion carico di oggetti di scena e scenografie, guardando i bambini che correvano dietro di loro attraverso le nuvole di polvere che i mezzi lasciavano nella loro scia. La vista dei volti sudati dei bambini, animati da scoppi di allegre risate nonostante la polvere circostante, è rimasta in lui un vivido ricordo.

Gran parte dell'arte di Cen trae ispirazione dalle regioni settentrionali. Questa tendenza può forse essere fatta risalire ai primi ricordi del Nord, che potrebbero aver gettato i semi della nostalgia e del desiderio, elementi costanti nella sua vita e nel suo lavoro. Durante la sua permanenza in Francia, da bambino, Cen soffrì di allergie, tanto che spesso venne portato nel nord della Francia per seguire una dieta a base di formaggio e latte di capra. Durante una di queste visite, Cen si trovò nel nord-ovest della Francia, in Bretagna, un luogo profumato di tradizioni locali che incarnavano il concetto di stile di vita settentrionale. Le campanelle legate al collo delle pecore e delle capre sembrano ancora risuonare nella mente di Cen in ricordo della regione a cui è così affezionato. Poiché i viaggi di Cen

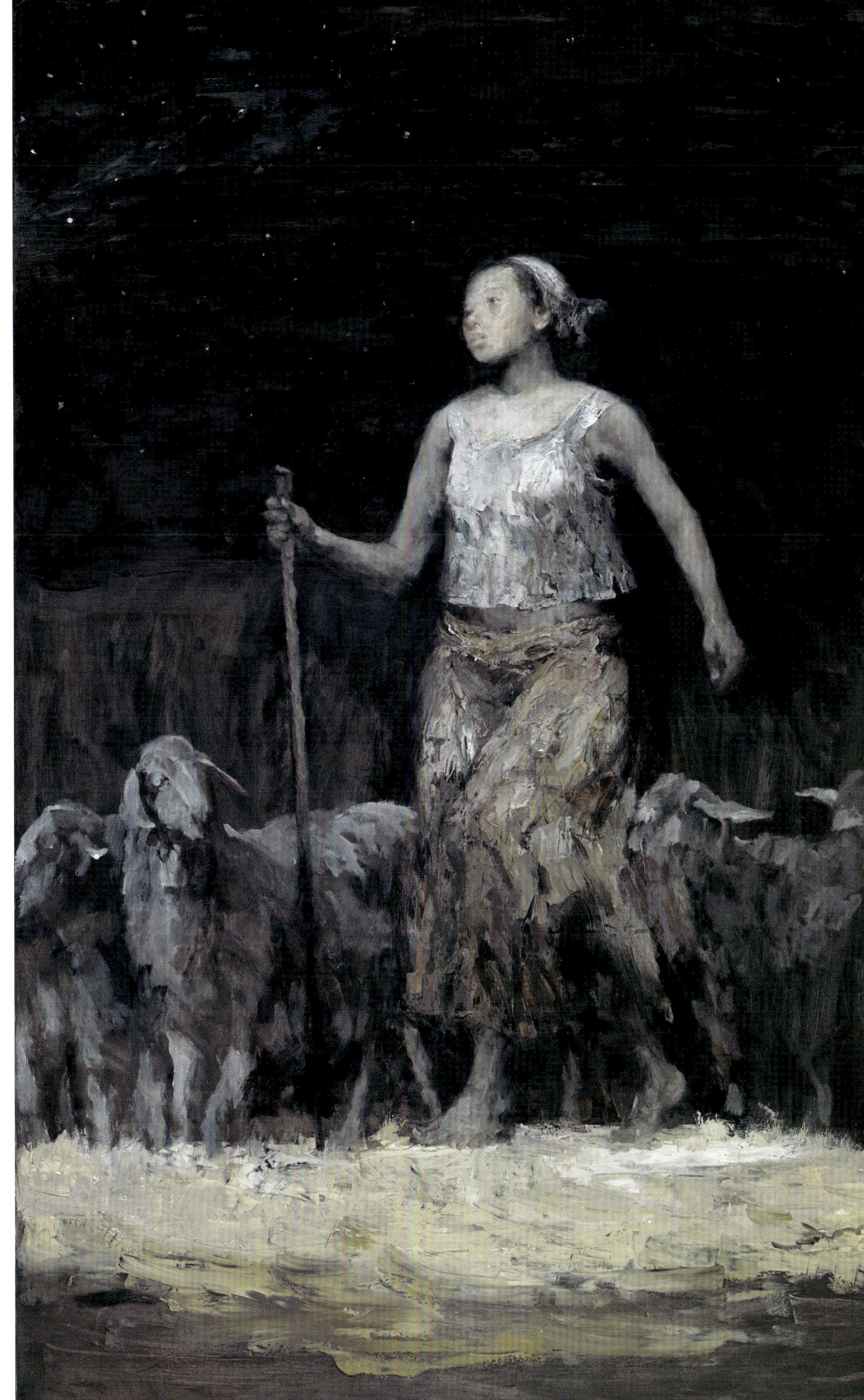

Le costellazioni, 2019
Olio su tela
200 x 120 cm

The Constellations, 2019
Oil on canvas
200 x 120 cm

con i militari in Cina erano generalmente a nord del fiume Yangtze, solitamente considerato la demarcazione del nord dal sud, Cen conosceva anche gli abitanti di quei luoghi. Sebbene il loro tenore di vita fosse indubbiamente diverso da quello delle regioni settentrionali della Francia, scoprì una comunanza nel loro sguardo: un'espressione unicamente pura. Di conseguenza, fino a oggi, i temi predominanti nei suoi dipinti sono spesso incentrati sui paesaggi delle regioni settentrionali.

Nel 1979, Cen lasciò l'esercito e si iscrisse all'Accademia di Belle Arti di Xi'an. In seguito, avrebbe ottenuto l'ammissione alla terza coorte di studenti laureati dell'Accademia con la sua raccolta *Mother* (*Madre*, p. 47). Fu durante questo periodo che Cen conobbe l'opera dell'artista austriaco Egon Schiele grazie a un album a casa di un amico artista, Shang Yang. Attratto immediatamente dalle linee audaci e dalle nevrosi che caratterizzano il lavoro di Schiele, Cen chiese in prestito l'album al suo amico, data la scarsità di pubblicazioni di opere straniere in Cina all'epoca. L'arte di Schiele pone un'enfasi significativa sulle linee, e il loro posizionamento meticoloso detta l'intera composizione. Queste linee creano un modello attorno al quale si modellano le relazioni tra le forme umane, la disposizione dei colori e l'atmosfera dell'opera. La topologia esatta di queste linee varia all'interno delle opere, con alcune aree caratterizzate da linee densamente annodate e altre che scorrono sinuose. L'uso del colore da parte di Schiele mostra anche modulazioni tra toni caldi e freddi, contrasti leggeri e pesanti e sfumature tenui e audaci. La sua arte può essere paragonata a un concerto attentamente orchestrato, dove l'equilibrio di diversi elementi artistici contraddistingue il suo stile peculiare. La topologia pittorica richiede la conformità di tutti gli elementi costitutivi, e l'atmosfera del dipinto è un aspetto culminante, quasi gestaltico, che nasce da questa armonia. Da Schiele, Cen apprese l'importanza fondamentale della composizione nella pittura, stabilendo la sovrastruttura sotto la quale sono sussunti tutti gli altri elementi artistici: scenografia, disposizione dei colori, disposizione di oggetti e modelli e persino dettagli tecnici come le pennellate.

Quando Cen iniziò i suoi studi all'Accademia, il suo nome aveva già ottenuto un certo successo, offrendogli un maggiore grado di libertà nella programmazione dei suoi studi. Utilizzò questo privilegio per lavorare come assistente insegnante presso lo Xinjiang Arts Institute, una scelta che gli permise di guadagnarsi da vivere, viaggiare e disegnare. Durante gli anni ottanta, nei circoli artistici cinesi si formò il movimento '85 New Wave, fondato da giovani artisti che, incoraggiati dal clima politico sempre più rilassato, speravano di poter attuare una riforma nazionale della cultura artistica. Il movimento inizialmente prese di mira le pratiche residue della Rivoluzione Culturale che deformavano sia le strutture della vita artistica sia il contenuto delle opere d'arte stesse. Si cercava, in sostanza, di allontanare il giogo degli obblighi politici e di smantellare le strutture di potere e le convenzioni della moralità sociale che limitavano l'arte del periodo. Tuttavia, nel giro di pochi anni, il movimento spostò il focus della sua ira sulla cultura tradizionale e finì per utilizzare idee e metodi estetici occidentali per i suoi scopi, al punto che molti commentarono la sua evoluzione come somigliante a un film sulla storia dell'arte contemporanea occidentale fatto improvvisamente accelerare con il tasto del fast-forward.

Durante la sua partecipazione iniziale al movimento, Cen espose a una delle sue mostre con una raccolta intitolata *Blood Moon* (*Luna di sangue*, p. 48), che esprimeva sia la potente irrequietezza sia le ansie del tempo. Sebbene il lavoro di Cen di questo periodo sia caratterizzato dalla deformazione

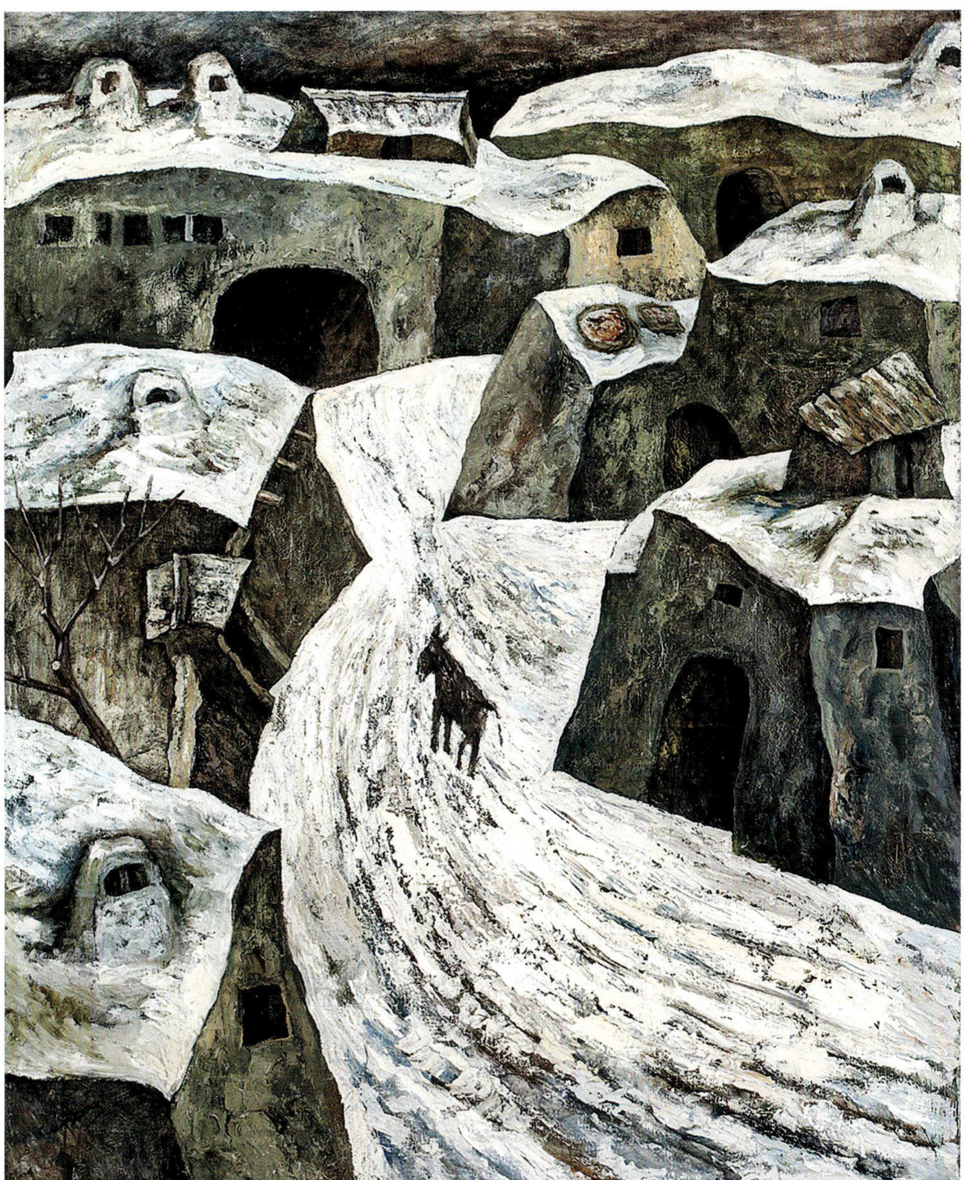

that inspired Cen's deep respect. Whilst troops were stationed at a village, one of the tasks of the Artistic Division was to create and carry out performances to lighten the burden of war. Cen still remembers sitting on the back of a truck loaded with props and sets, watching children running after the trucks through the clouds of dust the trucks left in their wake. The sight of the children's sweating faces, animated by peals of cheerful laughter despite the surrounding dust, can still be vividly recalled by him.

Much of Cen's art draws inspiration from Northern regions. This tendency can perhaps be traced to Cen's earliest memories of the North, which may have sown the seeds of longing that were to anchor his life and work. During his time in France as a young child, Cen was predisposed to allergies and often taken to northern France to enjoy a diet of goat's cheese and milk. On one of these visits, Cen was in the northwest of France in Brittany—a place redolent with local traditions that epitomized the notion of northern lifestyle. The bells strung together on the necks of sheep and goats there still seem to ring in the back of Cen's mind in remembrance of the region he is so fond of. As Cen's journeys with the military in China were generally north of the Yangtze River, usually taken as the demarcation of the north from south, Cen was also familiar with the inhabitants there. While their living standards were undoubtedly different from those in the northern regions of France, Cen discovered a commonality in their gaze—a uniquely pure expression. Consequently, to this day, the predominant themes in Cen's paintings are often centered around the northern landscapes.

In 1979, Cen left the military and enrolled at the Xi'an Academy of Fine Arts. Cen gained admission to the Academy's third cohort of graduate students with his collection *Mother* (p. 47). It was during this period that Cen encountered the Austrian artist Egon Schiele through an album at the house of an artist friend, Shang Yang. Drawn immediately to the bold lines and neuroticism characterizing Schiele's work, Cen asked to borrow the album from his friend, given the scarcity of foreign resources in China at the time. Schiele's art places a significant emphasis on lines, and their meticulous placement dictates the entire composition. These lines create a template around which relations between human forms, color placement, and the mood of the work are molded. The exact topology of these lines varies within works, with some areas featuring densely knotted lines and others flowing sinuously. Schiele's use of color also exhibits modulations between warm and cool tones, light and heavy contrasts, and muted and bold shades. His art can be likened to a carefully orchestrated concerto, where the balance of different artistic elements distinguishes its idiosyncratic style. The pictorial

dei corpi raffigurati, all'epoca considerata relativamente all'avanguardia, le sue solide basi nelle prospettive realistiche e il controllo sugli elementi compositivi lo proteggevano dalle critiche più dure mosse ai nuovi stili da studiosi più vecchi e tradizionali. Tuttavia, più Cen veniva coinvolto nel movimento, più divenne evidente per lui che i suoi colleghi artisti stavano adottando acriticamente idee ed estetiche occidentali su larga scala, rendendosi copisti inconsapevoli di questi concetti stranieri. Ciò lo portò a rendersi conto che l'arte contemporanea, così come incarnata dal movimento, era coinvolta in un processo che cedeva le considerazioni atemporali della vera arte nel suo tentativo di catturare lo Zeitgeist, confondendosi indistintamente nel passato. Da quel momento Cen cominciò a prenderne deliberatamente le distanze.

Sfortunatamente rimane molto poco del lavoro di Cen di questo periodo; molteplici trasferimenti hanno gradualmente ridotto la sua opera, e a questo va anche aggiunto che molte persone apparentemente amiche spesso gli chiedevano dipinti e non li restituivano mai. Inoltre questa mancanza di documentazione è aggravata dalla sfortunata pratica di non conservare copie digitali dei dipinti. Ciò che rimane, tuttavia, sono alcune bozze, incluse in questo libro, da cui possiamo apprezzare le composizioni su scala ridotta dei dipinti originali. La vita di Cen è, per molti versi, insolita, e quando gli ho

fatto notare la carenza di opere di questo periodo, mi ha risposto che, finché fosse stato ancora in vita, avrebbe potuto creare dipinti migliori. Non potei fare a meno di ammirare la sua stoica compostezza.

Cen ricevette per la prima volta un ampio consenso di pubblico nel 1987, quando la sua opera *Twilight Snow* (*Neve al crepuscolo*, 1987, p. 51) venne accettata ed esposta alla Mostra della Pittura a Olio Cinese. *Twilight Snow* venne da lui creata all'età di trent'anni, in un periodo segnato da gravi attacchi d'asma esacerbati dalle lunghe notti trascorse a lavorare. Queste difficoltà furono ulteriormente peggiorate dall'uso di trementina e pittura a olio, i cui odori già pungenti si rivelarono deleteri per le sue condizioni respiratorie. La madre di Cen era sempre più preoccupata per la sua salute. In effetti, la maggior parte delle sue opere più importanti hanno visto la luce durante periodi di grave malattia: questo sembra essere il suo destino.

Forme e figure deformate continuarono a essere presenti nel lavoro di Cen anche dopo il suo coinvolgimento nel movimento

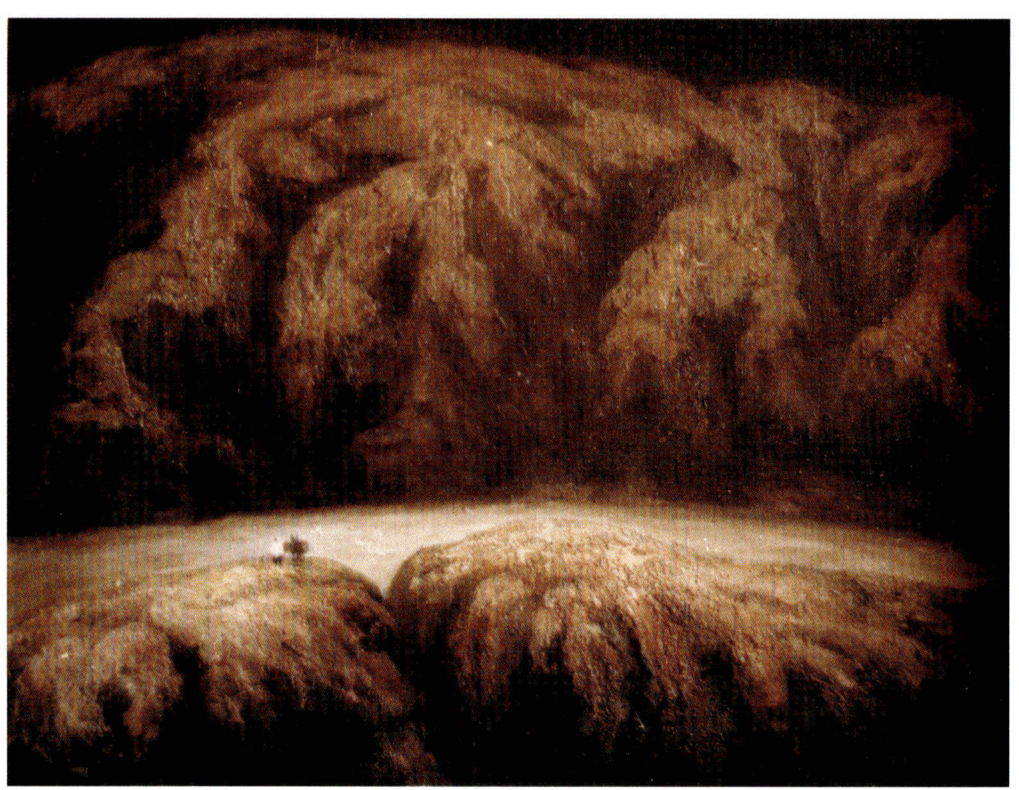

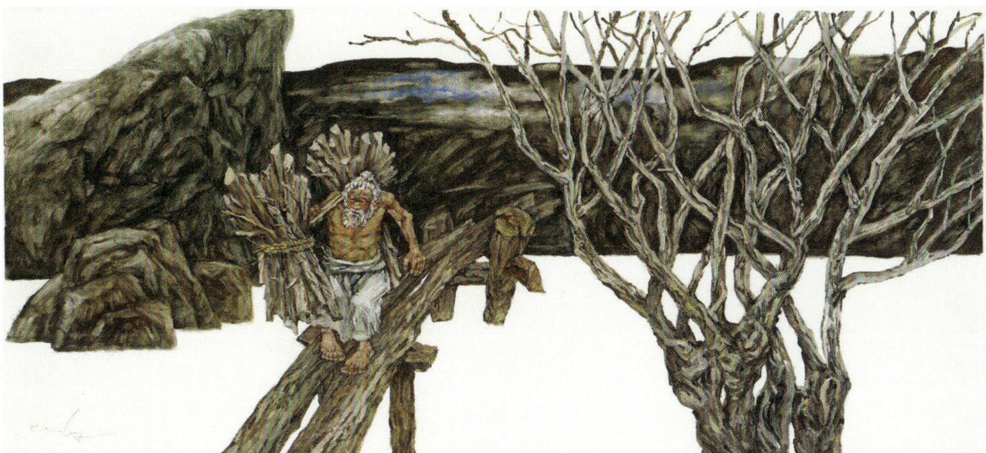

topology demands the conformity of all constituent elements, and the mood of the painting is a crowning, Gestalt-like aspect arising from this harmony. From Schiele, Cen learned the paramount importance of composition in painting, establishing the superstructure under which all other artistic elements—scenery, color placement, arrangement of objects and models, and even technical details such as brushstrokes—are subsumed.

By the time Cen commenced his studies at the Academy, his name had already gained some recognition, affording him a greater degree of freedom in structuring his studies. He utilized this privilege to work as an assistant teacher at the Xinjiang Arts Institute, enabling him to make a living, travel, and sketch. During the eighties, the '85 New Wave Movement broke out in Chinese artistic circles, as, emboldened by the increasingly relaxed political climate, younger artists hoped to create a national reformation of artistic culture. The movement initially targeted the residual practices of the Cultural Revolution that warped both the structures of artistic life and the prescribed content of artworks themselves. It sought, in essence, to shrug off the yoke of political obligation and dismantle the power structures and conventions of social morality that constricted the art of the period. However, within the span of a few years, the movement shifted the focus of its ire to traditional culture and ultimately ended up utilizing Western aesthetic ideas and methods for its ends, to the extent that many joked about the movement's accelerated development as resembling a fast-forwarded movie of the history of Western contemporary art.

During his initial participation in the movement, Cen featured in one of its exhibitions with a collection entitled *Blood Moon* (p. 48), which expressed both the potent restlessness and the accompanying anxieties of the time. Though Cen's work of this period is characterized by the deformation of depicted bodies, which was considered relatively avant-garde at the time, his solid foundation in realist perspectives and control over compositional elements shielded him from the harsher critiques leveled at such styles by older, more traditional scholars. However, the longer Cen was involved with the movement, the more apparent it became to him that his fellow artists were uncritically adopting Western ideas and aesthetics wholesale, rendering themselves incognizant copyists of these foreign concepts. This led Cen to realize that contemporary art, as embodied by the movement, was involved in a process that ceded the timeless considerations of true art in its attempt to capture the Zeitgeist, blurring at once indistinctly into the past. From then on, Cen began to deliberately distance himself from this movement.

Unfortunately, very little of Cen's work from this period remains; multiple relocations gradually depleted his œuvre and several of his apparent friends would often take paintings from him and never return them. Additionally, this lack of documentation is compounded by the unfortunate practice of not keeping digital copies of the paintings. What remains, however, are some drafts for his paintings, which are included in this book and we can take solace in the smaller scale compositions of the original paintings these drafts reveal. Cen's life is, in many ways, an unusual one, and when I mentioned this period of missing work to him, he remarked that so long as he was still alive, he could create better paintings. I could not help but admire his stoic composure.

Cen first received wider public acclaim in 1987 when his work *Twilight Snow* (1987, p. 51) was accepted by the inaugural Exhibition of Chinese Oil Painting. He created *Twilight Snow* when he

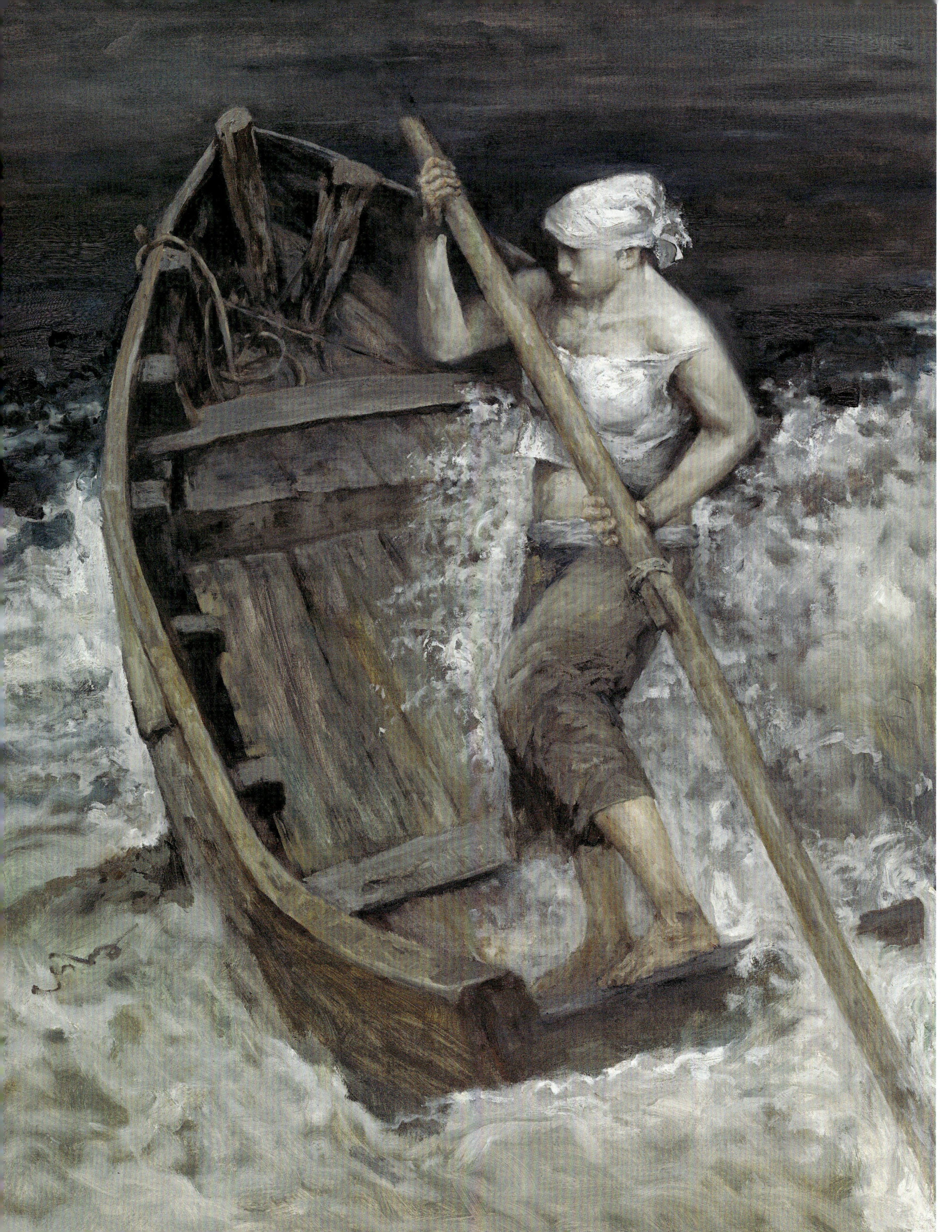

was thirty, during a period marked by severe asthma attacks exacerbated by the long nights he spent working. These difficulties were compounded by Cen's use of turpentine and oil paint, whose already pungent odors proved deleterious to his respiratory condition. Cen's mother grew increasingly concerned about his health. In fact, most of Cen's important works emerged during periods of serious illness—this appears to be his fate.

Deformed forms and figures continued to feature in Cen's work after his involvement with the '85 New Wave Movement. They can be seen par excellence in *Twilight Snow*, which is based on a real experience Cen had in Tibet. While walking alone along a mountain road, he turned around and found himself followed by a lone mule, whose eyes Cen describes as among the purest he had ever seen. Whenever Cen stopped, the mule would stop, and when he began to walk again, the mule would follow in his footsteps. After wandering in file with the mule for some time, Cen turned and patted the mule, saying, "Now you go ahead, if you will." The mule then moved past Cen further into the mountains, walking with a determined posture and perhaps continuing its homeward journey.

In *Twilight Snow*, the figure of the solitary mule making arduous progress through the frozen mountain roads of Tibet reifies the pressures of harsh weather on the lone traveler. Cen intentionally offsets this with a serene backdrop of Tibetan dwellings depicted as castles, perhaps alluding to the beauty that can temper the severity of this often-harsh journey we call life. What one sees in *Twilight Snow*, above all, is a symbol of the steadfast perseverance of the artist, whom neither the difficulties of fate nor the whims of chance could swerve from a path shaped by his internal values of beauty, truth, and honesty. The mule in *Twilight Snow* can be read as Cen himself, that the painting not only abbreviates a period of his life but also affirms his commitment to art and its values. Unfortunately, like many of Cen's other paintings, *Twilight Snow* was lost during transportation after an exhibition. In 2007, Cen summoned details of the painting from memory to create a replica and re-experience what had moved him all those years ago.

After the success of his debut with *Twilight Snow*, Cen was employed as a professional painter for Wuhan Fine Art Academy. In two years, he was awarded prizes for his oil on wood painting *Within Mountains* (1989, p. 52), measuring an impressive 150 × 160 cm, and five pictures from his illustration of *The Old Charcoal Seller* (pp. 8, 11, 53), all of which were nominated to be shown at the National Exhibition of Fine Arts and subsequently published in the *Journal of the Hubei Institute of Fine Arts* in 2002. *Within Mountains* was collected by the China Artists Association, and its drafts are owned by a Taiwanese collector. In his younger years, Cen frequently undertook sketching expeditions to gather material via sketches and photographs to develop his skills. Within a month, he could go on up to six different trips; within a year, this could add up to almost six to eight months of travel. He would preserve the experiences of each trip with notes and sketches he later selectively drew upon for his works. At the time, the Shaaxi province was a place of special interest for artists due to the distinctive yellow color of its earth. Whilst most artists were content to merely produce faithful depictions of the landscape and culture as they encountered it, Cen fathomed the region's significance beyond its external appearance, keeping in mind the history of the province and the Yellow River running through it, whose bounty had provided sustenance for the Chinese for millennia. The vast proportions of the province's natural landscape, coupled with the wilderness's indifference to human concerns, left Cen

Il cercatore di maree, 2017
Olio su tela
160 x 120 cm

Tide Seeker, 2017
Oil on canvas
160 x 120 cm

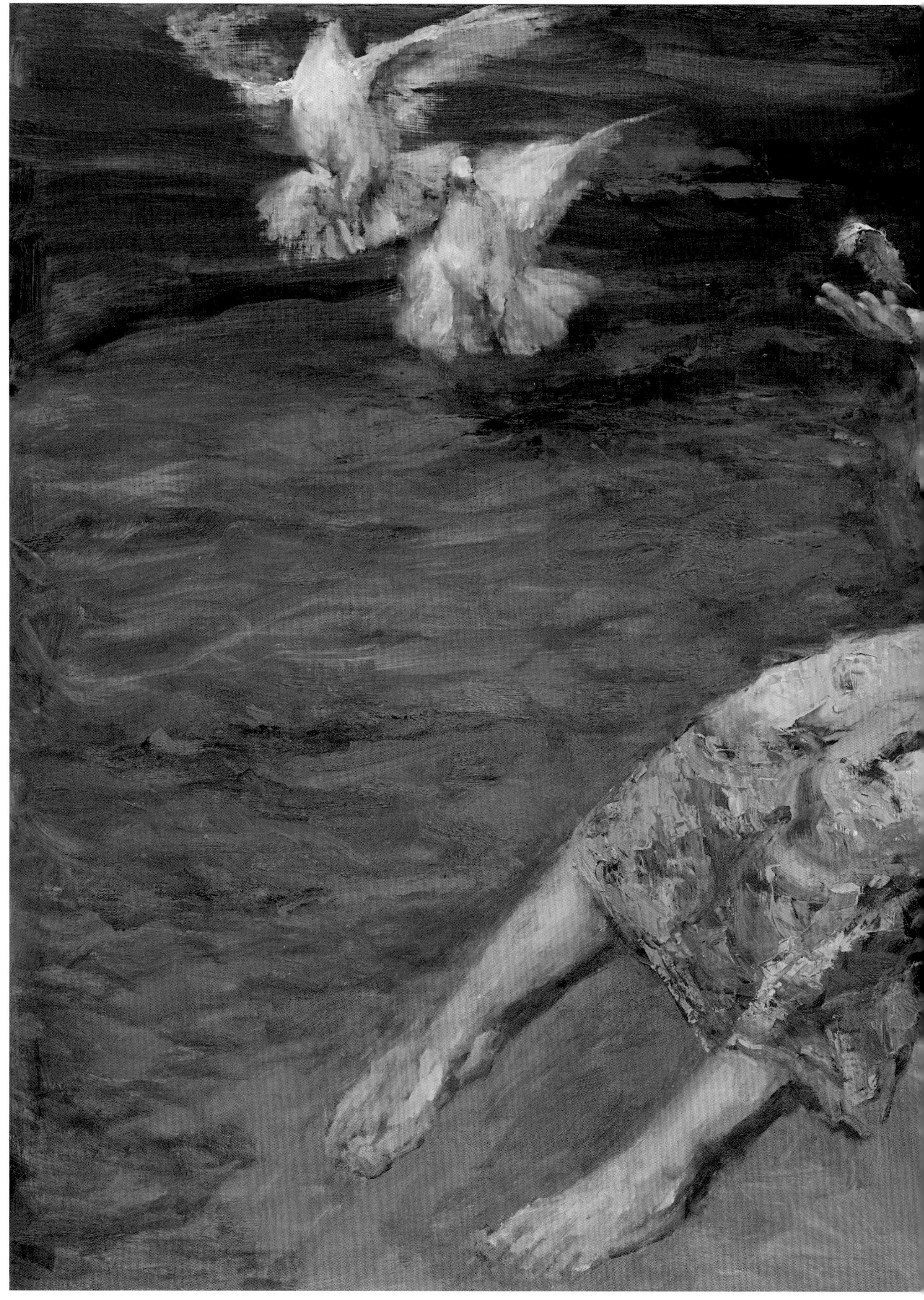

Le piume della speranza, 2019
Olio su tela
120 x 200 cm

The Feathers of Hope, 2019
Oil on canvas
120 x 200 cm

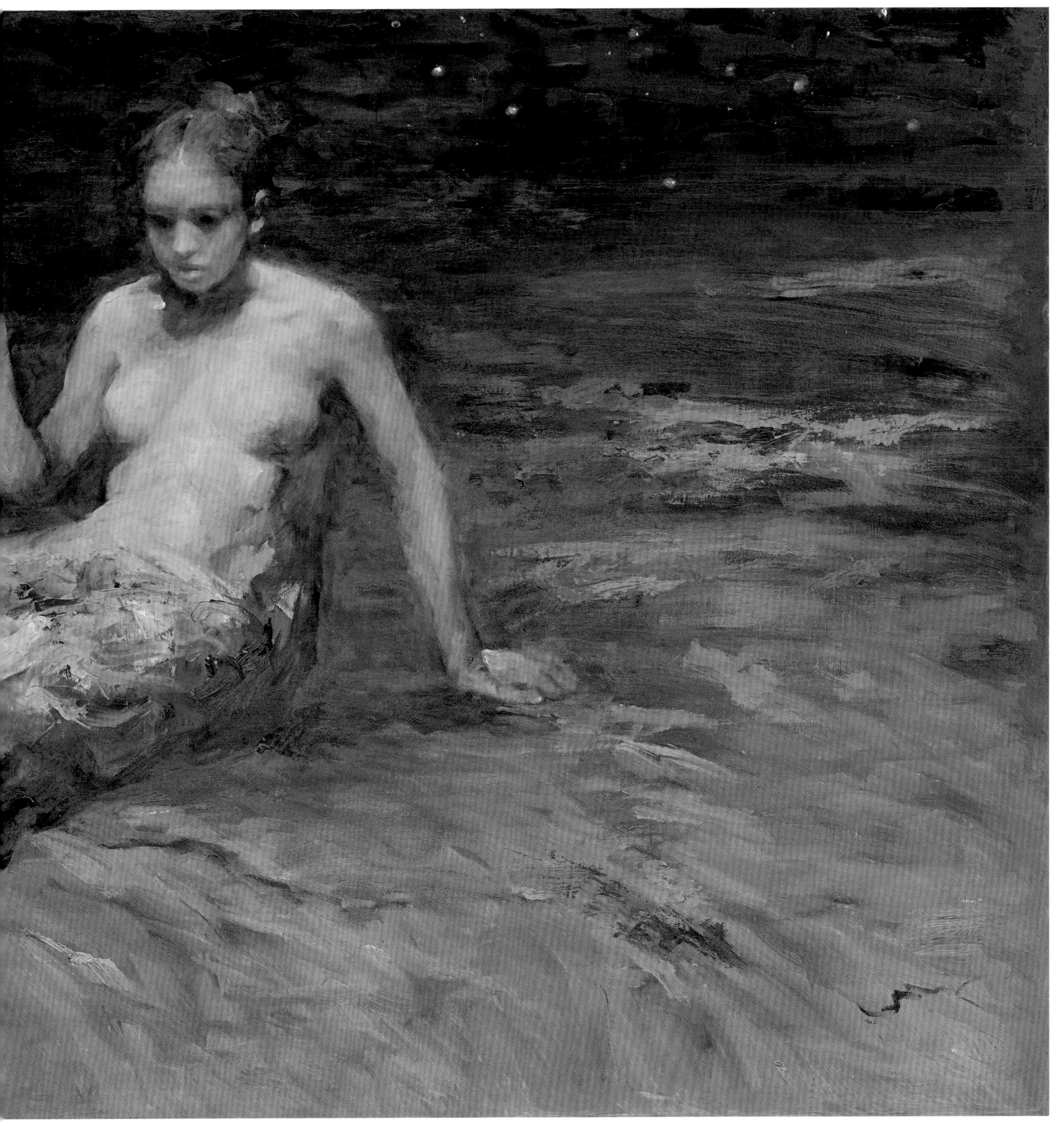

'85 New Wave. Sono facilmente visibili in *Twilight Snow*, basato su un'esperienza reale vissuta da Cen in Tibet. Mentre camminava da solo lungo una strada di montagna, si voltò e si trovò seguito da un mulo solitario, i cui occhi, disse poi Cen, erano tra i più puri che avesse mai visto. Ogni volta che Cen si fermava, il mulo si fermava; quando riprendeva a camminare, il mulo seguiva le sue orme. Dopo aver proseguito a lungo in questo modo, Cen si voltò e accarezzò il mulo, dicendo: "Adesso vai avanti, se vuoi". A queste parole, il mulo superò Cen e proseguì il suo cammino tra le montagne con una postura determinata, forse continuando il suo viaggio verso casa.

In *Twilight Snow*, la figura del mulo solitario che avanza faticosamente attraverso le strade montane ghiacciate del Tibet illustra le pressioni del clima rigido sul viaggiatore solitario. Intenzionalmente Cen bilancia tutto ciò con uno sfondo sereno di dimore e castelli tibetani, forse alludendo alla bellezza che può mitigare la gravità di questo viaggio, spesso duro, che chiamiamo vita. Ciò che si vede in *Twilight Snow*, soprattutto, è un simbolo della tenace perseveranza dell'artista, che né le difficoltà del destino né i capricci del caso hanno potuto deviare da un percorso plasmato dai suoi valori interiori di bellezza, verità e onestà. Il mulo di *Twilight Snow* può essere letto come lo stesso Cen, mentre il dipinto non solo coglie un periodo complesso della sua vita, ma afferma anche il suo impegno per l'arte e i suoi valori. Sfortunatamente, come molti altri dipinti di Cen, *Twilight Snow* è andato perduto durante il trasporto dopo una mostra. Nel 2007, Cen ha richiamato alla memoria i dettagli del dipinto per crearne una replica e rivivere ciò che lo aveva commosso tanti anni prima.

Dopo il successo del suo debutto con *Twilight Snow*, Cen divenne pittore professionista per l'Accademia di Belle Arti di Wuhan. In due anni, gli furono assegnati premi per il suo dipinto a olio su tavola *Within Mountains* (*Tra le montagne*, 1989, p. 52), che aveva l'impressionante formato di 150 x 160 cm, e per cinque quadri tratti dalle sue illustrazioni di *The Old Charcoal Seller* (pp. 8, 11, 53), tutti nominati per essere esposti alla Mostra nazionale di Belle Arti e successivamente pubblicati sul "Journal of the Hubei Institute of Fine Arts" nel 2002. *Within Mountains* è stato acquisito dalla China Artists Association e le sue bozze sono di proprietà di un collezionista taiwanese. Da giovane, Cen intraprendeva spesso spedizioni per raccogliere materiale attraverso schizzi e fotografie e poter così migliorare la propria tecnica. Nel giro di un mese poteva fare fino a sei viaggi diversi; in un anno, questo significava quasi sei-otto mesi in viaggio. Conservava le esperienze di ogni viaggio attraverso appunti e schizzi a cui poi attingeva selettivamente per le sue opere. A quel tempo, la provincia di Shaaxi era un luogo di particolare interesse per gli artisti a causa del caratteristico colore giallo della sua terra. Mentre la maggior parte degli artisti si accontentava di produrre semplicemente rappresentazioni fedeli del paesaggio e della cultura così come le incontravano, Cen scandagliava il significato della regione oltre il suo aspetto esteriore, tenendo presente la storia della provincia e del Fiume Giallo che l'attraversa, la cui generosità aveva fornito ai cinesi sostentamento per millenni. Le vaste proporzioni del paesaggio naturale della provincia, unite all'indifferenza della natura selvaggia nei confronti degli interessi umani, lasciarono in Cen l'impressione spettacolare non solo della travolgente capacità della natura ma anche di coloro che ostinatamente vi coltivavano un modo di vivere a dispetto dell'insignificanza dell'uomo all'interno del contesto naturale. All'epoca, Cen sperava di imparare e adottare le tecniche di planarità e deformazione dalle opere di Pieter Bruegel il Vecchio e dal capolavoro di Zhang Zeduan, *Along the River during the Qingming Festival* (Lungo il fiume

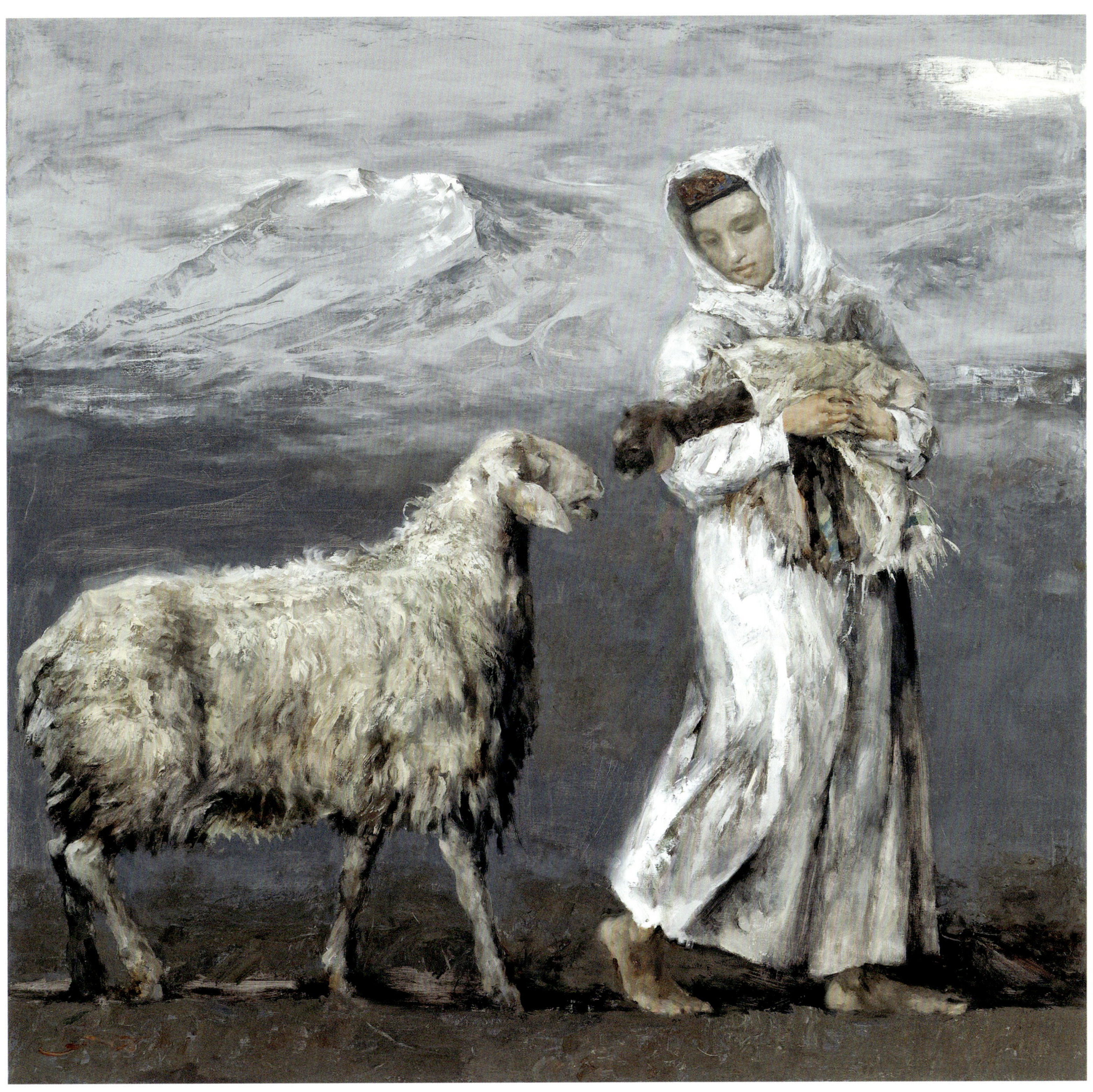

L'agnellino appena nato, 2017
Olio su tela
120 x 120 cm

The Newborn Lamb, 2017
Oil on canvas
120 x 120 cm

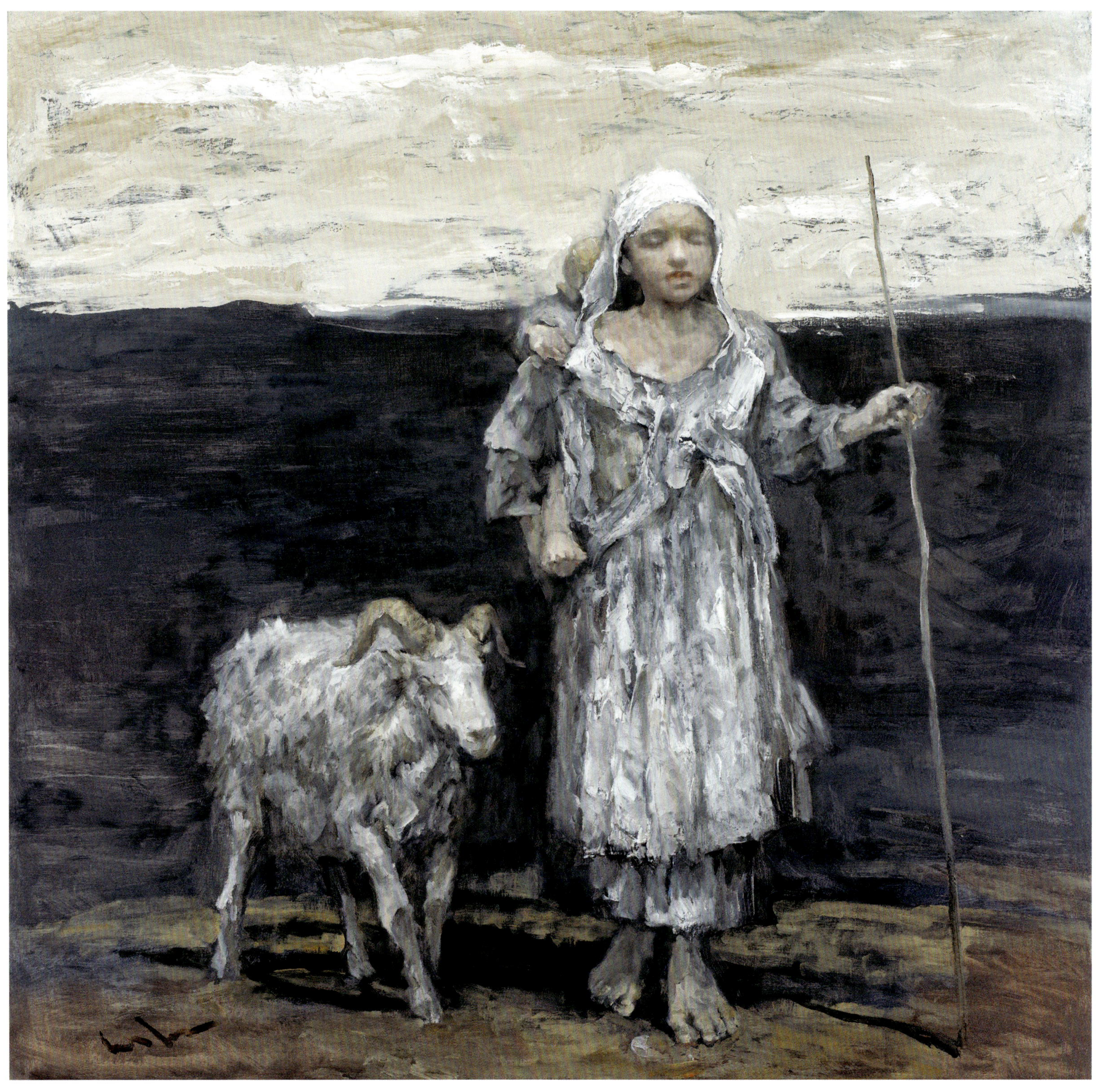

La ragazza cieca, 2019
Olio su tela
120 x 120 cm

The Blind Girl, 2019
Oil on canvas
120 x 120 cm

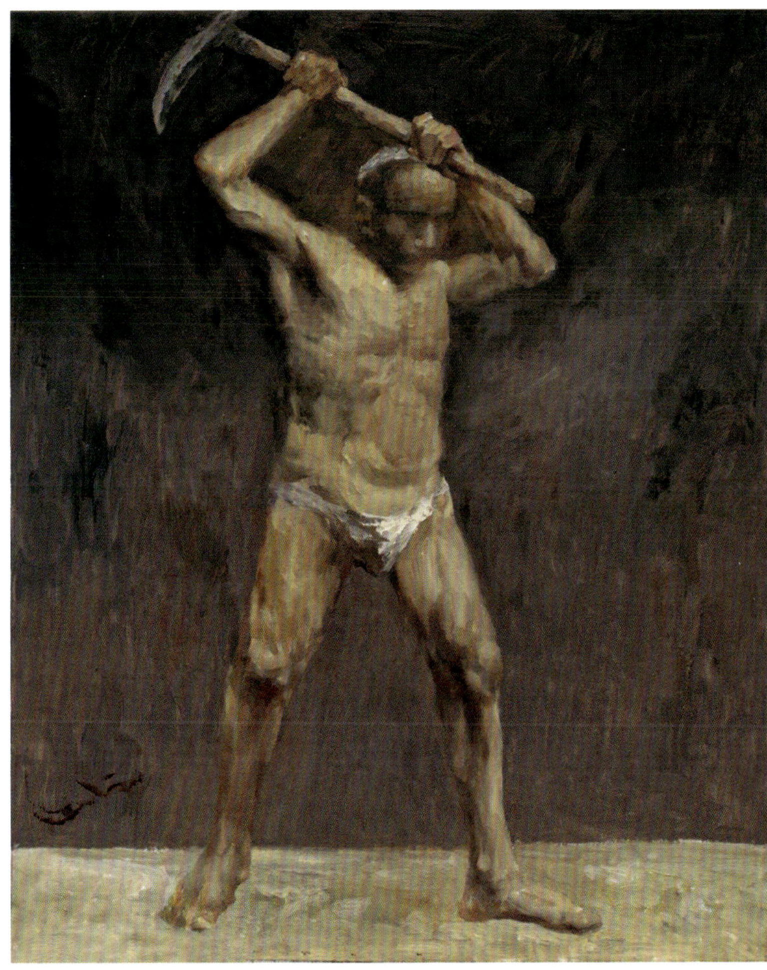

with a spectacular impression not only of nature's overwhelming capacity but also of those who obstinately cultivated a way of life there in defiance of man's insignificance within the natural schema. Cen hoped, at the time, to learn from and integrate techniques of planarity and deformation from the works of Pieter Bruegel the Elder and the masterpiece of Zhang Zeduan, *Along the River During the Qingming Festival.*

Within Mountains was among the first results of these experiments and takes structural cues from traditional Chinese ink paintings. Using techniques such as glazing and layering, Cen depicts the magnificent Yellow River beside imposing mountains. In the foreground, a minuscule farmer standing upright hurries along a donkey transporting water, providing a quotidian counterpoint and evoking the notion of man and nature in brief harmony, having overcome the distinctions that usually separate them. In *Within Mountains*, we ultimately find a figurative expression of mankind's indefatigability in the face of an ever more challenging environment and a testament to man's ceaseless ability to forge new life for successive generations from the depths of nature; in essence, a testament to the human spirit. This period also marks a significant change in Cen's approach to art. During this period, Cen's most notable stylistic influence was the genre paintings of Pieter Bruegel the Elder. Several of his major paintings of this period—*Joining the Army* (1991, p. 63), *Stories* (1992, p. 62), and *Childhood* (1993, p. 62)—bear the hallmark of homage to the Master. Spurning superficially modish expressions of the '85 New Wave Movement, he gravitated instead towards the classical and past incarnations of a simpler society such as the society of his parents during the thirties and forties.

Joining the Army earned a prize after being selected from a multitude of submissions for an exhibition commemorating the Seventieth Anniversary of the Communist Party. In 1991, the painting was further featured in the October issue of *Art Monthly*, a significant disseminator of the avant-garde at the time. Despite the prevalent trend favoring flattering depictions of Communism within the Chinese art market, Cen consciously diverged from this paradigm in *Joining the Army*. The painting, patriotic without being overtly political, portrayed individuals joining the army out of necessity to defend the country against Japanese invasion. Cen intentionally steered clear of creating politically charged art; nevertheless, *Joining the Army* garnered acclaim for the spiritual verisimilitude of its characters and the unexpected poignancy evoked by its candid simplicity. In the same year, a sudden and radical change reshaped Cen's life, compelling him to depart from the Wuhan Federation of Literary and Art Circles. This departure deprived him of permanent residence, regular paychecks, and certainty about the future.

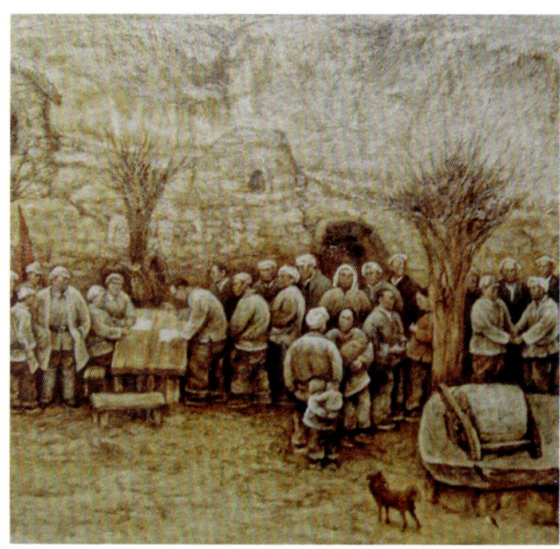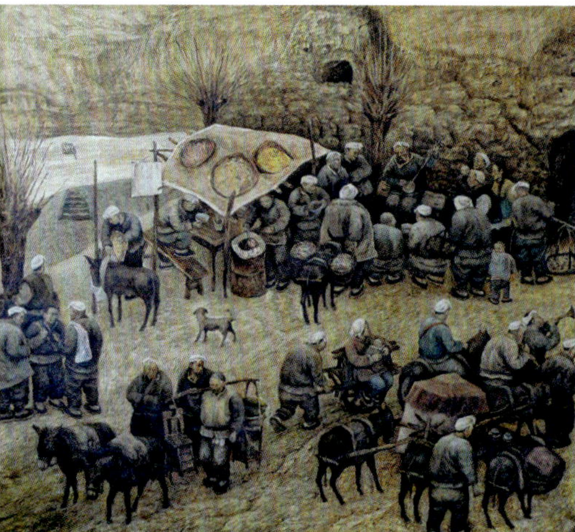

durante il Festival di Qingming). *Within Mountains* fu tra i primi risultati di questi esperimenti e prende spunti strutturali dai tradizionali dipinti a china. Utilizzando tecniche come la smaltatura e la stratificazione, Cen raffigura il magnifico Fiume Giallo accanto a imponenti montagne. In primo piano, un minuscolo contadino si affretta accanto a un asino che sta trasportando acqua, fornendo un contrappunto quotidiano ed evocando la nozione di uomo e natura in breve armonia, dopo aver superato le distinzioni che solitamente li separano. In *Within Mountains*, infine, troviamo un'espressione figurativa dell'infaticabilità dell'umanità di fronte a un ambiente sempre più difficile e una testimonianza dell'incessante capacità dell'uomo di forgiare nuova vita per le generazioni successive dalle profondità della natura; in sostanza, una testimonianza dello spirito umano. Questo periodo segna anche un cambiamento significativo nell'approccio di Cen all'arte, dato che ora l'influenza stilistica più notevole sono i dipinti di genere di Pieter Bruegel il Vecchio. Molte delle sue opere più importanti di questo periodo – *Joining the Army* (*L'arruolamento*, 1991, p. 63), *Stories* (*Racconti*, 1992, p. 62) e *Childhood* (*Infanzia*, 1993, p. 62) – portano il segno distintivo dell'omaggio al Maestro. Disdegnando le espressioni superficialmente alla moda del movimento '85 New Wave, si orientò invece verso le descrizioni classiche e antiche di una società più semplice quale era quella dei suoi genitori negli anni trenta e quaranta.

Joining the Army vinse un premio dopo essere stato selezionato tra una moltitudine di proposte per una mostra commemorativa del settantesimo anniversario del Partito Comunista. Nel 1991, il dipinto fu ulteriormente presentato nel numero di ottobre di "Art Monthly", importante rivista portavoce delle avanguardie dell'epoca. Nonostante il mercato dell'arte cinese coltivasse la tendenza a preferire le lusinghiere rappresentazioni del comunismo, Cen si è consapevolmente discostato da questo paradigma in *Joining the Army*. Il dipinto, patriottico senza essere apertamente politico, raffigurava individui che si arruolavano nell'esercito per difendere il paese dall'invasione giapponese. Cen ha intenzionalmente evitato di creare arte dalla forte carica politica; tuttavia, *Joining the Army* ha raccolto consensi per la verosimiglianza spirituale dei suoi personaggi e l'inaspettata intensità evocata dalla sua candida semplicità. Nello stesso anno, un cambiamento improvviso e radicale rimodellò la vita di Cen, costringendolo a lasciare la Federazione dei circoli letterari e artistici di Wuhan. Questa partenza lo privò della residenza permanente, di uno stipendio regolare e della certezza sul futuro.

Stories è principalmente focalizzato sulla cultura e, in particolare, sulla cultura all'interno della quale è ambientato il dipinto, dove la pratica dei bardi di raccontare storie è ancora una forma di intrattenimento molto amata e apprezzata. Attraverso il racconto e la rivisitazione del folklore, narratori esperti rinnovano costantemente la ricca tela del patrimonio culturale ricevuta da un lontano passato. Il dipinto cattura un momento in un cantiere navale sotto un vecchio bastione vicino al Fiume Giallo e ruota attorno a un uomo anziano che affascina la folla con la sua narrazione. Coloro che sembrano aspettare il traghetto – un nonno con suo nipote, donne e contadini di ritorno dal mercato – paiono altrettanto assorti. In queste zone rurali la gente accoglie con entusiasmo i venditori ambulanti di ogni sorta; i barbieri, con i loro armadietti pieni di bacinelle di metallo e fornelli portatili, e i commercianti che vendono stoffe e kit da cucito. Le celebrazioni nuziali sono eventi particolarmente popolari, in cui viene suonata musica ad alto volume con i tradizionali corni e tamburi *souna*. La sposa viene scortata dallo sposo a dorso di asino, ed è seguita da un piccolo corteo di muli carichi di dote. Al di là di queste festività,

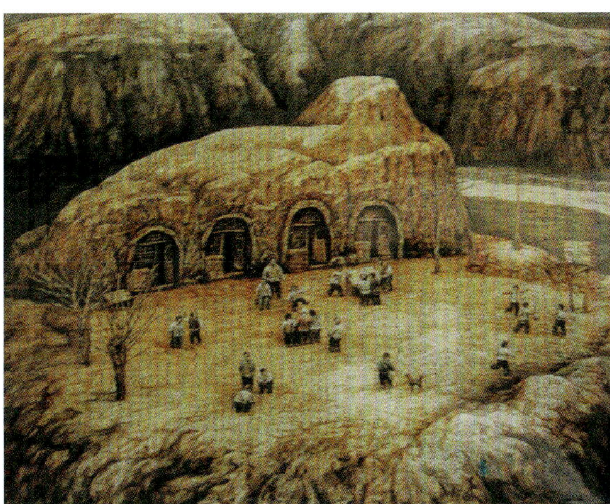

Stories is primarily about culture and, in particular, the culture the painting is set within, where the practice of bards telling stories is still a cherished and valued form of entertainment. Through the telling and retelling of folklore, experienced storytellers renew a rich tapestry of cultural heritage received from the distant past. The painting captures a moment in a dockyard beneath an old rampart near the Yellow River and revolves around an elderly man who captivates the crowd with his storytelling. Those who appear to be waiting for the ferries—a patriarch with his grandson and women and farmers returning from the market—seem similarly engrossed. In these rural areas, people keenly welcome traveling salesmen of all sorts; barbers, with their equipment cabinets full of metal basins and portable stoves, and merchants selling fabric and sewing kits. Wedding celebrations are especially popular events, where loud music is played with traditional souna horns and drums. The bride is escorted by the groom on the back of a donkey, followed by a small procession of mules loaded with dowry. Beyond these festivities, we can observe the day-to-day activities of farmers and their wives returning to their ancestral homes in carts, merchants discussing business with arms crossed and hands muffed, a woman baking flatbreads on a stove improvised from empty gasoline barrels, men eating noodle soup whilst their donkeys feast on snacks left for them, and more men idly listening to stories along their meals. In the foreground of the painting, we see a father and son excitedly making their way home with a newly purchased donkey and, in the far distance, the ferry docking at the pier. Life, as depicted in *Stories*, is suffused with small pleasures embedded within the bustle of daily life. None of the thirty-six characters in *Stories* resemble one another in their facial expressions; something which can partially be attributed to the privileged ethnographic intuition Cen had inherited from his father. This intuition enabled Cen to fathom the hidden, transcendental cultural depths behind the encumbering, estranging facade of historical facticity. In *Stories*, Cen gathers the materials from his travels to present a vibrant moment brimming with local custom and color that reverberates with the rhythms of daily life.

Childhood beautifully encapsulates the spirit of hope in then time when children reveled in the pure joy of innocent play. Cen tells of his military journeys through the northern mountains, where the army projecting movies from large trucks for the entertainment of local populations and soldiers. The steep inclines slowed them down, turning the trucks into impromptu playgrounds for local children, clinging like monkeys to the side panels. They would excitedly ask the soldiers, "Hey Soldier! Soldier! What movies will you play tonight?" before their grip on the side of the truck loosened and they tumbled lightly into the mud. Undeterred, they would jump up from the ground, covered in mud, and continue to chase after the trucks, waving their small hands. The eager, innocent gaze and excited chatter of those children are inscribed in Cen's memory; hence, the painting *Childhood*. Many elementary schools in rural areas were often set up in caverns with scarce resources but, despite this, thousands of such schools are entrusted with nurturing the future of the country. Teachers would mind the children as they fool around before lessons, skipping ropes, iron hoops, and spinning tops or even just running around on courts that had long since fallen into disrepair. In a corner, there might even be a child tenderly reasoning with a beloved pet refusing to return home. Cen created more paintings with similar motifs, several of which were nominated for display at the National Exhibition of Fine Arts. Artistic circles soon began to imitate Cen's advances, inducing Cen to look elsewhere for fresh artistic direction.

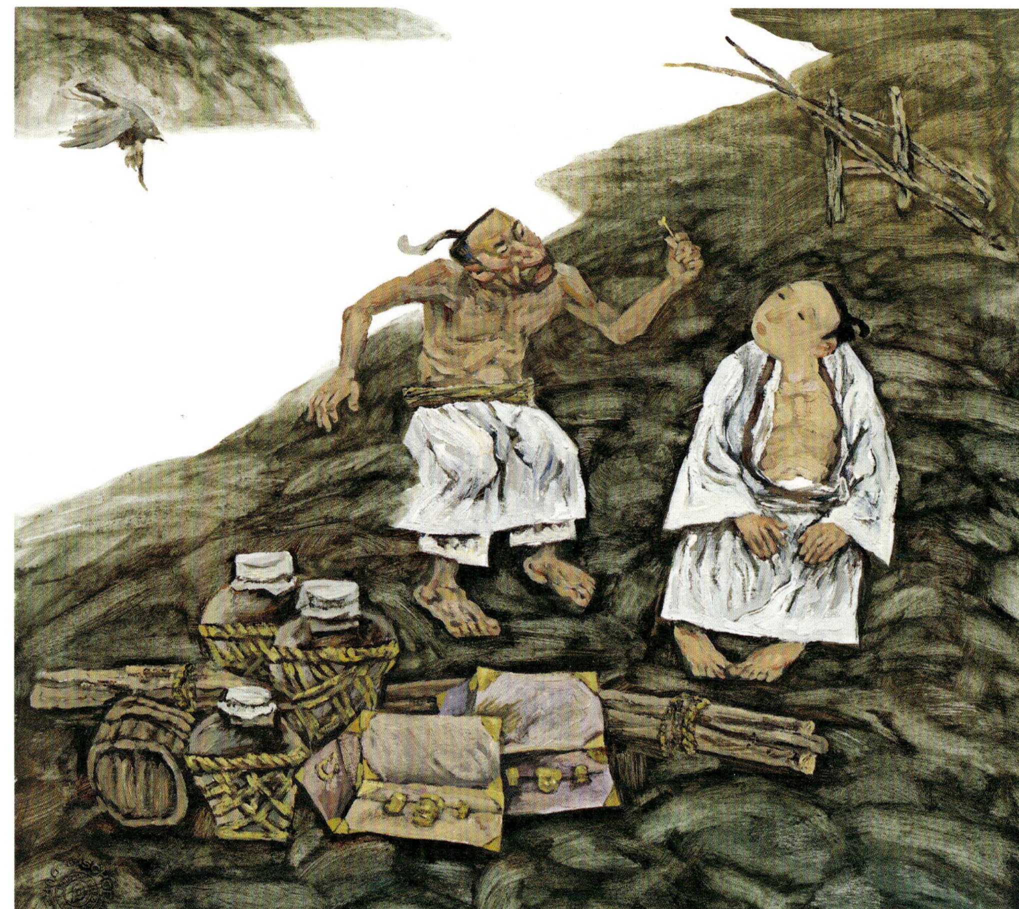

possiamo osservare le attività quotidiane dei contadini e delle loro mogli che tornano alle loro case ancestrali sui carri, i mercanti che discutono di affari con le braccia incrociate e le mani protette dai manicotti, una donna che cuoce focacce su un fornello improvvisato con barili di benzina vuoti, uomini che mangiano zuppa di noodle mentre i loro asini banchettano con gli spuntini lasciati per loro, e altri uomini che ascoltano pigramente la narrazione mentre stanno mangiando. In primo piano vediamo un padre e un figlio che tornano emozionati verso casa con un asino appena acquistato e, in lontananza, il traghetto che attracca al molo. La vita rappresentata in *Stories* è soffusa di piccoli piaceri inseriti nel trambusto della vita quotidiana. Nessuno dei trentasei personaggi di *Stories* si somiglia nelle espressioni facciali; cosa che in parte può essere attribuita alla privilegiata intuizione etnografica che Cen aveva ereditato dal padre. Questa intuizione gli ha permesso di scandagliare le profondità culturali nascoste e trascendentali dietro la facciata ingombrante e straniante della cronaca storica. In *Stories*, Cen raccoglie i materiali dei suoi viaggi per presentare un momento vibrante, ricco di usanze e colori locali che risuona con i ritmi della vita quotidiana.

Childhood racchiude magnificamente lo spirito di speranza di un tempo in cui i bambini si divertivano nella pura gioia del gioco innocente. Cen racconta dei suoi viaggi militari attraverso le montagne del nord, dove l'esercito proiettava filmati da grandi camion per l'intrattenimento delle popolazioni locali e dei soldati. Le ripide pendenze li rallentavano, trasformando i camion in parchi giochi improvvisati per i bambini del posto, che si aggrappavano come scimmie ai pannelli laterali, urlando: "Ehi soldato! Soldato! Che film proietterai stasera?", prima che la loro presa sulla fiancata del camion si allentasse e cadessero nel fango. Imperterriti, saltavano su da terra, coperti di fango, e continuavano a inseguire i camion, agitando le loro manine. Lo sguardo impaziente e innocente e le chiacchiere eccitate di quei bambini sono impressi nella memoria di Cen; ed è questa l'origine del dipinto *Childhood*. Molte scuole elementari nelle zone rurali sono state spesso aperte all'interno di caverne, con scarse risorse, ma, nonostante ciò, a migliaia di queste scuole era affidato il compito di coltivare il futuro del Paese. Gli insegnanti si prendevano cura dei bambini mentre scherzavano prima delle lezioni, saltando con la corda o dentro cerchi di ferro, giocando con la trottola o anche semplicemente correndo in aie e cortili caduti da tempo in rovina. In un angolo è ritratto anche un bambino che cerca teneramente di convincere il suo amato animale domestico che rifiuta di tornare a casa. Cen creò diversi dipinti con motivi simili, molti dei quali furono nominati per essere esposti all'Esposizione Nazionale di Belle Arti. E ben presto i circoli artistici iniziarono a imitare i progressi di Cen, inducendolo così a cercare altrove una nuova ispirazione artistica.

Dal 1994 in poi, Cen ha cambiato radicalmente il proprio stile di vita dopo aver sperimentato in prima persona la natura dell'industria artistica. Si sentiva limitato e turbato da un clima in cui

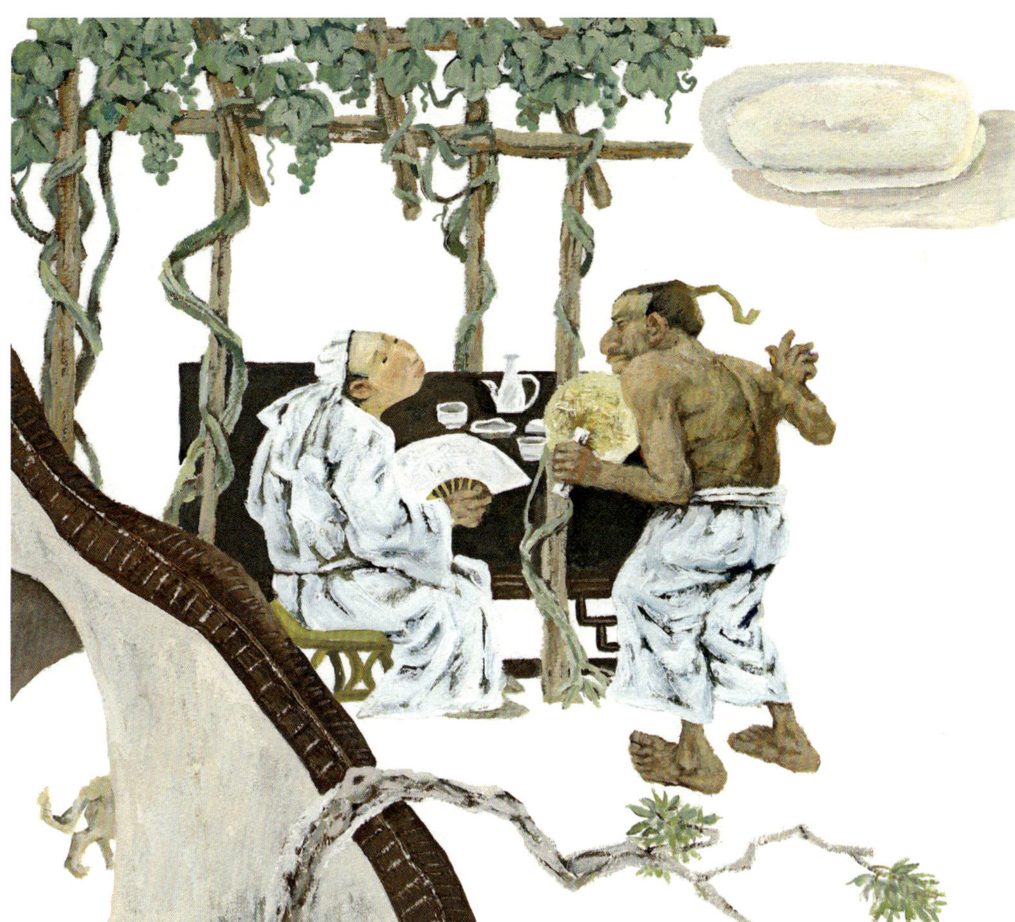

From 1994 forward, Cen underwent a lifestyle transition after experiencing the nature of the art industry firsthand. He felt confined and unsettled by a climate in which friendship was often ruthlessly forsaken for opportunity. In addition, Cen recoiled from entrusting his artworks, which he cared for as if they were his children, to art dealers, who were essentially merchants in another guise. The mobilizing factor for this transition was, however, a positively charged one; namely, Cen was trying to formulate authentically alternate pathways to the creative process. The opportunity to move to Japan arose and Cen seized it, under the pretense as an international student enrolling at Nagoya University, albeit in reality, taking on the role of a lecturer in the art department to assist in lectures. Whilst in Japan, Cen was deeply touched by the beauty of the country and by the works of Japanese and Western Masters he encountered at museums. Though Cen occasionally returned to China, for the most part, he shied away from the art scene there as Chinese art competitions of the time had been vitiated by corruption and partisanship, no longer valuing fairness and objectivity.

Cen's stay in Japan further benefitted his work as he bore witness to the syncretic development of art in Japan, which integrated Western concepts into traditional forms. This redoubled Cen's determination to return to classic and traditional sources. Greatly fond of Japanese paintings, he particularly admired Japanese painter Tatsuo Takayama. Cen was painting substantially alongside his teaching during this time but, unfortunately, this period of his career also lacks documentation as many of Cen's works were taken and his goodwill abused by apparent friends. These incidents almost induced a creative paralysis in Cen, who felt no further desire to share his work with the world after many works that were so dear to him were unscrupulously taken. After only a few years in Japan, Cen returned to China, where he resumed teaching at the Hubei Institute of Fine Arts and occasionally accepted commissions for murals to supplement his meager teacher's income. His return was due partially to familial attachments and partially to his mother's vehement opposition to his staying longer in Japan. This arose from her lingering sentiments about Cen's grandmother, who was a victim of Japanese bombings during World War Two.

It was hard for Cen to repress his desire to paint. In 2001, a foreign publishing house took an interest in Cen's works after seeing his illustrations for *The Old Charcoal Seller* in the catalog of works awarded the Noma Literary Prize and flew to China from Japan to meet him. The world of children's stories assuaged the heaviness of Cen's art and the honesty of the industry appealed to him, as competitions within the industry depended solely on the merits of the work. Many of his books were published abroad and several of them were, additionally, award-winning. Unfortunately, the publisher was forced to close due to a combination of poor management and unforeseen personal circumstances of the owner.

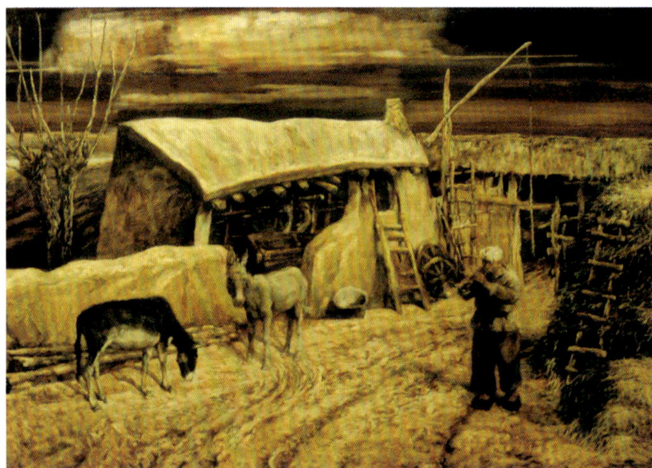

l'amicizia veniva spesso spietatamente tradita a favore delle opportunità. Inoltre, si rifiutò di affidare le sue opere, che curava come se fossero figli, a mercanti d'arte, essenzialmente mercanti in un'altra veste. Il fattore scatenante di questa transizione fu, tuttavia, carico di positività, in quanto Cen stava cercando di formulare percorsi autenticamente alternativi al processo creativo. Si presentò quindi l'opportunità di trasferirsi in Giappone e Cen la colse subito, fingendo di essere uno studente internazionale che si iscriveva all'Università di Nagoya, ma in realtà assumendo il ruolo di docente nel dipartimento di arte per partecipare alle lezioni. Mentre era in Giappone, Cen fu profondamente toccato dalla bellezza del paese e dalle opere dei maestri giapponesi e occidentali che ammirò nei musei. Sebbene tornasse occasionalmente in Cina, si allontanò sempre più dalla scena artistica locale poiché i concorsi artistici cinesi dell'epoca erano viziati da corruzione e faziosità, e non venivano più apprezzate equità e obiettività.

Il soggiorno di Cen in Giappone giovò ulteriormente al suo lavoro poiché fu testimone del movimento locale che portò a uno sviluppo sincretico dell'arte, integrando i concetti occidentali alle forme tradizionali. Questo aspetto raddoppiò la determinazione di Cen a ritornare alle fonti classiche e tradizionali. Appassionato di pittura giapponese, ammirava particolarmente il pittore Tatsuo Takayama. In questo periodo, Cen dipingeva e al contempo insegnava ma, sfortunatamente, anche questa fase della sua carriera risulta povera di documentazione poiché molte delle opere di Cen furono prese e la sua buona volontà abusata da apparenti amici. Questi incidenti quasi provocarono una paralisi creativa in Cen, non più animato dal desiderio di condividere il suo lavoro con il mondo dopo che molte opere a lui così care erano state prese senza scrupoli. Dopo alcuni anni trascorsi in Giappone, Cen tornò in Cina, dove riprese a insegnare presso l'Istituto di Belle Arti di Hubei e occasionalmente accettò commissioni per murales per integrare il magro reddito da insegnante. Il suo ritorno fu dovuto in parte a legami familiari e in parte alla veemente opposizione di sua madre a un suo soggiorno più lungo in Giappone, opposizione dovuta al ricordo della nonna di Cen, vittima dei bombardamenti giapponesi durante la Seconda guerra mondiale.

Per Cen era molto difficile reprimere il desiderio di dipingere. Nel 2001, una casa editrice straniera si interessò alle sue opere dopo aver visto le sue illustrazioni per *The Old Charcoal Seller* nel catalogo delle opere insignite del Premio Letterario Noma e volò in Cina dal Giappone per incontrarlo. Il mondo delle storie per bambini alleviava il senso di pesantezza provato da Cen in quel momento, e l'onestà del settore lo attirava, poiché le competizioni al suo interno dipendevano esclusivamente dai meriti del lavoro. Molti dei suoi libri illustrati furono pubblicati all'estero e tra questi numerosi hanno ricevuto premi. Purtroppo l'editore fu costretto a chiudere per via di una combinazione tra cattiva gestione e circostanze personali impreviste.

Le illustrazioni di Cen sono caratterizzate da diversi tratti distintivi. L'artista si sforza innanzitutto di rappresentare accuratamente i dettagli delle culture, degli indumenti e degli ambienti in cui sono collocate le storie, pur mantenendo la fedeltà alla narrativa originale. Inoltre, Cen presta molta attenzione alle personalità dei personaggi così come vengono descritti nella storia e mira a dipingerli di conseguenza. Le illustrazioni sono eseguite con una tavolozza vibrante, in cui ogni tratto mantiene la propria tensione; il risultato è una composizione armoniosa che rende ogni illustrazione un'opera d'arte da collezione. Nelle sue illustrazioni utilizza contemporaneamente strumenti di pittura

Cen's illustrations are characterized by several distinctive features. Cen strives to accurately represent the details of the cultures, garments, and wider environments the stories are set in, whilst maintaining fidelity to the original narrative. Furthermore, Cen pays close attention to the personalities of characters as they are described within the story and aims to paint them accordingly. The illustrations are executed with a vibrant palette, with each stroke sustaining its own tension. The harmonious compositions make each illustration a collectible piece of art. He simultaneously employs Western painting tools and integrates them with traditional Chinese painting techniques in his illustrations. This fusion saturates his work with traditional Chinese characteristics, setting it apart from other styles in illustrated books. In 2005, the Chinese Children's Press and Publications Group organized a trip to Bratislava for the twentieth BIB Exhibition for original works of illustration organized by UNESCO. It was said that those present were amazed upon seeing Cen's original illustrations for *The God of Thunder* (pp. 64, 65), which was rewarded a silver medal in the Noma Literary Prize.

Cen resumed his participation in national exhibitions in 2004, presenting *The North* (2004, p. 66). Whilst *The North* may ostensibly seem to resemble his works from earlier periods, they differ strikingly in many key aspects. Rather than crowded scenes, the canvas now features a lone figure playing the souna, accompanied solely by two faithful mules—an intentional reflection of Cen's period of withdrawal. As early as in 1987, Cen expressed his understanding that excessive knowledge drew him away from the crowd. Solitude, he found, deepened his understanding, allowing him to walk ahead of the crowd. Walking the solitary path of art, Cen delves into the works of classical and contemporary masters across various fields, engaging in a continuous dialogue with their insights to reflect upon his creations. Both *The North* and the much earlier milestone, *Twilight Snow*, are equally important works in tracing the genealogy of Cen's career. Cen's paintings transitioned from depicting crowds to solitary figures, marking both works as summations and departures, surpassing previous convictions and signaling a movement towards the new, anchored in the belief that truth, beauty, and benevolence form the guiding principles for a life journey undertaken in solitude.

Cen devoted decades to profound contemplation, meticulously studying foreign artists' masterpieces and delving into their techniques and philosophies. Continuously educating himself with the works of classical and contemporary masters across various fields such as music, fine arts, literature, poetry, philosophy, and even natural sciences, he engages in a constant dialogue with these masters, using their insights to reflect on his creations. Throughout this introspective period, he unwaveringly adhered to the essence of his artistic calling, avoiding the mechanical creation of commercialized artworks. Just as his father, who resisted the allure of seeking a different path abroad due to his deep affection for the land that cradled a multitude of Chinese ethnicities, Cen's œuvre incorporates Chinese elements. Devoid of ostentatious symbolism and immune to passing trends, these elements resonate solely with the pure spirit of humanity and culture.

Cen once said that, as oil painting germinated in the West, contemporary Chinese artists would find it almost impossible to technically exceed what Western masters have achieved; nonetheless, the symbolic language that expresses emotions belongs to all of humanity and culture is always a personal bounty, regardless of its provenance. This can be read as both Cen's interpretation and the motto underpinning his artistic career. The triptych *Purgatory* (2010) is a point of significance within

occidentali e li integra con le tradizionali tecniche cinesi. Il risultato è uno stile completamente diverso da quello di altri libri illustrati, perché qui la tradizione cinese è ancora ben percepibile. Nel 2005, il Chinese Children's Press and Publications Group ha organizzato un viaggio a Bratislava per la ventesima Mostra BIB di opere illustrate originali, organizzata dall'UNESCO. Si dice che i presenti siano rimasti stupiti nel vedere le illustrazioni originali di Cen per *The Thunder God* (*Il Dio del Tuono*, pp. 64, 65), insignito poi di una medaglia d'argento al Premio Letterario Noma.

Cen riprese a partecipare alle mostre nazionali nel 2004, presentando *The North* (*Il Nord*, 2004, p. 66). Sebbene *The North* possa apparentemente somigliare alle sue opere di periodi precedenti, differisce sorprendentemente in molti aspetti chiave. Invece di scene affollate, la tela ora presenta una figura solitaria che suona un *souna*, accompagnata esclusivamente da due fedeli muli – riflesso intenzionale del periodo di isolamento vissuto da Cen. Già nel 1987 aveva espresso la sua convinzione che la conoscenza eccessiva lo allontanasse dalla massa, e che la solitudine rendesse la sua comprensione ancor più profonda, permettendogli di camminare davanti alla folla. Percorrendo il sentiero solitario dell'arte, Cen approfondisce le opere di maestri classici e contemporanei in vari campi, impegnandosi in un dialogo continuo con le loro intuizioni per riflettere sulle sue creazioni. Sia *The North* sia la pietra miliare *Twilight Snow* sono opere ugualmente importanti nel tracciare il percorso della carriera di Cen. I suoi dipinti sono passati dalla rappresentazione di folle a figure solitarie, contrassegnando entrambe le opere come somme e partenze, superando le convinzioni precedenti e segnalando un movimento verso il nuovo, ancorato nella convinzione che verità, bellezza e benevolenza costituiscano i principi guida per un viaggio di vita intrapreso in solitudine.

Cen dedicò decenni alla contemplazione più profonda, studiando meticolosamente i capolavori di artisti stranieri e approfondendo le loro tecniche e filosofie. Formandosi continuamente con le opere di maestri classici e contemporanei in vari campi come musica, belle arti, letteratura, poesia, filosofia e persino scienze naturali, si impegnò in un dialogo costante con questi maestri, utilizzando le loro intuizioni per riflettere sulle sue creazioni. Durante tutto questo periodo introspettivo, aderì fermamente all'essenza della sua vocazione artistica, evitando la creazione meccanica di opere d'arte commercializzate. Proprio come suo padre, che resistette alla tentazione di cercare un percorso diverso all'estero a causa del suo profondo affetto per la terra che cullava una moltitudine di etnie locali, l'opera di Cen incorpora elementi cinesi. Privi di simbolismi ostentati e immuni alle tendenze passeggere, questi elementi risuonano esclusivamente con il puro spirito dell'umanità e della cultura.

Una volta Cen disse che, con l'affermazione della pittura a olio in Occidente, per gli artisti cinesi contemporanei sarebbe stato quasi impossibile superare tecnicamente ciò che i maestri occidentali avevano raggiunto; tuttavia, il linguaggio simbolico che esprime le emozioni appartiene a tutta l'umanità e la cultura è sempre una ricchezza personale, indipendentemente dalla sua provenienza. Questa affermazione rappresenta, oltre alla sua interpretazione dell'arte, anche il motto alla base della sua carriera artistica. Il trittico *Purgatory* (*Purgatorio*, 2010) è un punto significativo all'interno dell'opera di Cen, e le sue scene sono state concepite per delineare chiaramente le basi ideologiche della sua arte. Sebbene il purgatorio, come descritto da Dante nel suo capolavoro *La Divina Commedia*, ricorra come leitmotiv in varie forme all'interno dell'opera di Cen, il trittico *Purgatory* esemplifica la

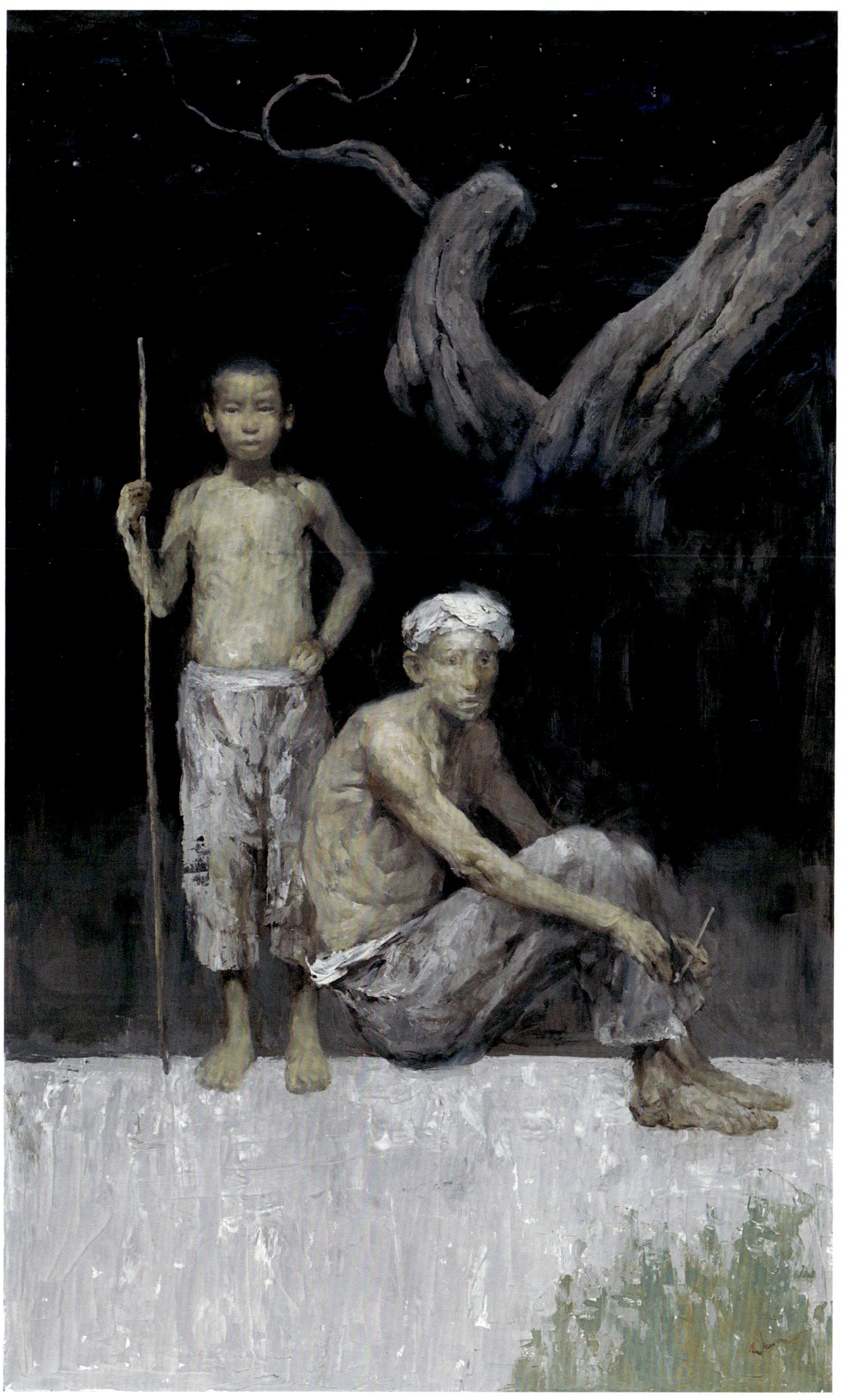

Scritto nelle stelle, 2020
Olio su tela
200 x 120 cm

Written in the Stars, 2020
Oil on canvas
200 x 120 cm

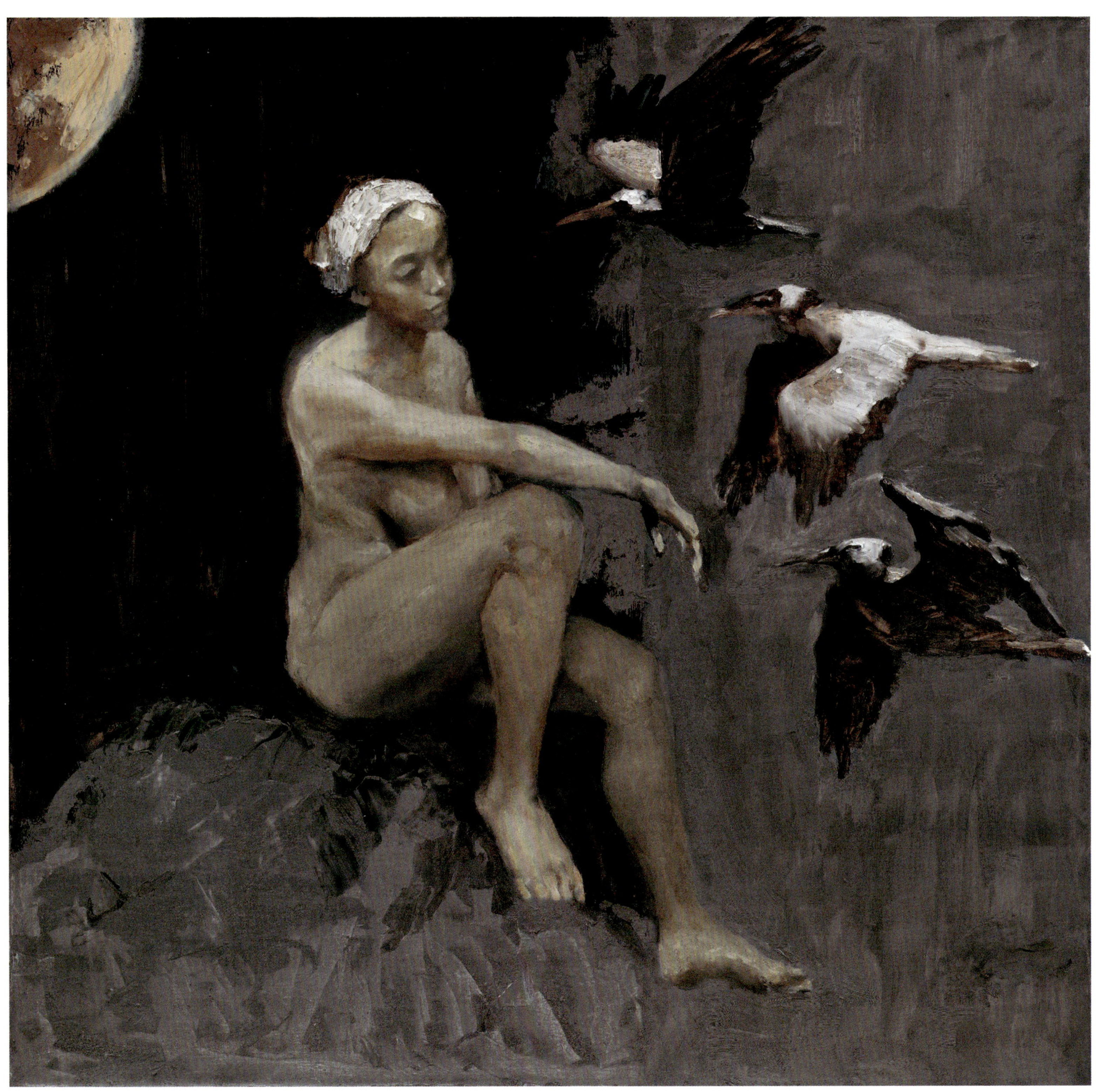

Cantore sopra le nuvole: la storia di Cen Long

Cen's œuvre and its imagined scenes were conceived to clearly delineate the ideological foundations of Cen's art. Though purgatory, as described by medieval Italian poet Dante Alighieri in his masterpiece *The Divine Comedy*, recurs as a leitmotif in various forms within Cen's work, the triptych *Purgatory* exemplifies Cen's philosophy; namely, that his art has never been for the sake of art, but rather exists to embody truth.

The left panel of *Purgatory* depicts an ascetic lighting up a small oil lamp as night veils the desert, whilst the right panel depicts a sailor driven to desperation on a windless ocean hoisting up lanterns to cast a light through the dark night. Though neither the oil lamp nor the lanterns provide complete illumination in the vast darkness of the night, the light kindles hope and solace in those who believe faithfully and, reciprocally, faith can always be said to kindle light. No matter how infinitesimal the seeds of faith, the moment will invariably come when their brilliance shines forth as in the central panel of *Purgatory*, where the tree depicted represents the glorious eternal return of life's most primal truths.

In this narrative, my aim is to acquaint you with Cen's history, as relayed to me through our numerous conversations and interviews. Equipped with insights into the intricacies of Cen's life, one can approach his realm of purity and dignity with heightened discernment. While consciously employing realist techniques to articulate his ideals accessibly, Cen emancipates himself from specific portrayals of individuals or objects in particular locales. Instead, he transfigures the tangible aspects of his subjects into the realm of abstract spirituality, embracing the path of abstract expression. In his recent works, the ethnic origins of the characters Cen depicts can no longer be pinpointed, just as intentional obscurity veils the temporal backdrops. Audiences can discern the intended meaning in Cen's compositions through the body language and expressions of the laborers, as well as the thought-provoking layers in the background. Through his artistry, Cen disperses seeds of hope, instilling courage in individuals to confront life's challenges and achieve spiritual transcendence within the ordinary facets of existence, guided by love, kindness, and resilience.

filosofia dell'artista; vale a dire, che la sua arte non è mai stata per il bene dell'arte, ma piuttosto esiste per incarnare la verità.

Il pannello sinistro di *Purgatory* raffigura un asceta che accende una piccola lampada a olio mentre la notte ammanta il deserto; il pannello di destra raffigura un marinaio spinto alla disperazione su un oceano senza vento, mentre solleva lanterne per gettare luce nella notte buia. Sebbene né la lampada a olio né le lanterne forniscano un'illuminazione completa nella vasta oscurità della notte, la luce accende speranza e conforto in coloro che credono fedelmente. Reciprocamente, si può sempre dire che la fede accende la luce. Non importa quanto infinitesimali siano i semi della fede, arriverà invariabilmente il momento in cui il loro splendore rifulgerà come nel pannello centrale di *Purgatory*, dove l'albero raffigurato rappresenta il glorioso eterno ritorno delle verità più primordiale dell'esistenza.

In questo mio racconto ho voluto familiarizzarvi con il passato di Cen, descrivendo le fonti che accendono la sua ispirazione e le tecniche con cui anima le sue creazioni. Grazie alla comprensione delle complessità della sua vita, è possibile avvicinarsi al suo regno di purezza e dignità con elevato discernimento. Pur impiegando consapevolmente tecniche realistiche per articolare i suoi ideali in modo accessibile, Cen si emancipa da rappresentazioni specifiche di individui o oggetti in luoghi particolari. Trasfigura gli aspetti tangibili dei suoi soggetti nel regno della spiritualità astratta, abbracciando il percorso dell'espressione astratta. Nelle sue opere recenti, le origini etniche dei personaggi raffigurati non sono più individuabili, così come un'intenzionale oscurità vela lo sfondo temporale. Il pubblico può discernere il significato sotteso alle sue composizioni attraverso il linguaggio del corpo e le espressioni degli umani intenti alle attività quotidiane, così come attraverso gli strati stimolanti sullo sfondo. Grazie alla sua abilità artistica, Cen disperde semi di speranza, instillando negli individui il coraggio di affrontare le sfide della vita e raggiungere la trascendenza spirituale negli aspetti ordinari dell'esistenza, guidati dall'amore, dalla gentilezza e dalla resilienza.

Vitello, 2016
Olio su tela
100 x 80 cm

A Calf, 2016
Oil on canvas
100 x 80 cm

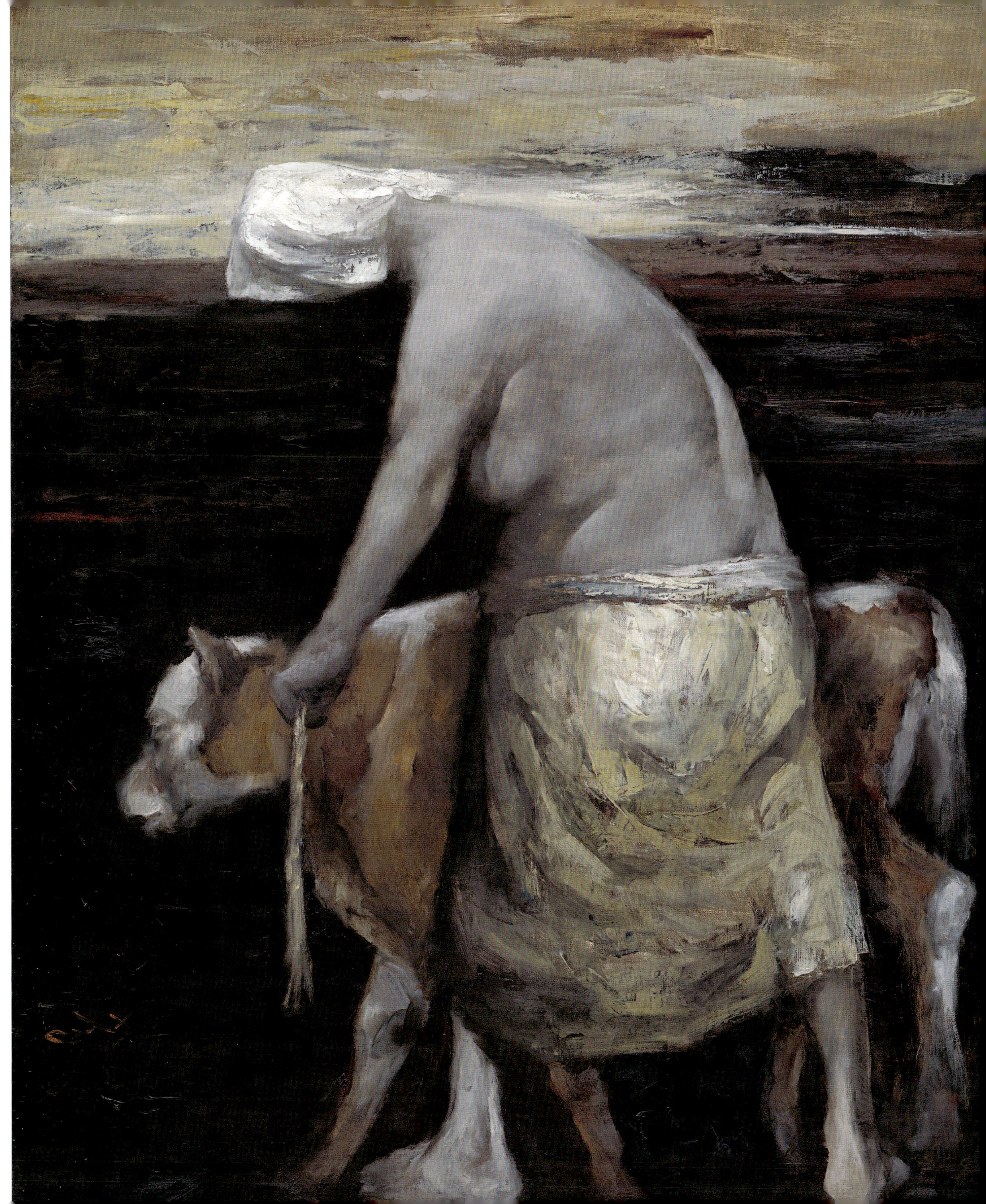

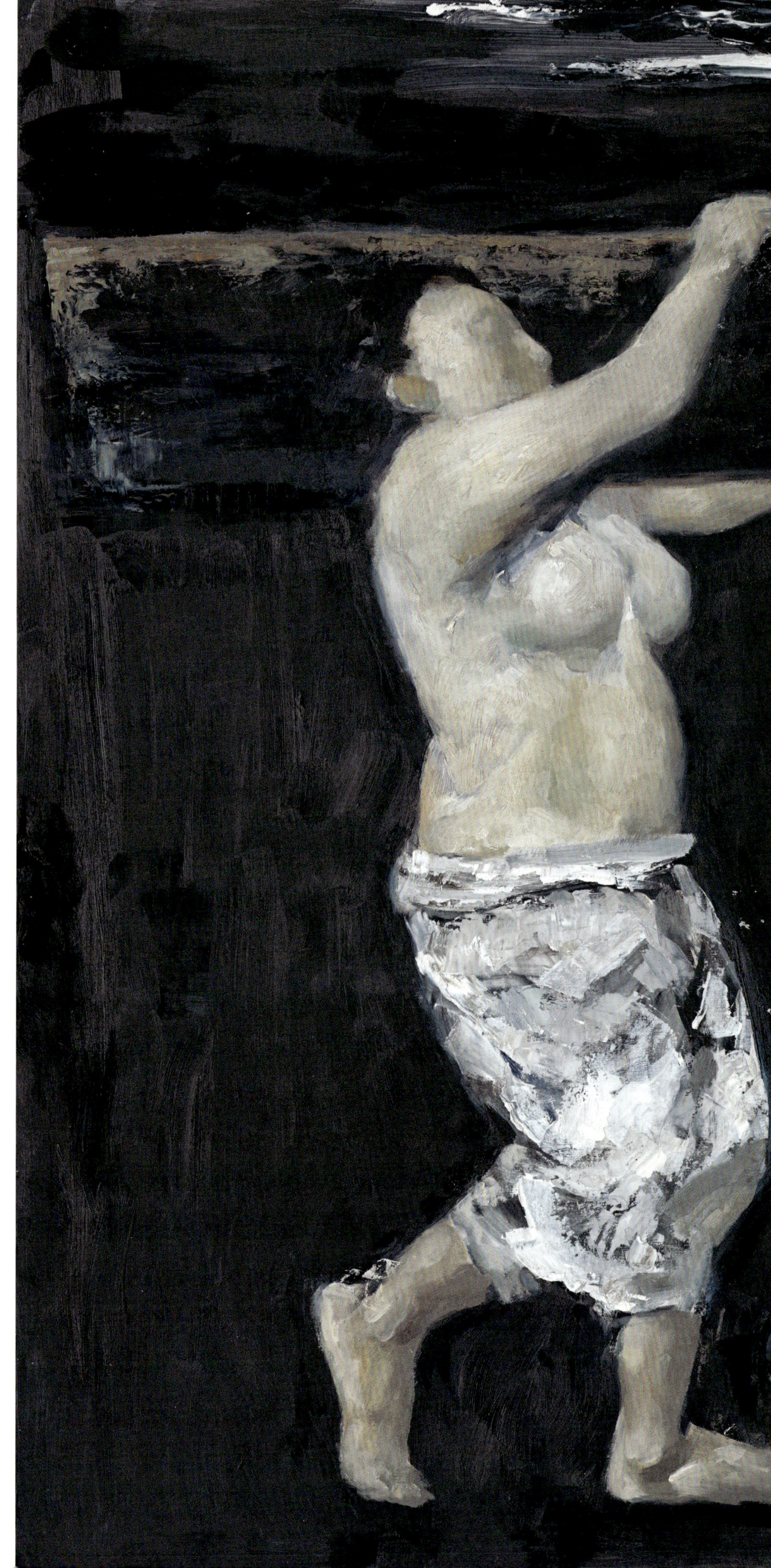

Equilibrio e forza, 2020
Olio su tela
120 x 160 cm

Balance and Strength, 2020
Oil on canvas
120 x 160 cm

74

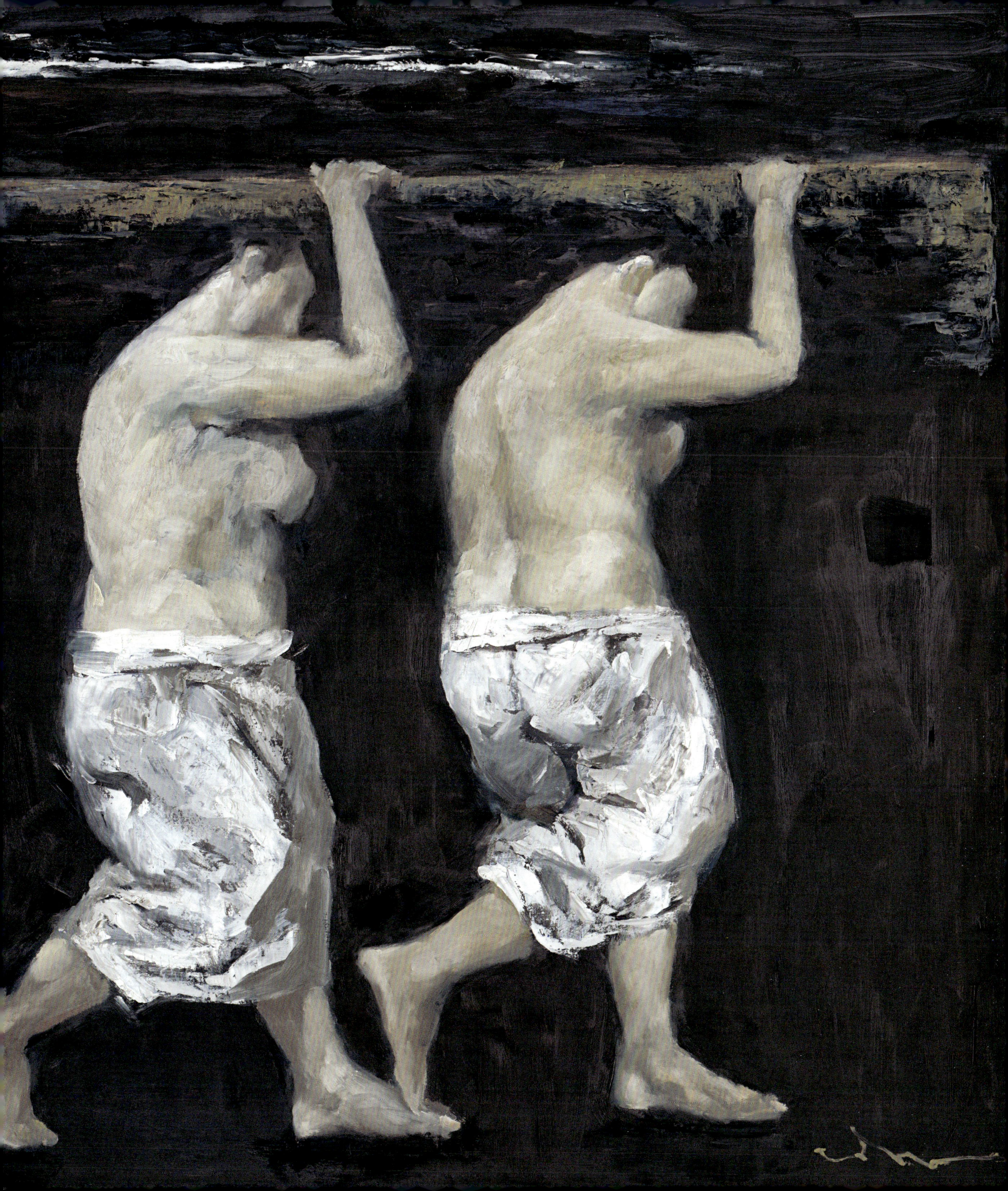

Nello studio del Maestro:
la tecnica di Cen Long

Candida Syndikus

Fin dagli anni di formazione trascorsi in Francia, Cen Long fu attratto dalla pittura e iniziò a praticare quest'arte dalla prima infanzia[1]. Il periodo francese gettò le basi per il suo duraturo interesse nei confronti dell'arte e della cultura occidentale, che continuò a coltivare anche dopo il suo ritorno in Cina, quando ebbe l'opportunità di approfondire la comprensione della cultura asiatica. Fu inoltre merito di un background familiare erudito – suo padre era un rinomato etnologo, antropologo e storico dell'arte, sua madre una storica – se Cen Long poté contare su una solida base di studi, fondamentale per la sua successiva evoluzione in un abile artista capace di integrare le prospettive occidentale e orientale[2]. I suoi studi personali rappresentavano una realtà alternativa che sfidava le difficoltà della vita quotidiana. Attraverso lo studio delle opere d'arte, scelse i grandi maestri europei come propri mentori.

Un aspetto fondamentale dei dipinti di Cen Long risiede nell'abilità compositiva e nell'uso magistrale del colore, appreso dai pittori europei. Cen nutre una grande ammirazione, tra gli altri, per Lucian Freud, Eugène Delacroix e Gustave Courbet. I suoi studi dei loro dipinti lo aiutarono a sviluppare uno stile proprio, originale. Courbet, in particolare, ebbe su di lui un grande fascino anche per la sfida lanciata dall'artista francese alle convenzioni accademiche, che comprende sia i soggetti – principalmente i ritratti della popolazione rurale del luogo di origine di Courbet, Ornans, nella Franca Contea e dintorni – sia la sua tecnica innovativa[3].

L'uso di materiali di alta qualità è fondamentale per la massima espressione delle opere di Cen Long, che preferisce costantemente la pittura a olio ad asciugatura lenta rispetto ai moderni acrilici, poiché consente miscele più sfumate. Per apprezzare i suoi dipinti e coglierne i concetti generali, bisogna prima osservarli da una certa distanza. Un esame più attento dei dettagli può successivamente rivelare i metodi dell'artista utilizzati per ottenere l'impatto della composizione. In questo modo, possiamo sbirciare virtualmente da sopra la spalla dell'artista mentre è impegnato nel suo processo creativo all'interno dello studio. Cen Long non è un pittore da *plein-air*. Per le sue realizzazioni artistiche fa affidamento sulla memoria visiva e sulla forza creativa della sua mente. Il suo atelier gli serve allo stesso tempo da luogo di lavoro, studio e regno personale.

L'apparente vivacità delle opere di Cen è incarnata nella loro vibrante consistenza. La sua resa pittorica possiede qualità spontanee ed emotive. Elimina la necessità di eventuali disegni preliminari sulla tela e compone applicando direttamente la vernice sul supporto, il che significa che ogni tratto deve essere preciso. Il rilievo eterogeneo, che è ben visibile nei dipinti, rivela il suo uso non solo di pennelli di varie dimensioni ma anche di coltelli da pittura e persino delle mani. Ciò è particolarmente evidente nei suoi motivi centrali, le figure, modellate mediante l'uso di una brillante tecnica dell'impasto. Le figure contrastano con i fondali non solo per il forte chiaroscuro cromatico ma, soprattutto, per il pronunciato rilievo. Gli sfondi assumono una monocromia ravvivata da pennellate visibili.

La grande tela *The Constellations* (*Le costellazioni*), creata nel 2019, mostra ad esempio una sostanziale plasticità e persino qualità scultoree (p. 49)[4]. La protagonista, una giovane pastorella, avanza con passo risoluto verso casa in mezzo al suo gregge di pecore. La figura si staglia nettamente sullo sfondo di un cielo notturno stellato. Osservati da vicino, i suoi ampi pantaloni formano una composizione astratta nei toni di nero, grigio, marrone e bianco. È interessante osservare la

In the Master's Studio:
Cen Long's Technique

Candida Syndikus

Since his formative years spent in France, Cen Long was attracted to painting, and he started to practice this art from early childhood.[1] Those years laid the groundwork for his enduring interest in Western art and culture. His awareness of European art endured upon his return to China when he got the opportunity to deepen his understanding of Asian culture. It is furthermore to the credit of an erudite family background—with his father a renowned ethnologist, anthropologist, and art historian, and his mother a historian—that Cen Long acquired a solid foundation of scholarship, preparing him to evolve into a proficient artist capable of integrating Western and Eastern perspectives.[2] His personal studies formed a counter-reality challenging the difficulties of daily life. Through the study of artworks, he embraced the great European masters as his mentors.

A pivotal aspect of Cen Long's paintings lies in the compositional proficiency and masterful use of color that he learned from European painters. Cen holds great admiration for Lucian Freud, Eugène Delacroix, and Gustave Courbet, among many others. His study of their paintings has helped him develop his original style. Courbet, in particular, might have been appealing to him. This applies to the French artist's defiance of academic conventions, encompassing both subject matters—mainly the portrayal of the rural population of Courbet's place of origin Ornans in the Franche-Comté and its environs—and his ground-breaking technique.[3]

The use of high-quality materials is crucial for the ultimate expression of Cen Long's artworks. He consistently favors slow-drying oil paint over modern acrylics, as it allows more nuanced blends. To enjoy Cen Long's paintings and grasp their overarching concepts, one should first observe them from a certain physical distance. A closer examination of the details can subsequently reveal the artist's methods for achieving the impact of a composition. In this manner, we are allowed to virtually peer over the artist's shoulder as he engages in his creative process within the studio. Cen Long is not a *plein-air* painter. He relies on his visual memories and the creative force of his mind for his artistic accomplishments. His atelier serves him as a workplace, a study, and a domain of life all at once.

The apparent vivacity of Cen's artworks is embodied in their vibrant texture. His application of the paint possesses spontaneous, emotional qualities. He dispenses with the need for any preliminary underdrawings on the canvas; instead, he composes by directly applying the paint onto the picture medium which means that each stroke must be precise. The heterogeneous relief that is highly visible in the paintings unveils his use of not only brushes of various sizes but also painting knives and even his hands. This is particularly evident in his central motifs, the figures, which are molded through the use of a brilliant *impasto* technique. The figures contrast with the backdrops not only through the strong *chiaroscuro* of their colors but, more prominently, through their pronounced relief. The backgrounds assume a monochrome quality enlivened by visible brush marks.

The large canvas *The Constellations*, created in 2019, for example, exhibits substantial plasticity and even sculptural qualities (p. 49).[4] The protagonist, a young shepherdess, is advancing with a resolute stride toward home amid a flock of sheep. The figure stands out distinctly against the backdrop of a starry night sky. When observed up close, her broad trousers form an abstract composition in black, gray, brown, and white tones. It is remarkable to witness the diversity of Cen's brushstrokes, evidently applied with speed to sculpt the forms of the legs. He employs the paint in rapid sequences

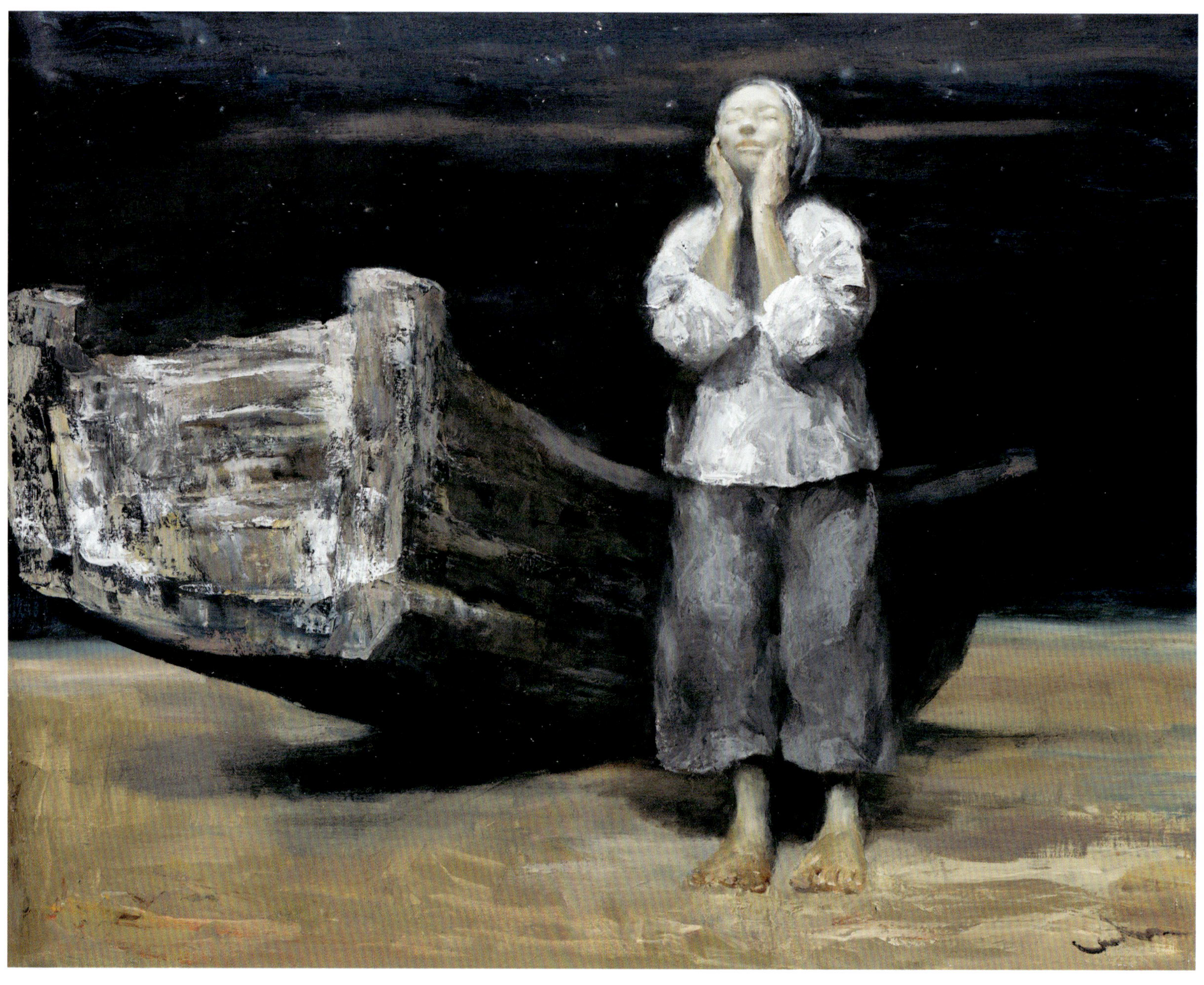

Luce stellare, 2018
Olio su tela
80 x 100 cm

Starlight, 2018
Oil on canvas
80 x 100 cm

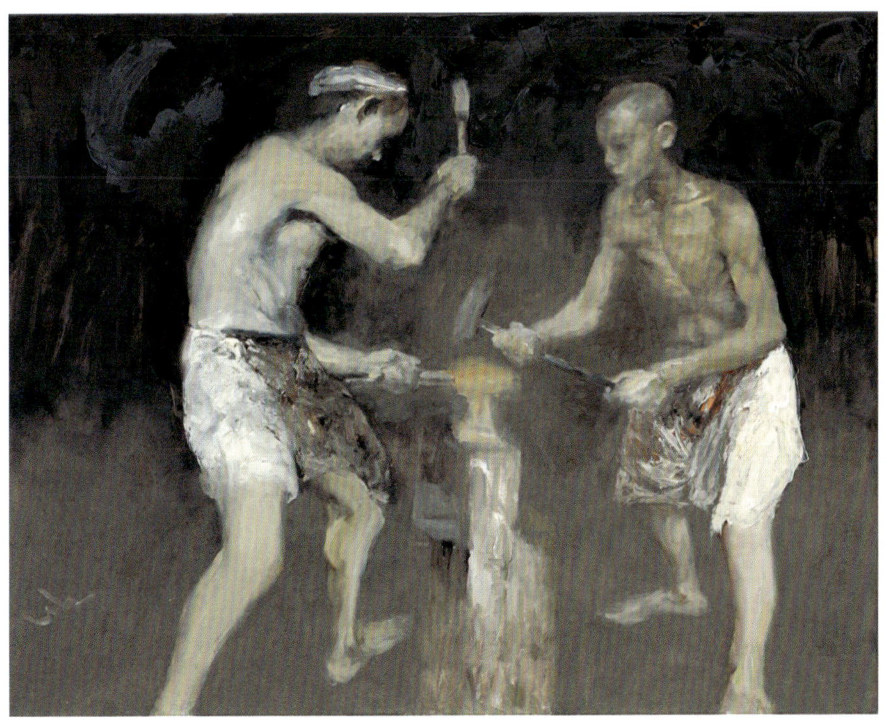

I fabbri, 2018
Olio su tela
80 x 100 cm

Blacksmiths, 2018
Oil on canvas
80 x 100 cm

layering one stroke over the other, augmenting the relief where the left knee of the girl should seemingly protrude following the principles of perspective. The use of a painting knife is discernible from the smooth structure of certain color strokes that contrast with the coarser marks of paint created by brushes of varying sizes. When observed from some distance, the abstract pattern coalesces into a coherent motif that elucidates the figure's strong plasticity and vivid movement.

The textures in the *impasto* areas of the paintings imply a heightened sense of materiality. Cen's use of white color to depict the foaming water and the heavy movements of the ferocious sea might be inspired by Gustave Courbet's wave pictures grounded in observations of the sea made by the artist in the coastal resort of Étretat in Normandy.[5] In the *Tide Seeker* of 2017, Cen Long masterfully depicts a boat dancing on the water, with the spray sweeping over it (p. 54).[6] The turbulent waves are dabbed with short white brushstrokes mingled with shades of brown and gray. From Courbet, the artist may have drawn inspiration for employing a loose and substantial application of color, along with the technique of brushstroke dabbing. It is known that he also studied the great seventeenth-century masters Frans Hals (c. 1581/85–1666), Diego Velázquez (1599–1660), Anthony Van Dyck (1599–1641), Rembrandt (1606–1669), and probably Peter Paul Rubens (1577–1640).[7] He may be drawn to these Baroque painters, not least because of their loose brushwork and their outstanding handling of the *alla prima* technique.

Cen's work with color is well-suited for emphasizing the nature of animals through a precise rendering of their fur with a few brushstrokes. This is evident from the fluffy hair of the sheep depicted in *The Constellations* and in many other paintings (p. 49). Peripheral sections surrounding the central motifs—and, in particular, the backgrounds—allow the canvas to peek through thin, translucent layers of paint. Sometimes, Cen utilizes the canvas structure to emphasize a specific material quality of the depicted motif. This effect is discernable in *Night Sailor*, the right wing of the triptych *Purgatory* (pp. 24–25). The plain-woven fabric including the white primer of the support medium imparts a sense of roughness to the planks in the sailor's boat.

The varying thickness and application form of the paint distinguishes how the color responds to light. The thick oil paint reflects light, producing a sparkling effect, while the thin layers absorb it. This impact is particularly noticeable in his dark translucent backgrounds. Most notably, Cen exploits the varied qualities of color, integrating its glistening characteristics against a matte surface, particularly apparent in his representation of night skies filled with delicately scattered stars, as in

diversità delle pennellate di Cen, evidentemente applicate in modo rapido per scolpire le gambe. Qui la pittura è stesa in rapide sequenze, sovrapponendo un tratto all'altro, aumentando il rilievo dove il ginocchio sinistro della ragazza dovrebbe apparentemente sporgere seguendo i principi della prospettiva. L'uso di un coltello da pittura è distinguibile dalla struttura liscia di alcuni tratti di colore che contrastano con i segni più grossolani creati da pennelli di varie dimensioni. Se osservato da una certa distanza, il motivo astratto si fonde in uno coerente che mette in risalto la forte plasticità e il movimento vivido della figura.

La texture nelle aree dove il colore viene impastato implica un accresciuto senso di materialità. L'uso del colore bianco da parte di Cen per rappresentare l'acqua schiumosa e i movimenti possenti del mare in burrasca potrebbe essere ispirato alle immagini delle onde di Gustave Courbet, a sua volta basate sulle osservazioni del mare fatte dall'artista nella località costiera di Étretat, in Normandia[5]. Nel *Tide Seeker* (*Il cercatore di maree*, 2017), Cen Long raffigura magistralmente una barca che danza sull'acqua, investita dagli spruzzi (p. 54)[6]. Le onde turbolente sono realizzate con brevi pennellate bianche mescolate a sfumature di marrone e grigio. Da Courbet l'artista potrebbe aver tratto ispirazione per la scelta di una applicazione libera e sostanziale del colore e per la realizzazione dell'effetto tamponato. Sappiamo che ebbe modo di studiare anche i grandi maestri del XVII secolo, come Frans Hals (c. 1581/85-1666), Diego Velázquez (1599-1660), Anthony Van Dyck (1599-1641), Rembrandt (1606-1669) e probabilmente Peter Paul Rubens (1577-1640)[7]. Potrebbe essere stato attratto da questi pittori barocchi anche per la loro pennellata sciolta e l'eccezionale gestione della tecnica alla prima.

L'abilità di Cen nel trattare il colore si presta bene a enfatizzare la natura degli animali attraverso una resa precisa della loro pelliccia con poche pennellate. Ciò è evidente nel soffice pelo delle pecore raffigurate in *The Constellations* (*Le costellazioni*) e in molti altri dipinti (p. 49). Le sezioni periferiche che circondano i motivi centrali – e, in particolare, gli sfondi – permettono alla tela di trasparire attraverso strati di pittura sottili e traslucidi. A volte Cen utilizza la struttura della tela per enfatizzare una specifica qualità materiale del motivo raffigurato. Questo effetto è riconoscibile in *Night Sailor* (*Marinaio nella notte*), l'ala destra del trittico *Purgatory* (*Purgatorio*) (pp. 24–25). Il tessuto a trama semplice, compreso il primer bianco del supporto, conferisce alle assi della barca del marinaio un senso di ruvidità.

Lo spessore variabile e le diverse tecniche di applicazione distinguono il modo in cui il colore risponde alla luce. La spessa pittura a olio riflette la luce, producendo un effetto scintillante, mentre gli strati sottili la assorbono. Questo impatto è particolarmente evidente nei suoi sfondi scuri e traslucidi. In particolare, Cen sfrutta le varie qualità del colore integrando le sue caratteristiche scintillanti su una superficie opaca, particolarmente evidente nella sua rappresentazione di cieli notturni pieni di stelle delicatamente distribuite, come in *The Constellations* (p. 49) o in due tele più recenti, *Starlight* (*Luce stellare*) e *Written in the Stars* (*Scritto nelle stelle*) (pp. 78, 69)[8]. La luce della galleria esalta lo scintillio delle stelle.

Le proprietà e l'eccelsa qualità dei suoi corpi nudi modellati, più evidenti nei lavori recenti, meritano un'enfasi speciale. In una sua dichiarazione del 2019, Cen Long ha sottolineato la potenza espressiva che il nudo ha su di lui: "Mi piace dipingere nudi. Penso che il corpo umano nudo

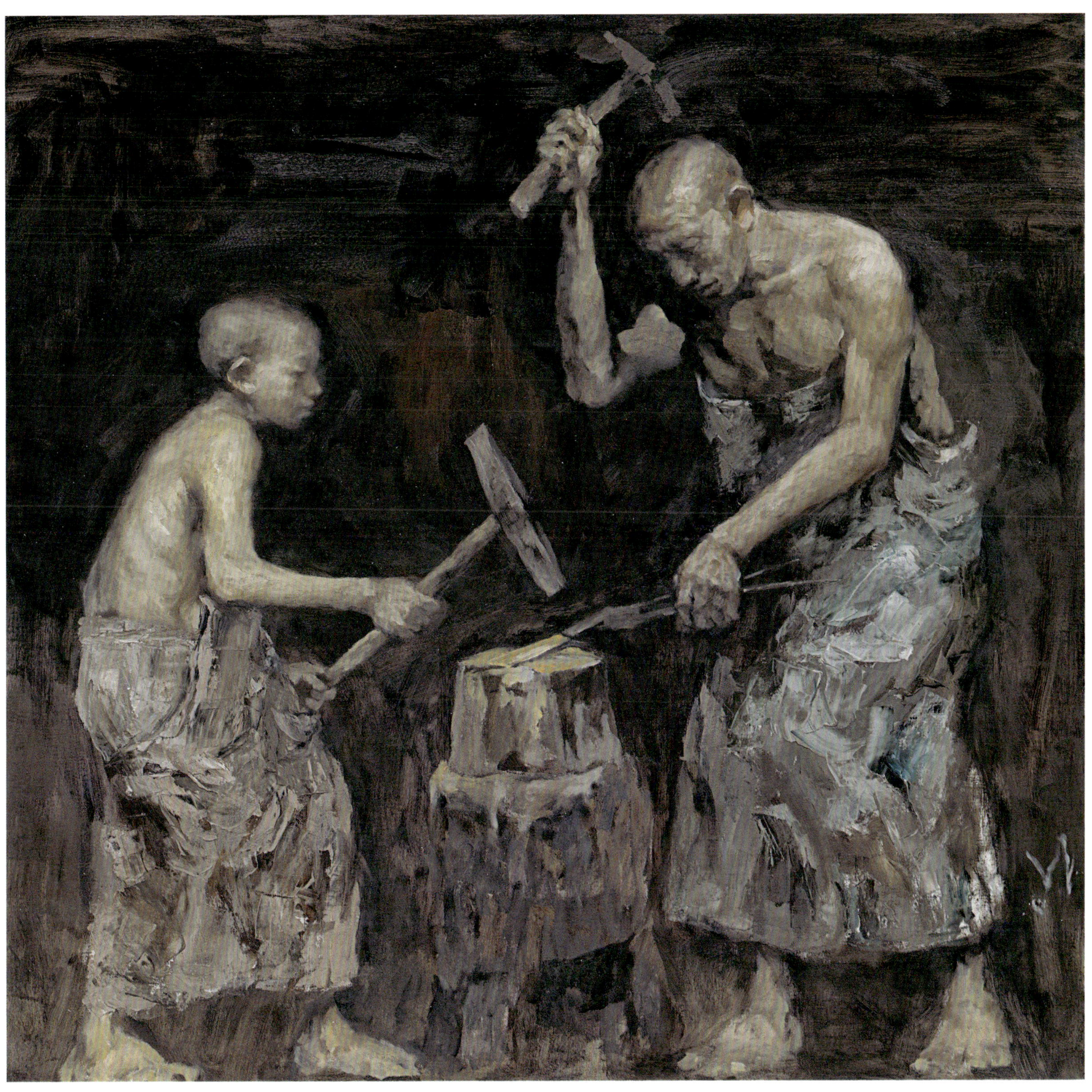

I fabbri, 2019
Olio su tela
120 x 120 cm

The Blacksmiths, 2019
Oil on canvas
120 x 120 cm

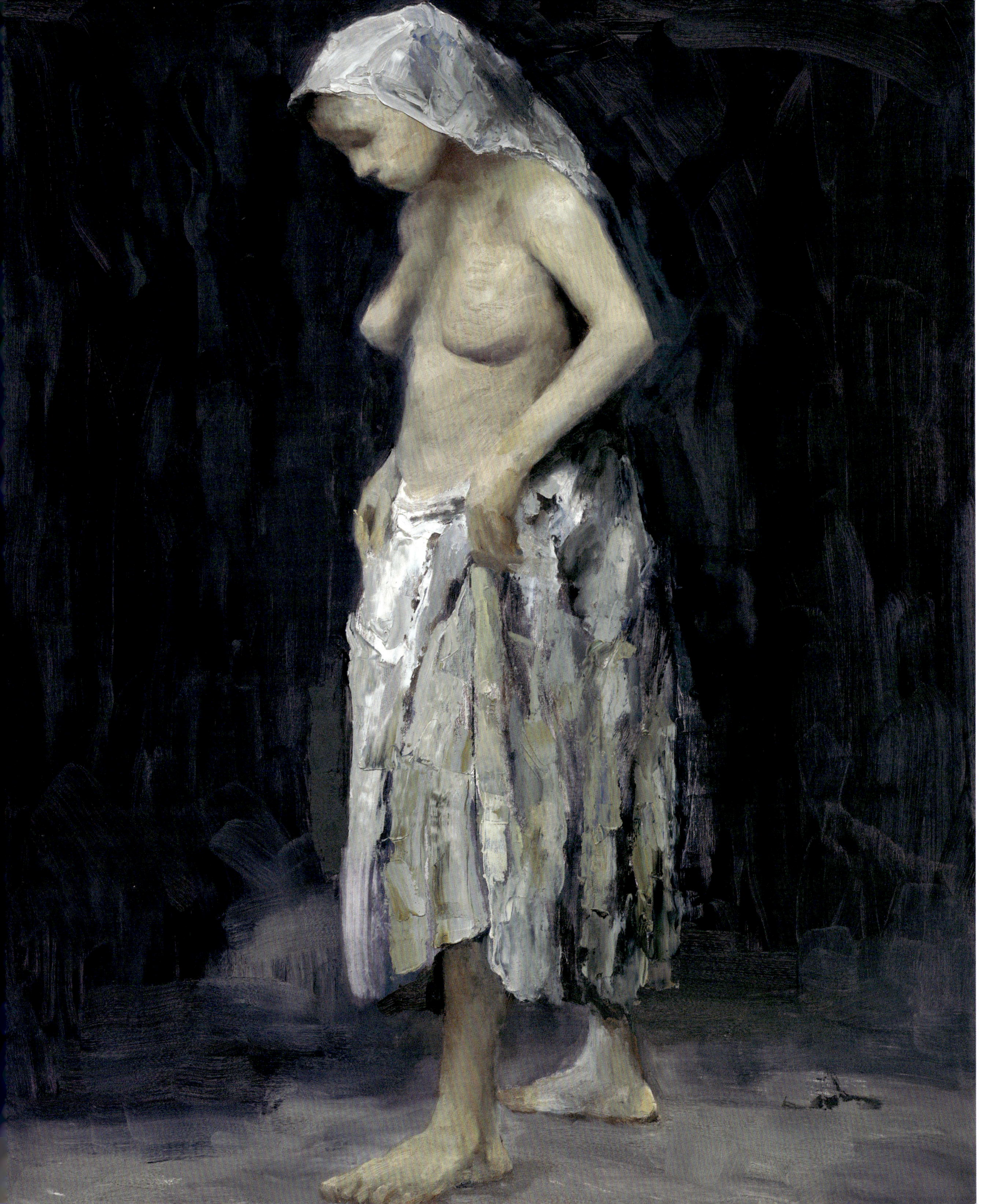

The Constellations (p. 49) or in two more recent canvases, *Starlight* and *Written in the Stars* (p. 78, p. 69).[8] The gallery light enhances the sparkling of the stars.

The properties and eminent quality of his modeling nude bodies—most conspicuous in his recent works—deserve special emphasis. In a self-statement of 2019, Cen Long underscored the expressive power the nude has for him:

"I am fond of painting nudes. I think that the naked human body demonstrates and artistic form that is at once the most lively and viscerally real. [...] For me, a supple and broad female body is emblematic of the warmth, reliability, and modest steadiness of the mother. On the other hand, I tend to incline towards painting men both lean and muscled, knotty and sinewy but still thin; I find their physiques to convey acute and skilled physical strength, [...]."[9]

Cen uses multicolored flesh tones ranging from darker to brighter hues adding greens, blues, white, and muted orange. Despite the strong sculptural quality of his figures, achieved through a thick application of paint and executed with bold brushstrokes, their silhouettes are softened by a *sfumato* technique simultaneously expressing their physical vivacity and inner movement. This distinguished technique of modeling, which evokes the great colorists of the Renaissance in Venice and the masters of Dutch Baroque, allows him to differentiate the expressions of female and male bodies, as well as young and old figures.

In recent years, Cen Long employed a more subdued palette, with colors restricted to earthy tones, including black and white. The restrained color scheme not only conveys a sense of melancholy but, more importantly, signifies concentration on the essence of the composition. In the two versions of *The Blacksmiths* of 2018 and 2019, for example, the range of color has been reduced to brown, gray, and white hues with occasional hints of blue in the background of the previous painting (pp. 79, 81).[10] In the earlier work, Cen uses more white to intensify the contrast between the illuminated figures and the monochrome background. He achieves the portrayal of light—or, more precisely, its reflection on his figures and principal motifs—primarily by white heightening and the building of bright colors over darker tones; and he enlivens his compositions with the contrast of lighted spots and harsh shadows.

Around 2019, Cen Long created a series of classical works by focusing on one or a few figures that stand out against an abstract dark background. The landscape of his former works has undergone a radical simplification. The figures occupy now the central focus of the artist's attention. Through the removal of all spatial elements or distracting details, he directs full concentration toward the essential aspects of human existence. In the canvas *Written in the Stars* (2020), two figures engage the viewer's attention with calm directness (p. 69).[11] Once again, it is deep night, with the backdrop featuring a starry sky. An adult man cowers on the ground, embracing his legs with his arms, while a boy stands upright beside him on the left. At first sight, they might be farmhands resting after a hard day's work. As is sometimes the case in his œuvre, Cen Long pairs two people of different ages, young and old, forming an ideal company. They have each other, with the younger learning from the older but also assisting him.

The figures' intense expressiveness is heightened by their isolation in a virtually empty space. Their only companion is a withered tree set against the night sky. The two are positioned at the upper

dimostri una forma artistica che è allo stesso tempo la più vivace e visceralmente reale. [...] Per me, un corpo femminile flessibile e ampio è l'emblema del calore, dell'affidabilità e della pudica stabilità materna. Per contro tendo a dipingere uomini magri e muscolosi, con tendini e vene evidenti, ma comunque magri; trovo che il loro corpo trasmetta una forza fisica acuta, abile, [...]"[9].

Cen utilizza varie tonalità del color carne, che vanno dalle più scure alle più luminose, aggiungendo verdi, blu, bianco e arancione tenue. Nonostante la forte qualità scultorea delle sue figure, ottenuta attraverso una densa stesura del colore ed eseguita con pennellate audaci, le loro sagome sono ammorbidite da una tecnica sfumata che esprime contemporaneamente vivacità fisica e movimento interiore. Questa distinta tecnica di modellazione, che evoca i grandi coloristi del Rinascimento veneziano e i maestri del Barocco olandese, gli permette di differenziare le espressioni dei corpi femminili e maschili, così come delle figure giovani e anziane.

In anni recenti, Cen Long ha utilizzato una tavolozza più tenue, con colori limitati ai toni della terra, al bianco e al nero. La sobria combinazione di colori non solo trasmette un senso di malinconia ma, cosa ancora più importante, indica concentrazione sull'essenza della composizione. Nelle due versioni di *The Blacksmiths* (*I fabbri*) del 2018 e del 2019, ad esempio, la gamma dei colori è stata ridotta alle tonalità del marrone, del grigio e del bianco con occasionali accenni di blu sullo sfondo del primo dipinto (pp. 79, 81)[10]. Nella prima delle due opere, Cen utilizza più bianco per intensificare il contrasto tra le figure illuminate e lo sfondo monocromo. Ottiene la rappresentazione della luce – o, più precisamente, il suo riflesso sulle figure e sui motivi principali – per lo più mediante l'intensificazione del bianco e la costruzione di colori vivaci su toni più scuri; e ravviva le sue composizioni con il contrasto di punti luminosi e ombre dure.

Intorno al 2019, Cen Long ha creato una serie di opere classiche concentrandosi su una o poche figure che si stagliano su uno sfondo scuro astratto. Il paesaggio delle sue opere precedenti ha subito una radicale semplificazione. Le figure occupano ora il fulcro dell'attenzione dell'artista. Attraverso la rimozione di tutti gli elementi spaziali o di dettagli che distraggono, dirige la totale concentrazione verso gli aspetti essenziali dell'esistenza umana. Nella tela *Written in the Stars* (*Scritto nelle stelle*, 2020), due figure catturano l'attenzione dello spettatore con pacata immediatezza (p. 69)[11]. Ancora una volta è notte fonda, sullo sfondo il cielo stellato. Un uomo adulto si rannicchia a terra, abbracciandosi le gambe, mentre un ragazzo sta in piedi, alla sua sinistra. A prima vista potrebbero essere braccianti agricoli che riposano dopo una dura giornata di lavoro. Come talvolta accade nelle sue opere, Cen Long accosta due persone di età diverse, giovani e anziani, formando una compagnia ideale. Si appartengono a vicenda, con il più giovane che impara dal più vecchio, ma lo assiste anche.

L'intensa espressività delle figure è accentuata dal loro isolamento in uno spazio praticamente vuoto. Il loro unico compagno è un albero spoglio che si staglia contro il cielo notturno. I due sono posizionati sul bordo superiore di una striscia di terreno bianco-grigiastro, che crea distanza dallo spettatore. Questa striscia è densamente lavorata a spatola, evitando la profondità spaziale attraverso l'uso di tratti di colore verticali. Curiosamente, un'area con tratteggio verde e marrone caldo appare nell'angolo in basso a destra dell'immagine, sotto lo strato grigio-bianco. Poiché il colore era sicuramente ancora allo stato liquido durante l'esecuzione, entrambi gli strati si intrecciano. È questa l'area in cui l'artista ha posizionato la sua firma, contribuendo alla raffinatezza dell'astrazione del

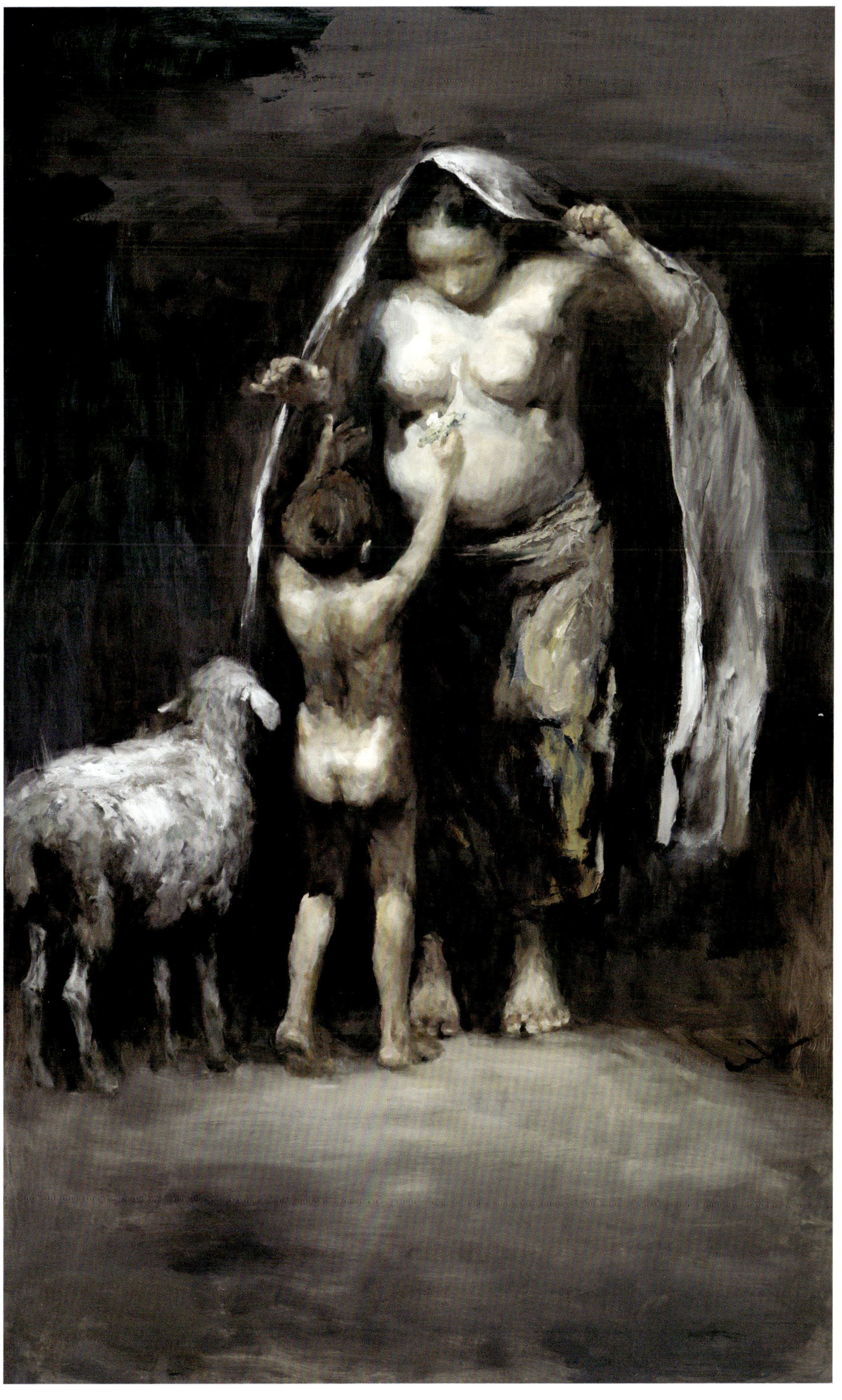

Ode alla vita, 2019
Olio su tela
200 x 120 cm

Ode to Life, 2019
Oil on canvas
200 x 120 cm

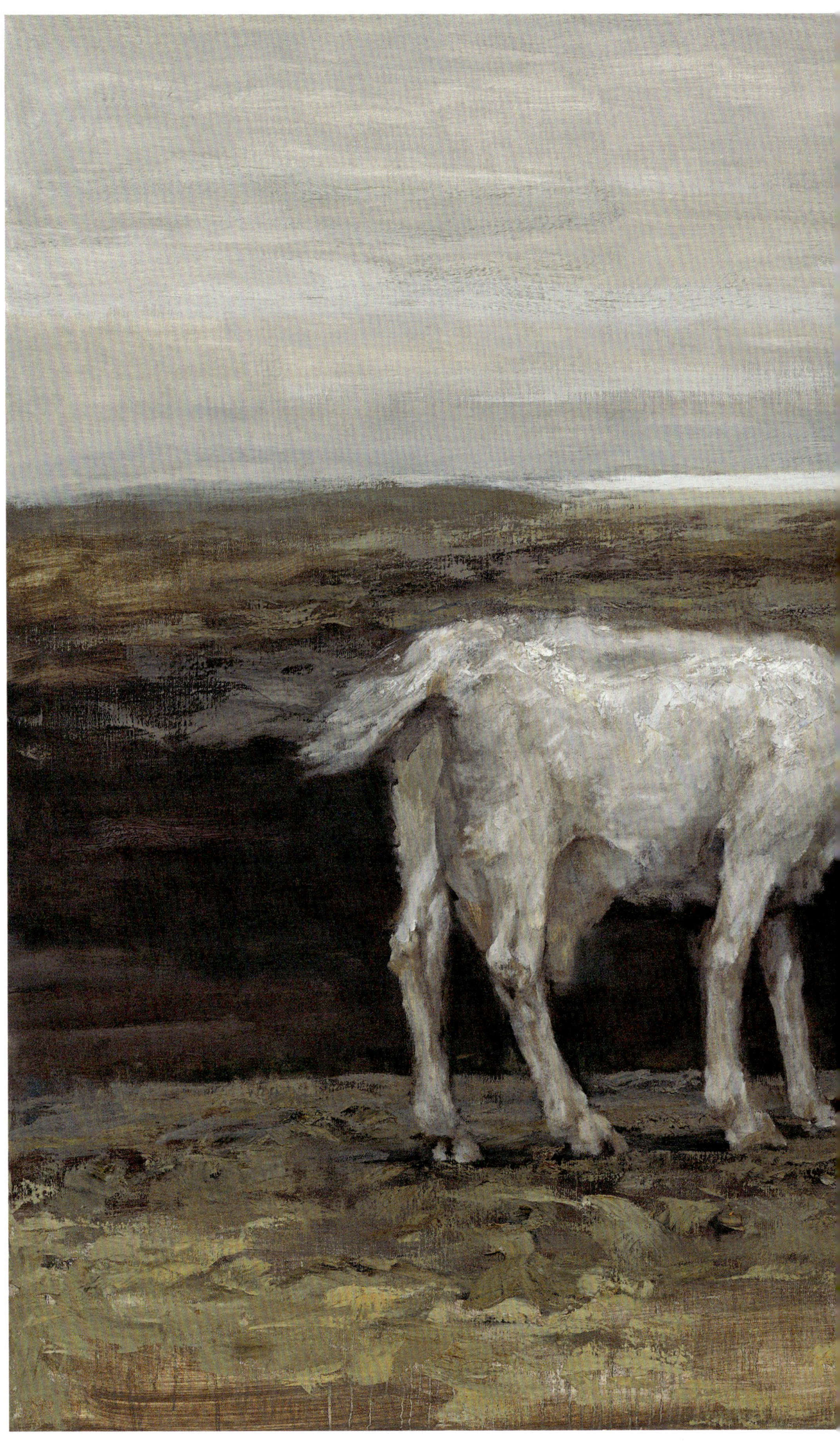

Nello studio del Maestro: la tecnica di Cen Long

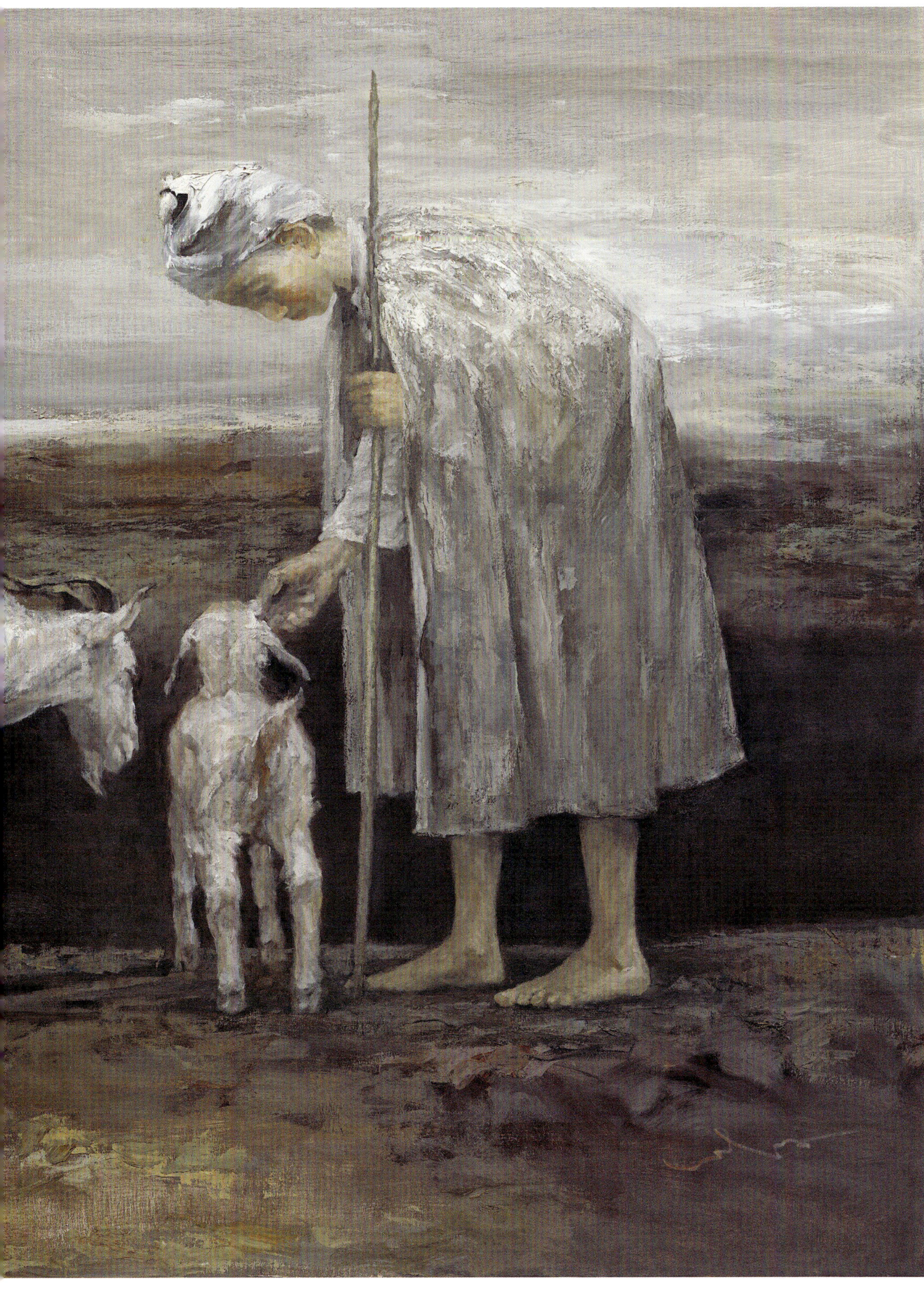

Montagne in lontananza, 2015
Olio su tela
120 x 160 cm

Far Away Mountains, 2015
Oil on canvas
120 x 160 cm

fondo. Il terreno è puro colore; non intende presentarsi come spazio. Sono le figure a trasformarlo in terreno. L'attenzione dell'artista è quindi tutta focalizzata sulle figure. Un anno dopo, nel suo dipinto *In Pursuit of Light* (*Alla ricerca della luce*, p. 31), Cen Long utilizza lo stesso elemento compositivo per indicare il terreno e stabilire una distanza dallo spettatore. Tuttavia, mentre in quest'ultima opera la folla si avvicina allo spettatore, in *Written in the Stars* le due figure si mantengono a distanza.

A questo punto sorgono alcune domande pertinenti: lo strumento nella mano sinistra dell'uomo più anziano è una matita? Potrebbe essere lui stesso il pittore, anche se non possiamo classificare la rappresentazione come un vero e proprio autoritratto? Il ragazzo potrebbe rappresentare invece il pittore stesso in giovane età. L'albero è invece associato alla figura più anziana per esprimere il corso della vita. È questa ambiguità di interpretazione che rende le opere di Cen Long così preziose. Quando ci prendiamo il tempo per osservarle bene, svelano diversi strati di significato. E quale ruolo assegna l'artista all'osservatore? Cen Long ci mostra persone che possono essere semplici e povere, ma hanno la loro dignità e ci fissano con il loro sguardo, chiedendoci di riflettere sulla nostra vita e incoraggiandoci a ricercare l'essenziale.

1   Un grazie particolare a Metra Lin, la cui testimonianza mi ha fornito un vivido ritratto della vita di Cen Long.
2   Una delle opere principali di suo padre, Cen Jia Wu (岑家梧), fu *Storia dell'arte dei totem* (图腾艺术史), Shanghai, Xuelin Publishing House, 1986; cfr. Huang Zhuan, "Cen Long and his Silver Age", in: Metra Lin, a cura di, *Cen Long and his Silver Age*, Hong Kong, Today Art Museum Publishing House, 2014, pp. 18-20, qui p. 18. Si veda inoltre sopra: p. 42.
3   Il "realismo di Courbet e il suo impegno sociale sono argomenti complessi, la cui trattazione approfondita travalicherebbe l'argomento di questo saggio. Si veda Michael Fried, *Courbet's Realism*, Chicago, University of Chicago Press, 1992; T.J. Clark, *Image of the People: Gustave Courbet and the 1848 Revolution*, 3° edizione, Berkeley, University of California Press, 1999. Sulla tecnica, si veda, in breve, Meyer Shapiro, "Courbet and Popular Imagery: An Essay on Realism and Naïveté", in: "Journal of the Warburg and Courtauld Institutes" 4, n. 3/4, 1941–42, pp. 164–191, in particolare pp. 170-171.
4   *The Constellations* (*Le costellazioni*), 2019, 200 × 120 cm. Tutte le opere trattate in questo capitolo sono dipinti a olio su tela.
5   Per esempio, Gustave Courbet, *La donna tra le onde*, 1868, olio su tela, 65,4 × 54 cm, The Metropolitan Museum of Art (inv. 29.100.62), New York; *L'onda*, 1869, olio su tela, 46 × 55 cm, National Galleries of Scotland (inv. NG 2233), Edinburgh. Si veda il capitolo dedicato a Courbet di Lorenz Eitner, *French Paintings of the Nineteenth Century*, Part I: *Before Impressionism* (*The National Gallery of Art Systematic Catalogue*), New York and Oxford, Oxford University Press, 2000, pp. 102-150, in particolare p. 142. Inoltre, Ann Dumas, "The Wave c. 1869 (*La Vague*), Bremen, Kunsthalle," in: Sarah Faunce e Linda Nochlin, a cura di, *Courbet Reconsidered*, Brooklyn, New Haven, Yale University Press, 1988, pp. 188-189, cat. 75, qui in particolare p. 189.
6   *Tide Seeker* (*Il cercatore di maree*), 2017, 160 × 120 cm.
7   Metra Lin, *Cen Long, The Follower of Light*, Tainan, Elpis Art & Licensing Co., 2019, p. 10.
8   *Starlight* (*Luce stellare*), 2018, 80 × 100 cm; *Written in the Stars* (*Scritto nelle stelle*), 2020, 200 × 120 cm.
9   Citato da Lin (come in nota 7), p. 53.
10   *The Blacksmiths* (*I fabbri*), 2018, 80 × 100 cm. *The Blacksmiths*, 2019, 120 × 120 cm.
11   *Written in the Stars* (*Scritto nelle stelle*), 2020, 200 x 120 cm.

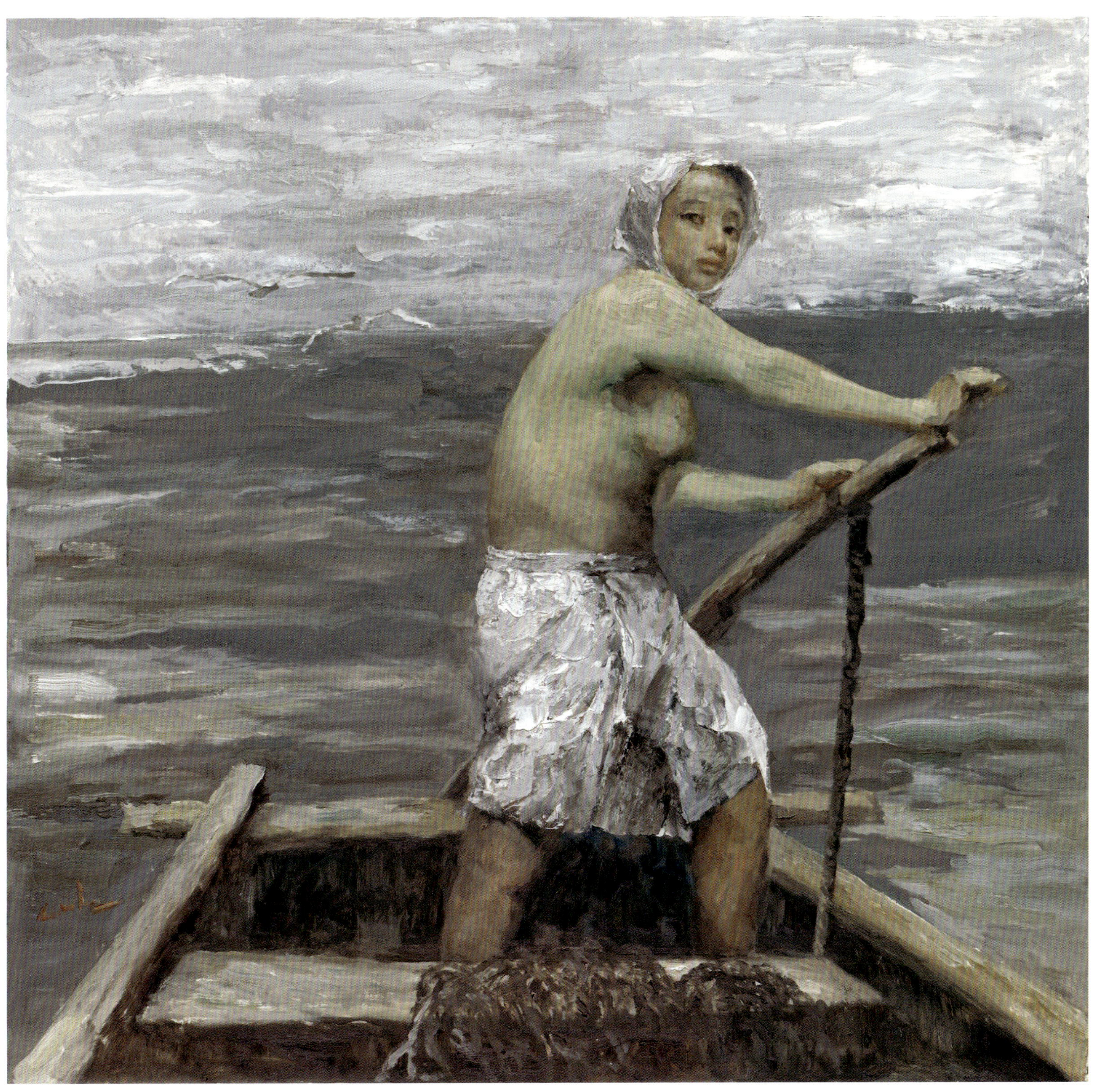

Piccola Sampan, 2021
Olio su tela
120 x 120 cm

Kleine Sampan, 2021
Oil on canvas
120 x 120 cm

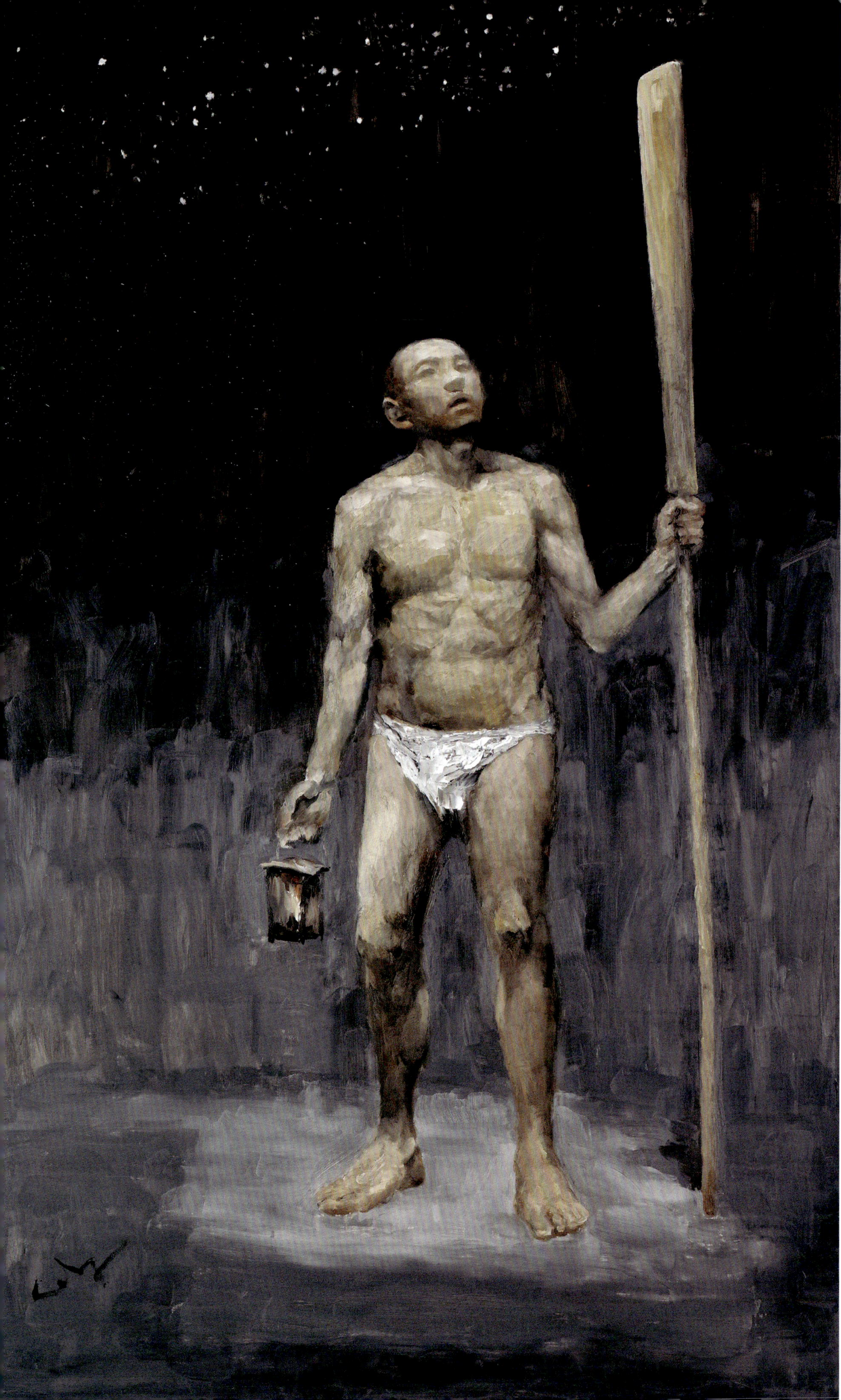

Le costellazioni-II, 2021
Olio su tela
200 x 120 cm

The Constellations-II, 2021
Oil on canvas
200 x 120 cm

edge of a grayish-white strip of soil that creates distance from the viewer. This strip is densely crafted with a spatula avoiding spatial depth through the use of vertical paint marks. Curiously, an area of green and warm brown paint marks appears in the lower right corner of the picture beneath the gray-white layer. Since the color must have still been in a liquid state during the execution, both layers intertwine. This is the area where the artist positioned his signature, contributing to the refinement of the ground's abstraction. The ground is pure paint; it does not intend to present itself as space. It is the figures that transform it into soil. The artist's attention is therefore entirely focused on the figures. A year later, in his painting *In Pursuit of Light* (p. 31), Cen Long employs the same compositional element to indicate the ground and to establish a distance from the viewer. However, while in the latter work, the crowd is approaching the onlooker, the two figures in *Written in the Stars* maintain a distance.

At this point, some pertinent questions arise: Is the tool in the older man's left hand a pencil? Could he be the painter himself, even though we cannot categorize the representation as a real self-portrait? The boy could also show the painter at a young age. The tree is then associated with the older expressing the course of life. It is this ambiguity of interpretation that makes Cen Long's works so precious. When we take our time to observe them well, they unveil different layers of meaning. And what role does the artist assign to the observer? Cen Long shows us people who may be simple and poor, but they have their dignity. With their gaze, they look at us, asking us to reflect on our own lives and encouraging us to seek the essentials.

1   My special thanks go to Metra Lin, whose testimony provided me with a vivid portrayal of Cen Long's life.
2   One of his father's, Cen Jiawu's (岑家梧), ground-breaking works was *The History of Totem Art* (图腾艺术史, Shanghai: Xuelin Publishing House, 1986; see Huang Zhuan, "Cen Long and his Silver Age," in: Metra Lin, ed., *Cen Long and his Silver Age*, Hong Kong: Today Art Museum Publishing House, 2014, pp. 18–20, here p. 18. See also above: p. 45.
3   Courbet's 'Realism' and his social commitment are complex issues, an in-depth discussion of which would lead beyond the scope of this essay. See Michael Fried, *Courbet's Realism*, Chicago: University of Chicago Press, 1992; T.J. Clark, *Image of the People: Gustave Courbet and the 1848 Revolution*, 3rd edition, Berkeley: University of California Press, 1999. On the technique, see, briefly, Meyer Shapiro, "Courbet and Popular Imagery: An Essay on Realism and Naïveté," in: *Journal of the Warburg and Courtauld Institutes* 4, No. 3/4, 1941–42, pp. 164–191, especially pp. 170–171.
4   *The Constellations*, 2019, 200 × 120 cm. All paintings of this chapter are painted with oil on canvas.
5   For example, Gustave Courbet, *The Woman in the Waves*, 1868, oil on canvas, 65.4 × 54 cm, The Metropolitan Museum of Art (inv. 29.100.62), New York; *The Wave*, 1869, oil on canvas, 46 × 55 cm, National Galleries of Scotland (inv. NG 2233), Edinburgh. See the chapter on Courbet by Lorenz Eitner, *French Paintings of the Nineteenth Century*, Part I: *Before Impressionism* (*The National Gallery of Art Systematic Catalogue*), New York and Oxford: Oxford University Press, 2000, pp. 102–150, especially p. 142. Also, Ann Dumas, "The Wave c. 1869 (*La Vague*), Bremen, Kunsthalle," in: Sarah Faunce and Linda Nochlin, eds., *Courbet Reconsidered*, Brooklyn, New Haven: Yale University Press, 1988, pp. 188–189, cat. 75, here especially p. 189.
6   *Tide Seeker*, 2017, 160 × 120 cm.
7   Metra Lin, *Cen Long, The Follower of Light*, Tainan: Elpis Art & Licensing Co., 2019, p. 10.
8   *Starlight*, 2018, 80 × 100; *Written in the Stars*, 2020, 200 × 120 cm.
9   Quoted after Lin (as note 7), p. 53.
10   *The Blacksmiths*, 2018, 80 × 100 cm. *The Blacksmiths*, 2019, 120 × 120 cm.
11   *Written in the Stars*, 2020, 200 × 120 cm.

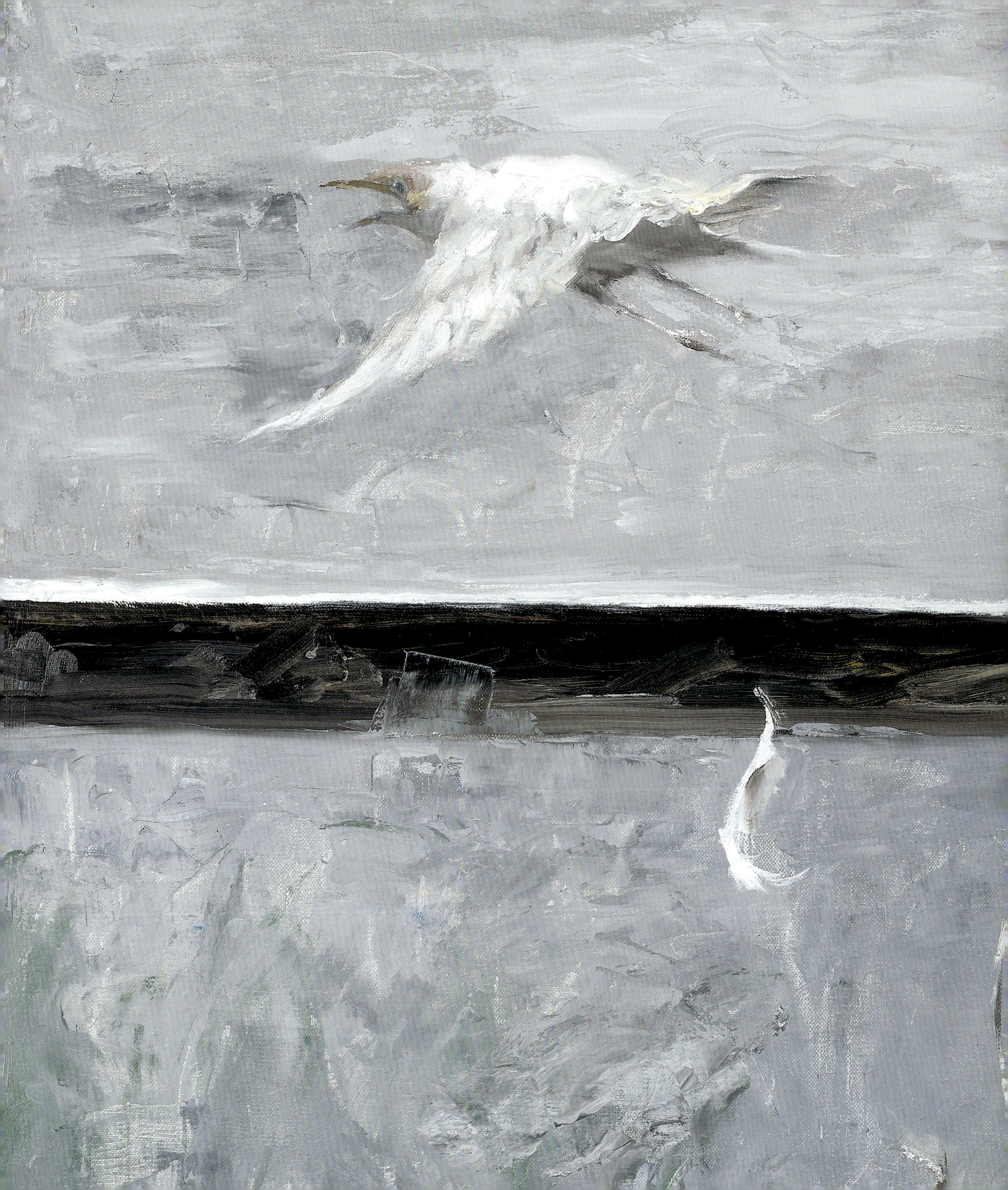

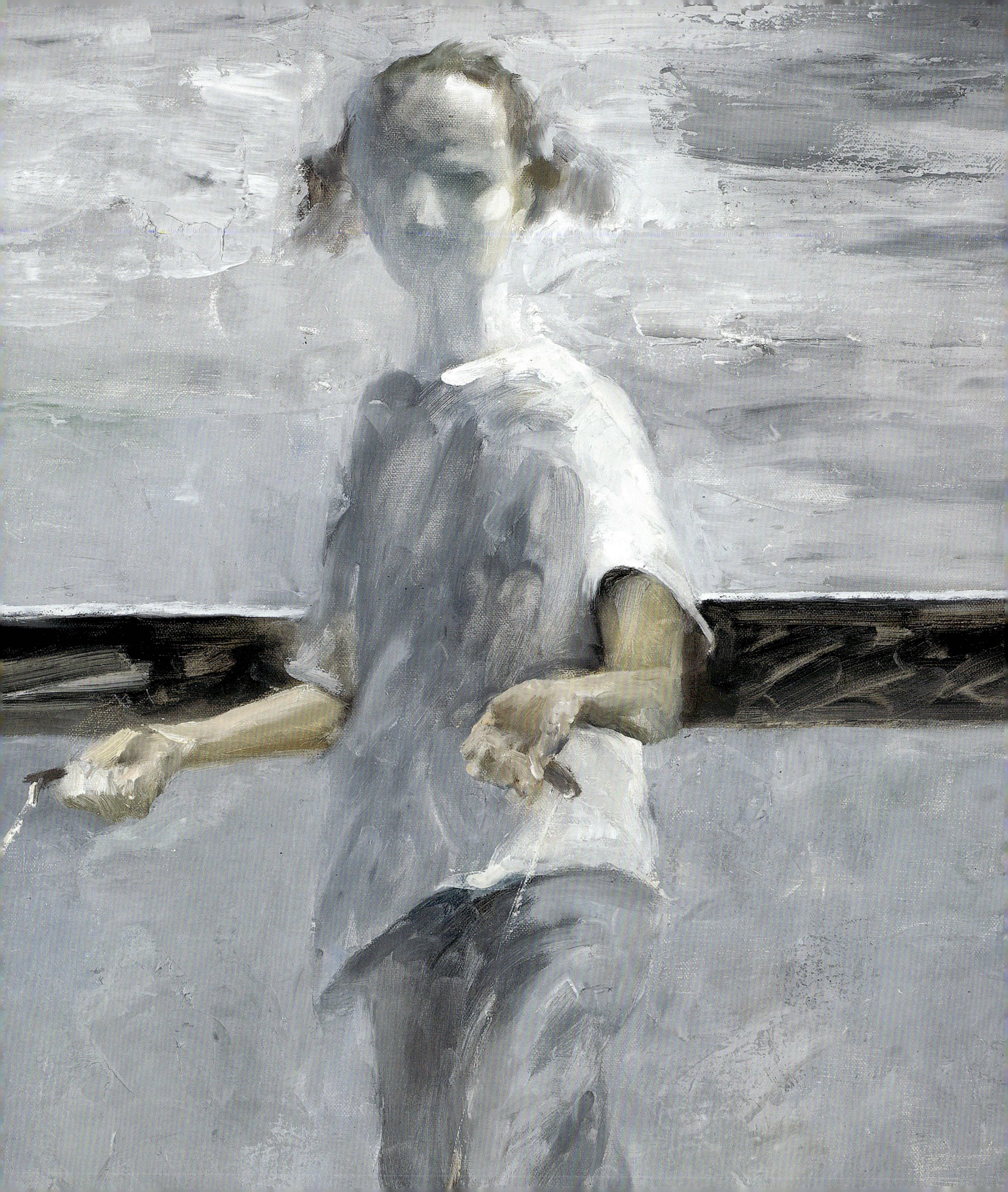

Alla ricerca della luce:
il mondo spirituale di Cen Long

Candida Syndikus

Il dipinto *Siesta*, del 2021, raffigura una donna intenta ad allattare il suo bambino, mentre abbraccia il corpicino strettamente fasciato (p. 97)[1]. Con questa immagine, l'artista ha rivisitato un tema già esplorato in precedenza[2], che esprime un'atmosfera di intenso legame tra le due figure. Anche il titolo dell'opera, *Siesta*, ovvero riposo pomeridiano, lascia intendere che i due potrebbero essersi addormentati in perfetta armonia, la madre esausta per essersi presa cura del suo neonato e il bambino che sonnecchia sul suo seno dopo essere stato allattato e cullato tra le sue braccia.

Il dipinto può essere letto come una tenera rappresentazione dell'amore materno e dell'intimità. Inoltre evoca associazioni con il tema cristiano della Vergine con il Bambino, molto diffuso tra le immagini devozionali nell'Europa medievale e rinascimentale[3]. La corrispondenza al soggetto cristiano è ulteriormente intensificata dal motivo della madre che allatta, suggerito dal suo seno nudo. L'immagine ricorda infatti la *Virgo Lactans* (*Madonna del Latte*), un topos mariano di grande importanza, che può essere fatto risalire al cristianesimo primitivo ma acquisì importanza dal XIV secolo in poi[4]. Le meditazioni tardo medievali sulla vita della Vergine Maria e di Gesù permeavano il rapporto tra Madre e Figlio di forti emozioni umane[5]. Soprattutto le *Meditationes Vitae Christi* dello Pseudo-Bonaventura e la *Vita Christi* del monaco certosino Ludolfo di Sassonia (1300-1378 circa) ebbero un impatto significativo sulle arti visive[6]; la *Vita Christi* ci offre queste parole affettuose, che a loro volta potrebbero basarsi sull'osservazione di rappresentazioni visive: "L'occhio della devozione osserva Gesù Bambino che dolcemente beve al seno della gloriosa Vergine sua Madre. [...] Cosa potrebbe esserci di più piacevole o delizioso da vedere?"[7] Numerosi dipinti e sculture, in particolare del XV secolo olandese, dimostrano la familiarità degli artisti con questi o altri testi simili che stabiliscono il topos iconografico della *Virgo Lactans* come tema convenzionale dell'arte occidentale. Gli studiosi hanno ulteriormente sottolineato che questo particolare soggetto si è sviluppato a partire dalla Madonna dell'Umiltà, che accentuava la modestia della Vergine raffigurandola seduta per terra o in un prato[8].

Ma, in realtà, abbiamo veramente bisogno di questo background culturale per comprendere il dipinto di Cen Long? Ciò che resta incerto è se, in *Siesta*, il parallelo con il tema cristiano sia calcolato o se la vicinanza sia meramente casuale, e sembra che l'artista intenda lasciare aperta la questione. Il dipinto senza dubbio non è inteso principalmente come un'immagine devozionale simile ai tradizionali esempi della *Virgo Lactans*, anche se tale funzione potrebbe, ovviamente, non essere esclusa in base ai sentimenti dello spettatore. Cen sottolinea piuttosto la natura fondamentale dell'amore materno. Il gesto viene evidenziato attraverso colori vivaci. L'umiltà della donna è indicata dal suo abbigliamento modesto.

Il sentimento principale emanato da questo dipinto è la profonda umanità del gesto della madre quando abbraccia il bambino, espressione del suo travolgente affetto. A questo punto dobbiamo introdurre una significativa analogia con l'immagine cristiana della Madonna col Bambino così come si sviluppò durante il Rinascimento. Negli anni trenta del Quattrocento, Leon Battista Alberti suggerì ai pittori di osservare la Natura cercando di stabilire un legame tra i *movimenti del corpo* e i *movimenti dello animo*[9]. Mentre alcuni artisti restavano fedeli alla tradizione di caratterizzare la santità delle figure, altri esprimevano l'umanità di Cristo nell'aspetto realistico e vivido del bambino, trasmettendo così l'idea dell'incarnazione di Dio nella persona di Gesù come precondizione

In the Search of Light:
Cen Long's Spiritual World

Candida Syndikus

Cen Long's painting *Siesta* of 2021 depicts a woman suckling her baby, with her arms embracing the small, tightly wrapped body (p. 97).[1]

With this image, the artist revisited a subject matter that he had already explored earlier in his work.[2] The theme expresses an atmosphere of intense bonding between two figures. The picture's title, *Siesta*, mid-day rest, insinuates that the two might have fallen asleep in perfect harmony, the mother exhausted from taking good care of her newborn, and the baby napping at her breast after being fed and cradled in her arms.

The painting can be read as a tender representation of maternal love and intimacy. More than that, it evokes associations with the Christian theme of the Virgin with the infant Jesus which was common for devotional images in medieval and Renaissance Europe.[3] The correspondence to the Christian subject is further intensified by the motif of the nursing mother as suggested through her bare breast. This recalls the *Virgo Lactans* (Nursing Madonna), a foremost Marian type that can be traced back to early Christianity but gained prominence from the fourteenth century onward.[4] Late-medieval meditations on the life of the Virgin Mary and the life of Christ infused the relationship between the Maria and the Christ Child with strong human emotions.[5] Especially Pseudo-Bonaventura's *Meditationes Vitae Christi* and the *Vita Christi* by the Carthusian monk Ludolph of Saxony (c. 1300–1378) had a significant impact on the visual arts;[6] the latter includes the affectionate words, which in turn could be based on the observation of visual representations: "The eye of devotion observes the little Jesus who sweetly drinks at the breast of the glorious Virgin his Mother. [...] What could be more pleasant or delightful to see?"[7] Numerous paintings and sculptures, particularly from the Dutch fifteenth century, demonstrate the artists' familiarity with these or other similar texts establishing the iconographical type of the *Virgo Lactans* as a conventional theme in Western art. Scholarship has further emphasized that this particular subject matter developed from the Madonna of Humility, which accentuated the Virgin's modesty by depicting her sitting on the ground or in a meadow.[8]

However, do we need this cultural background to understand Cen Long's painting? What remains uncertain is whether, in *Siesta*, the parallel to the Christian theme is calculated or if the similarity is merely coincidental. It seems that the artist intends to leave this question open. The painting is without doubt not primarily intended as a devotional image similar to the traditional examples of the *Virgo Lactans*, although such function might, of course, not be excluded depending on the viewer. Cen rather emphasizes the fundamental nature of maternal love. The gesture is highlighted in a dual sense of the term through bright colors. The woman's humility is indicated by her modest attire.

What is at stake in this painting is the profound humanity of the mother's gesture when hugging the child in her arms as an expression of her overwhelming affection. At this point, we observe a significant analogy to the Christian image of the Madonna and Child as it was developed during the Renaissance. In the 1430s, Leon Battista Alberti suggested to painters that they should observe Nature establishing a link between the physical movements of the body and the movements of the mind or heart (*movimenti del corpo, movimenti dello animo*).[9] While some artists adhered to the tradition of characterizing the figures' holiness, others expressed Christ's humanity in a lifelike and vivid appearance of the infant thereby conveying the idea of the incarnation of God in the person of

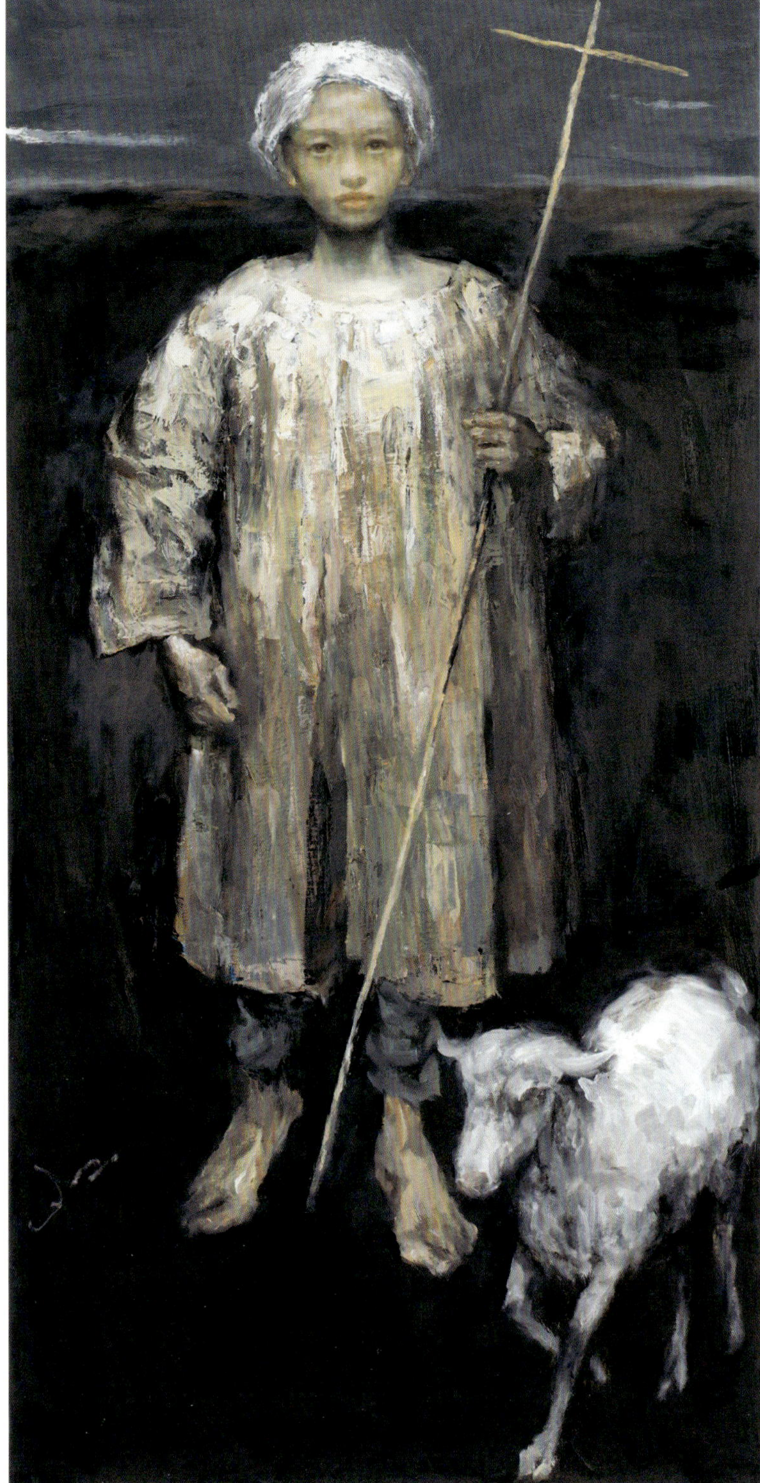

per la redenzione. Spesso questi artisti evitavano aureole o altri tradizionali simboli di santità per sottolineare la natura umana delle figure sacre. Questo è il motivo per cui la *Vergine che allatta Cristo bambino* (1570 circa), dipinta da Tiziano (1490 circa-1576) e conservata a Londra, avrebbe potuto ancora negli anni venti del secolo scorso essere confusa con una madre che allatta il figlio[10]. Per ragioni di decoro, una pittura di genere di questo tipo, incentrata su temi della vita quotidiana, era impensabile nell'Italia del Rinascimento, ma vide intorno a sé una crescente popolarità nel diciannovesimo secolo. Fu in questo periodo che i confini tra una contadina che allatta il figlio e la rappresentazione di una Madonna che allatta Gesù bambino poterono essere intenzionalmente sfumati. Il movimento artistico dei Nazareni, in particolare, cercò una fusione tra l'iconografia cristiana e quella secolare[11], mentre nella modernità classica artiste come Mary Cassatt (1844-1924), Paula Modersohn-Becker (1876-1907) e altre continuarono a utilizzare schemi cristiani tradizionali come basi di partenza per rappresentare lo stretto legame tra madre e figlio[12].

    Cen Long segue questa tradizione. Nel suo lavoro sono presenti molte associazioni con il cristianesimo. Nel 2019 tratta il tema del parto nell'imponente *Ode to Life* (*Ode alla vita*, p. 85)[13], dove un bambino regala un fiore sia alla madre incinta sia al fratellino non ancora nato. Lei risponde a questo gesto proteggendo entrambi i figli sotto un indumento aperto che si porta fin sopra la testa. Nell'immaginario cristiano, il motivo distintivo della donna che protegge le figure sotto il mantello si ritrova nella *Madonna della Misericordia* (*Schutzmantelmadonna*)[14]: mentre sotto il suo manto protegge le persone dal male, la Vergine assume il ruolo di madre premurosa nei confronti dei suoi figli.

    Mentre in *Ode to Life* l'iconografia cristiana è piuttosto velata, in altri dipinti di Cen il riferimento a modelli tradizionali effettivi è più evidente. È il caso di *The Shepherdess* (*La pastorella*) del 2017 (p. 96)[15]. Una ragazza vestita con umili abiti bianchi è raffigurata con un agnello accanto, mentre tiene in mano un bastone che termina in una croce. Con un semplice bastone da pastore in legno, l'opera rappresenterebbe effettivamente il ritratto di una pastorella. Il bastone da viandante sormontato da una croce, attributo di San Giovanni Battista, stabilisce inequivocabilmente un sottofondo religioso[16]. Tuttavia, secondo il titolo dell'opera, la protagonista è una pastorella, una ragazza, il che significa che l'artista si allontana dall'iconografia cristiana. Allo stesso tempo, Cen introduce il simbolismo di San Giovanni come profeta e seguace di Cristo, liberando così il significato dell'opera da ogni possibile legame con il genere e le Scritture.

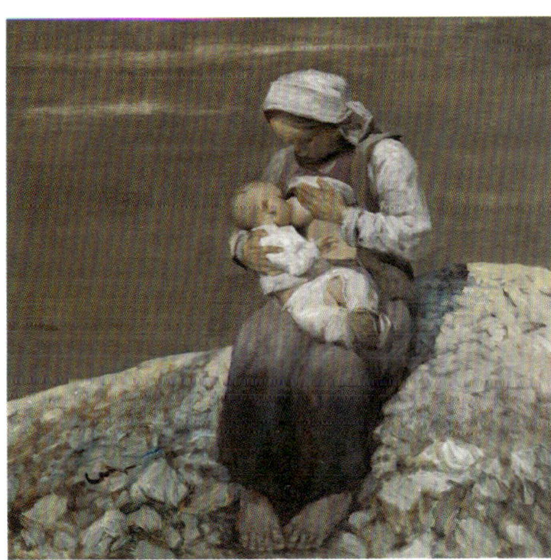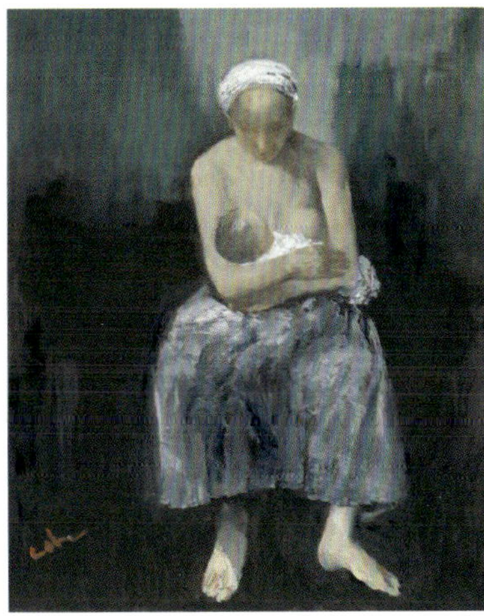

Le rocce, 2014
Olio su tela
80 x 80 cm

The Rocks, 2014
Oil on canvas
80 x 80 cm

Siesta, 2021
Olio su tela
100 x 80 cm

Siesta, 2021
Oil on canvas
100 x 80 cm

Jesus as a precondition for redemption. Often, these artists avoided halos or other traditional insignia of sanctity to underscore the holy figures' human nature. This is why Titian's (c. 1490–1576) late *Virgin Suckling the Infant Christ* in London (c. 1570) could still in the 1920s be mistaken as a mother nursing her child.[10] Due to reasons of *decorum*, genre painting of this kind, focusing on themes from everyday life, was still unthinkable in Renaissance Italy. However, it gained increasing popularity in the nineteenth century. It was during this time that the boundaries between a peasant woman nursing her child and the representation of a Madonna suckling the infant Jesus could intentionally be blurred. The Nazarene art movement, in particular, searched for a blending of Christian and secular iconography.[11] In classical modernity, women artists such as Mary Cassatt (1844–1924), Paula Modersohn-Becker (1876–1907), and others continued to use traditional Christian schemes as undertones when representing the close bonds between mother and child.[12]

Cen Long follows this tradition. His work is replete with Christian associations. In 2019, he treats the subject of childbirth in the impressive *Ode to Life* (p. 85),[13] where a boy presents a flower to both his pregnant mother and the unborn sibling. She responds to this gesture by shielding both children beneath an outspread garment that she tears over her head. In Christian imagery, the distinctive motif of a woman sheltering figures under her cloak can be found in the *Madonna of Mercy* (*Schutzmantelmadonna*).[14] As she shields the people from evil under her mantle, the Virgin assumes the role of a caring mother to her children.

While in *Ode to Life*, Christian iconography is rather veiled, in others of Cen's paintings, the reference to concrete traditional models is more evident. This is the case in *The Shepherdess* of 2017 (p. 96).[15] A girl, clad in humble white attire with a lamb beside her, holds a cross-staff in her hand. With a simple wooden shepherd's staff, the work would be the portrait of a shepherdess. The symbolic cross-staff, an attribute of Saint John the Baptist, unambiguously establishes a religious undertone.[16] According to the work's title, *The Shepherdess*, the protagonist is a girl, which means that the artist distances himself from Christian iconography. Simultaneously, Cen extends the symbolism of Saint John as a prophet and follower of Christ, liberating the meaning from its reliance on gender and the Scriptures.

The motif of the cross returns one year later in *A Gospel* (p. 99), where a boy with his eyes closed opens his hand as if asking for alms; he also carries a cross-staff.[17] It is unclear whether the child is blind or has simply closed his eyes to focus on his inner view. A dove is flying over his head, while a dog rests beside him. In both works, the cross-staff is embedded in an imagery that leads beyond Christian iconography. Other motifs—and the sheep, in particular—also derive from a biblical context. The metaphor is used by Christ for himself as the Good Shepherd, who "lays down his life for the sheep" in the Gospel of Saint John (John 10:1–21), in Jesus' Parable of the Lost Sheep (Matthew 18:12–14; Luke 15:3–7), and in the separation of the sheep from the goats at the Last Judgement (Matthew 25:32). In Cen Long's paintings, however, the motifs are either generalized or recontextualized, even when he establishes connections with his titles, as seen in *The Lost Lamb*.[18] This allows the artist to explore the higher meaning of the symbols.

To analyze Cen's paintings from a Christian point of view does not imply that we are superimposing content onto the paintings where it might not exist. During his early years in France, Cen

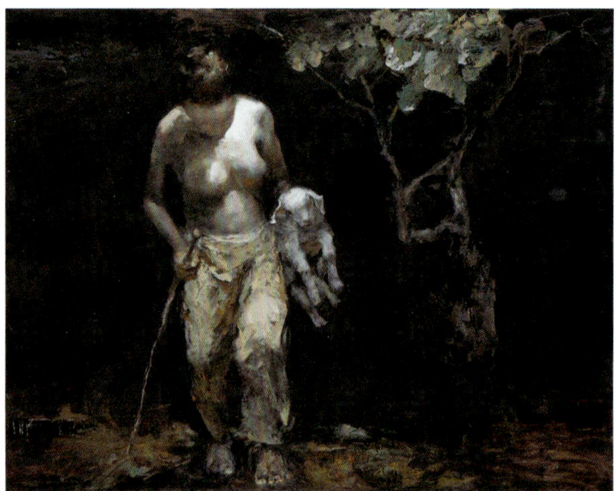

L'agnello smarrito, 2016
Olio su tela
80 x 100 cm

The Lost Lamb, 2016
Oil on canvas
80 x 100 cm

Il motivo della croce ritorna un anno dopo in *A Gospel* (*Un vangelo*) (p. 99), dove un bambino con gli occhi chiusi apre la mano come per chiedere l'elemosina; anche lui ha con sé un bastone sormontato da una croce[17]. Non è chiaro se il bambino sia cieco o abbia semplicemente chiuso gli occhi per concentrarsi sulla sua visione interiore. Una colomba vola sopra la sua testa, mentre un cane riposa accanto a lui. In entrambe le opere, la croce è inserita in un immaginario che va oltre l'iconografia cristiana. Anche altri motivi, e le pecore in particolare, derivano da un contesto biblico. La metafora è la stessa usata da Cristo quando si definisce il Buon Pastore, che "dà la sua vita per le pecore" nel Vangelo di San Giovanni (Giovanni 10:1-21), nella parabola di Gesù della pecora smarrita (Matteo 18:12-14; Luca 15:3-7), e nella separazione delle pecore dai capri nel Giudizio Universale (Matteo 25:32). Nei dipinti di Cen Long, tuttavia, i motivi sono generalizzati o ricontestualizzati, anche quando stabilisce un collegamento con i suoi titoli, come si vede in *The Lost Lamb* (*L'agnello smarrito*)[18]. Questo atteggiamento consente all'artista di esplorare il significato più alto dei simboli.

Analizzare i dipinti di Cen da un punto di vista cristiano non implica attribuire alle opere dei contenuti anche laddove potrebbero non esistere. Durante i suoi primi anni in Francia, Cen incontrò l'onnipresenza del cattolicesimo. Ricorda le campane della chiesa come segno di identità comunitaria e culturale: "Ho provato una profonda venerazione anche per il suono delle campane notturne della cattedrale"[19]. Allo stesso tempo, il suo ricordo porta con sé un tocco di tenerezza. Cen ha una profonda comprensione dell'umanità e della forza culturale insita nelle tradizioni religiose dell'Occidente. Le sue opere sono, quindi, prive di qualsiasi connotazione ideologica.

Con una luce simbolica e visiva, Cen Long rappresenta un tema universale. Certamente la luce è un simbolo potente nel cristianesimo, ma il suo significato si estende ben oltre questo contesto, allargandosi ad altre religioni. "Sia luce", afferma Dio nella Bibbia quando crea il mondo (Gen. 1:3), e Gesù ricorda "Io sono la Luce del mondo" (Giovanni 8:12). La luce ha un significato fondamentale anche al di là della religione, accomuna le culture. In *Light of Heart* (*La luce del cuore*), l'ala sinistra del trittico *Purgatory* (*Purgatorio*, 2010), e *In Pursuit of Light* (*Alla ricerca della luce*, 2021), Cen Long approfondisce il principio essenziale della speranza. Le sue opere sono esercizi spirituali nel senso della vita che chiede "C'è luce nelle tenebre?"

Nel suo libro dedicato all'Umanesimo, lo storico tedesco Jörn Rüsen afferma: "In tempi di profonda crisi di orientamento [...] è fondamentale chiederci nuovamente chi siamo come esseri umani, come possiamo armonizzare il nostro modo di vivere con quello degli altri e lavorare insieme per far emergere e rafforzare la nostra umanità"[20]. Per questo obiettivo il teologo svizzero Hans Küng ha coniato il termine "ethos mondiale"[21]. "Si basa sull'idea che ogni religione ha un nucleo umanistico, la regola d'oro"[22]. Con i suoi dipinti che incarnano la ricerca della dignità umana, Cen Long intravede il percorso per raggiungere la "Regola d'Oro".

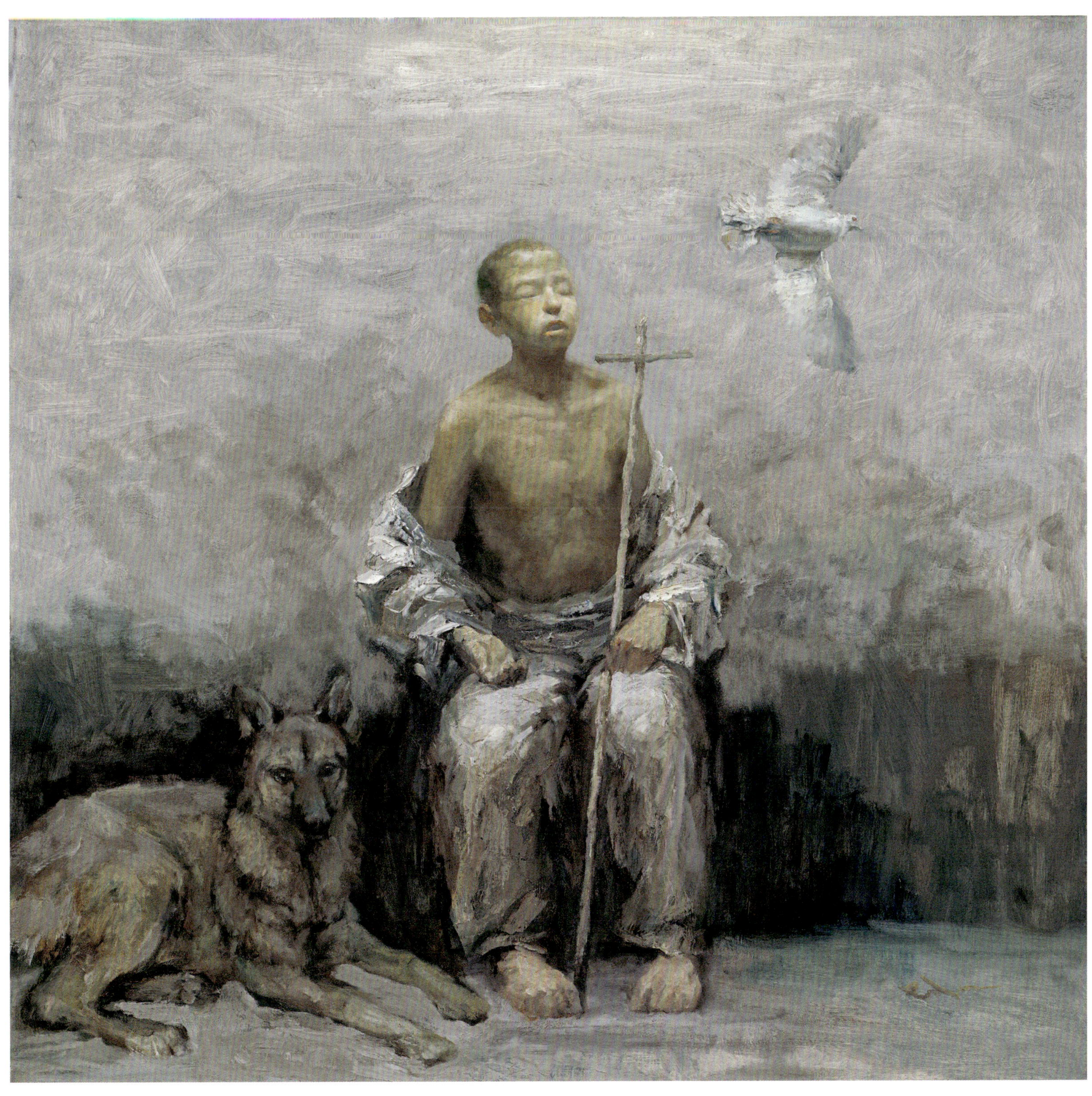

Un vangelo, 2018
Olio su tela
120 x 120 cm

A Gospel, 2018
Oil on canvas
120 x 120 cm

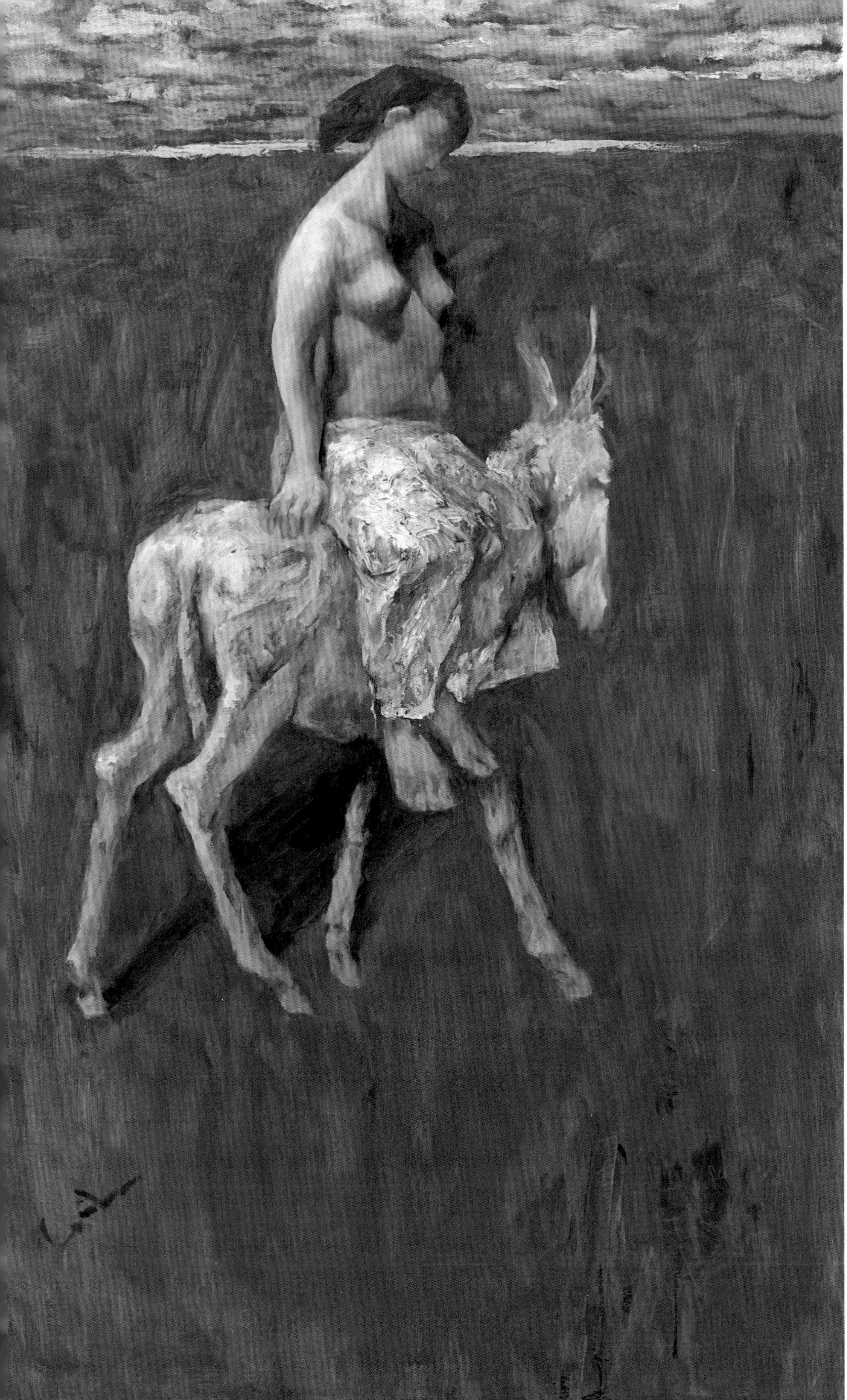

Una visione grandiosa, 2018
Olio su tela
200 x 120 cm

A Grand Vision, 2018
Oil on canvas
200 x 120 cm

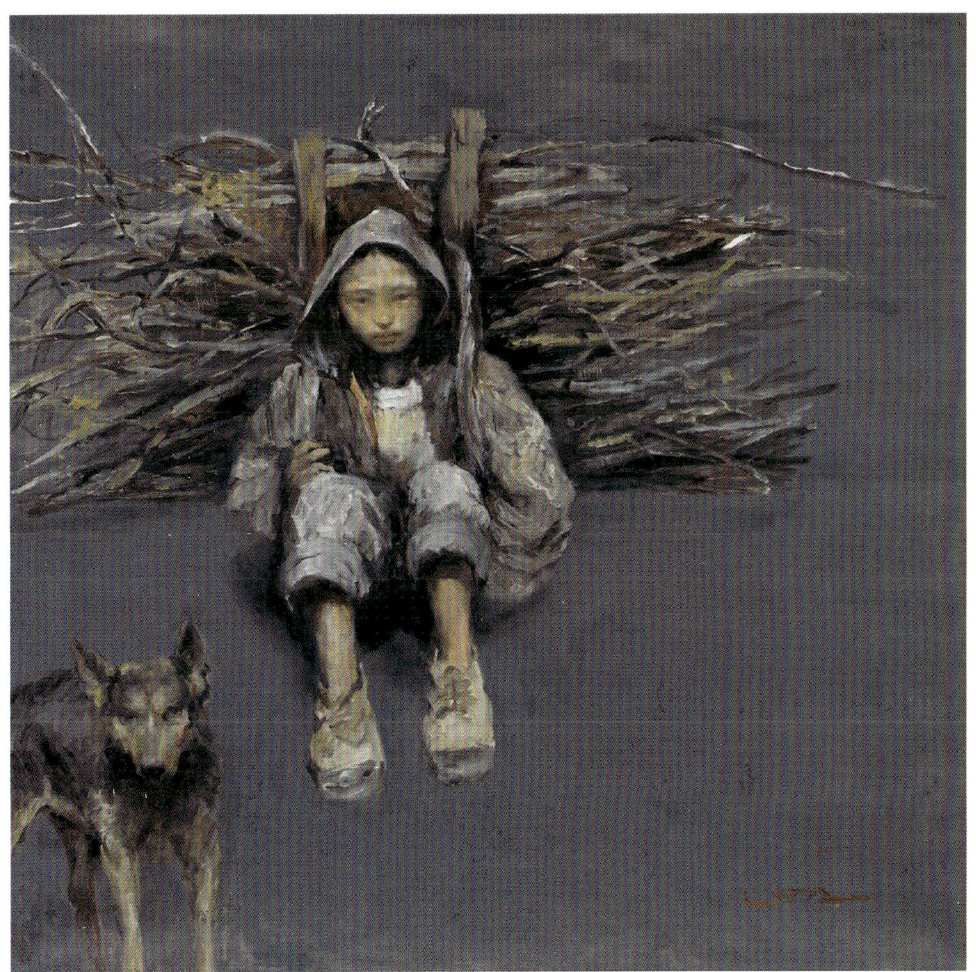

encountered the omnipresence of Catholicism. He recalls the church bells as a sign of community and cultural identity: "I also felt a deep veneration for the ringing of the night bells at the cathedral."[19] At the same time, his recollection carries a touch of tenderness. Cen possesses a profound understanding of the humanity and culture-endowing force inherent in the religious traditions of the West. His works are, therefore, devoid of any ideological connotations.

With symbolic and visual light, Cen Long represents a universal theme. Certainly, light is a potent symbol in Christianity, but its significance extends far beyond this context to other religions. "Let there be light", God says in the Hebrew Bible and the Christian Old Testament when creating the world (Gen. 1:3), and Jesus reminds "I am the Light of the World" (John 8:12). Light also holds fundamental meaning beyond the realm of religion and across cultures. In *Light of Heart*, the left wing of the Triptych *Purgatory* (2010), and *In Pursuit of Light* (2021), Cen Long delves into the essential principle of hope. His works are spiritual exercises in the sense of life asking "Is there light in the darkness?"

In his book on *Humanism*, the German historian Jörn Rüsen states: "In the time of a profound crisis of orientation [...] it is imperative to ask again who we are as human beings, how we get along in our ways of life with others in order to work together to bring out and strengthen our humanity."[20] The Swiss theologian Hans Küng coined the term "world ethos" for this objective.[21] "It is grounded in the idea that every religion has a humanistic core, the golden rule."[22] With his paintings embodying the quest for human dignity, Cen Long has found the way to reach the "Golden Rule."

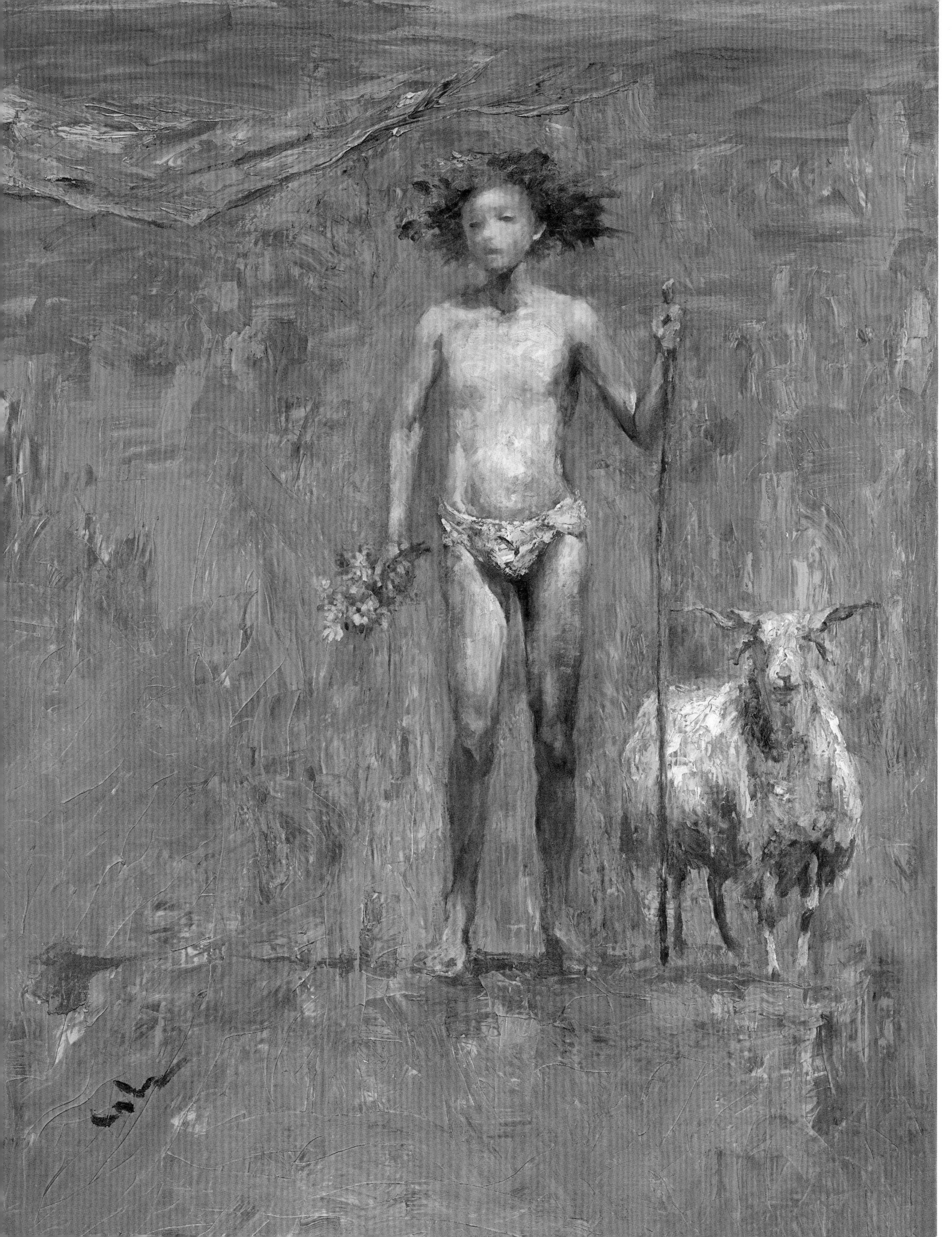

1   *Siesta*, 2021, 100 × 80 cm.
2   *The Rocks*, 2014, 80 × 80 cm. See also more recently *Siesta*, 2021, 100 × 80 cm (p. 97).
3   See the chapter "Mother and Son," in: Miri Rubin, *Mother of God. A History of the Virgin Mary*, New Haven and London: Yale University Press, 2009, pp. 204–210. Furthermore, Ronald A. Kecks, *Madonna und Kind. Das häusliche Andachtsbild im Florenz des 15. Jahrhunderts*, Berlin: Gebr. Mann Verlag, 1988.
4   Regarding the theme's early history, see the seminal article by Victor Lasareff, "Studies in the Iconography of the Virgin," in: *The Art Bulletin* 20, no. 1, 1938, pp. 26–65. Maryan W. Ainsworth, "Gerard David, The Rest on the Flight into Egypt, about 1510-15," in: Maryan W. Ainsworth and Keith Christiansen, eds., *From Van Eyck to Bruegel. Early Netherlandish Paintings in the Metropolitan Museum of Art*, New York: Abrams, 2009, pp. 308–311, cat. 82.
5   Rubin (as note 3), pp. 211–216.
6   On the popularity of these texts see, for example, John T. McQuillen, "Fifteenth-Century Book Networks: Scribes, Illuminators, Binders, and the Introduction of Print," in: *The Papers of the Bibliographical Society of America* 107, no. 4, December, 2013, pp. 495–515.
7   Quoted after Ainsworth (as note 4), p. 308. Some authors referred to the fourteenth-century *Meditations on the Life of Christ*; Millard Meiss, "The Madonna of Humility," in: *The Art Bulletin* 18, no. 4, pp. 435–465, here p. 455.
8   See the chapter "The Virgin's One Bare Breast," in: Margaret R. Miles, *A Complex Delight: The Secularization of the Breast, 1350-1750*, Berkeley [et al.]: University of California Press, 2008, pp. 33–53, especially, pp. 41–43. See further Alison Bartlett, *Breastwork: Rethinking Breastfeeding*, Sydney: University of New South Wales Press, 2005, pp. 129–130. On the Madonna of Humility, see Beth Williamson, *Madonna of Humility: Development, Dissemination and Reception, c. 1340-1400*, Woodbridge, Suffolk: Boydell Press, 2009 (Bristol Studies in Medieval Cultures; 1).
9   *Della Pittura*, II, 52. Leon Battista Alberti, *On Painting*, translated by Cecil Grayson, edited by Martin Kemp, London: Penguin, 2004, p. 77: "The painter, therefore, must know all about the movements of the body, which I believe he must take from Nature with great skill. It is extremely difficult to vary the movements of the body in accordance with the almost infinite movements of the heart." ["Così adunque conviene sieno ai pittori notissimi tutti i movimenti del corpo, quali bene impareranno dalla natura, bene che sia cosa difficile imitare i molti movimenti dello animo"].
10   Tiziano Vecellio, *Madonna Suckling the Infant Christ*, oil on canvas, 76.2 × 63.5 cm, The National Gallery, London (NG 3948; Mond Bequest, 1924). Nicholas Penny, "The Virgin Suckling the Infant Christ," in: Nicholas Penny, *The Sixteenth Century Italian Paintings*, vol. 2: *Venice 1540-1600*, London: Yale University Press, 2008, pp. 268–273, here p. 268, note 3. Rona Goffen has emphasized the differences between Giovanni Bellini's (c. 1430–1516) and Titian's Madonnas. Rona Goffen, *Titian's Women*, New Haven and London: Yale University Press, 1997, pp. 3–4.
11   For the theoretical background, see, for example, Cordula Grewe, "Historicism and the Symbolic Imagination in Nazarene Art," in: *The Art Bulletin* 89, no. 1, March, 2007, pp. 82–107.
12   Norma Broude, "Mary Cassatt: Modern Woman or the Cult of True Womanhood?," in: *Woman's Art Journal* 21, no. 2, Autumn, 2000–Winter, 2001, pp. 36–43. Diane Radycki, "'Pictures of Flesh': Modersohn-Becker and the Nude," in: *Woman's Art Journal* 30, no. 2, Fall/Winter, 2009, pp. 3–14. Stewart Buettner, "Images of Modern Motherhood in the Art of Morisot, Cassatt, Modersohn-Becker, Kollwitz," in: *Woman's Art Journal* 7, No. 2, Autumn, 1986–Winter, 1987, pp. 14–21.
13   *Ode to Life*, 2019, 200 × 120 cm.
14   The German technical term can be literarily translated as "Sheltering-Cloak Madonna." Rüdiger Campe, "'Schutz und Schirm': Screening in German During Early Modern Times," in: Craig Buckley, Rüdiger Campe and Francesco Casetti, eds., *Screen Genealogies. From Optical Device to Environmental Medium*, Amsterdam: Amsterdam University Press, 2019, pp. 51–72, here p. 56.
15   *The Shepherdess*, 2017, 120 × 60 cm.
16   On the possible meaning of Saint John's cross-staff in the context of the Baptism of Christ, see Gertrud Schiller, *Iconography of Christian Art*, vol. 1: *Christ's Incarnation, Childhood, Baptism, Temptation, Transfiguration, Works and Miracles*, London: Lund Humphries, 1971, p. 142.
17   *A Gospel*, 2018, 120 × 120 cm.
18   *The Lost Lamb*, 2016, 80 × 100 cm (p. 98).
19   Cen Long, "Rivers. Generation Autobiography," in: Metra Lin, ed., *Cen Long and his Silver Age, 2007–2014*, Hong Kong: Today Art Museum, 2014, pp. 13–14, here p. 13.
20   Jörn Rüsen, *Humanism. Foundations, Diversities, Developments*, London and New York: Routledge, 2021, p. 4.
21   Hans Küng, ed., *Ja zum Weltethos. Perspektiven für die Suche nach Orientierung*, Munich: Piper, 1995. See https://www.weltethos.org/ueber-die-stiftung/was-ist-weltethos/ (accessed on 29 November 2023) on Küng's foundation carrying the title "Weltethos."
22   Rüsen (as note 20), p. 11.

Un piccolo bouquet, 2021
Olio su tela
160 x 120 cm

A Small Bouquet, 2021
Oil on canvas
160 x 120 cm

1   *Siesta*, 2021, 100 × 80 cm.
2   *The Rocks* (*Le rocce*), 2014, 80 × 80 cm. Cfr. anche l'opera più recente *Siesta*, 2021, 100 × 80 cm (p. 97).
3   Cfr. il capitolo "Mother and Son", in: Miri Rubin, *Mother of God. A History of the Virgin Mary*, New Haven and London, Yale University Press, 2009, pp. 204-210. Inoltre, Ronald A. Kecks, *Madonna und Kind. Das häusliche Andachtsbild im Florenz des 15. Jahrhunderts*, Berlin, Gebr. Mann Verlag, 1988.
4   Per la storia iniziale di questo tema, cfr. l'articolo fondamentale di Victor Lasareff, "Studies in the Iconography of the Virgin", in: "The Art Bulletin" 20, n. 1, 1938, pp. 26-65. Maryan W. Ainsworth, "Gerard David, The Rest on the Flight into Egypt, about 1510–15", in: Maryan W. Ainsworth e Keith Christiansen, a cura di, *From Van Eyck to Bruegel. Early Netherlandish Paintings in the Metropolitan Museum of Art*, New York, Abrams, 2009, pp. 308-311, cat. 82.
5   Rubin (come in nota 3), pp. 211-216.
6   Sulla popolarità di questi testi si veda, per esempio, John T. McQuillen, "Fifteenth-Century Book Networks: Scribes, Illuminators, Binders, and the Introduction of Print", in: "The Papers of the Bibliographical Society of America" 107, n. 4, dicembre, 2013, pp. 495-515.
7   Citato da Ainsworth (come in nota 4), p. 308. Alcuni autori fanno riferimento alle trecentesche *Meditationes Vitae Christi*; Millard Meiss, "The Madonna of Humility", in: "The Art Bulletin" 18, n. 4, pp. 435-465, qui p. 455.
8   Cfr. il capitolo "The Virgin's One Bare Breast", in: Margaret R. Miles, *A Complex Delight: The Secularization of the Breast, 1350–1750*, Berkeley [et al.], University of California Press, 2008, pp. 33-53, in particolare, pp. 41-43. Cfr. anche Alison Bartlett, *Breastwork: Rethinking Breastfeeding*, Sydney, University of New South Wales Press, 2005, pp. 129-130. Sulla Madonna dell'Umiltà, cfr. Beth Williamson, *Madonna of Humility: Development, Dissemination and Reception, c. 1340-1400*, Woodbridge, Suffolk, Boydell Press, 2009 (Bristol Studies in Medieval Cultures; 1).
9   Leon Battista Alberti, *Della Pittura*, II, p. 52.
10   Tiziano Vecellio, *Vergine che allatta Cristo bambino*, olio su tela, 76,2 × 63,5 cm, The National Gallery, London (NG 3948; Mond Bequest, 1924). Nicholas Penny, "The Virgin Suckling the Infant Christ", in: Nicholas Penny, *The Sixteenth Century Italian Paintings*, vol. 2: *Venice 1540–1600*, Londra, Yale University Press, 2008, pp. 268-273, qui p. 268, nota 3. Rona Goffen ha evidenziato le differenze tra le Madonne di Giovanni Bellini (c. 1430-1516)

e Tiziano. Rona Goffen, *Titian's Women*, New Haven and London, Yale University Press, 1997, pp. 3-4.
11   Per l'aspetto teorico, cfr. per esempio Cordula Grewe, "Historicism and the Symbolic Imagination in Nazarene Art", in: "The Art Bulletin" 89, n. 1, marzo, 2007, pp. 82-107.
12   Norma Broude, "Mary Cassatt: Modern Woman or the Cult of True Womanhood?", in: "Woman's Art Journal" 21, n. 2, autunno 2000-inverno 2001, pp. 36-43. Diane Radycki, "'Pictures of Flesh': Modersohn-Becker and the Nude", in: "Woman's Art Journal" 30, n. 2, autunno – inverno, 2009, pp. 3-14. Stewart Buettner, "Images of Modern Motherhood in the Art of Morisot, Cassatt, Modersohn-Becker, Kollwitz", in: "Woman's Art Journal" 7, n. 2, autunno 1986 – inverno 1987, pp. 14-21.
13   *Ode to Life*, (*Ode alla vita*), 2019, 200 × 120 cm.
14   Il termine tedesco può essere tradotto letteralmente "Madonna con il mantello che protegge". Rüdiger Campe, "'Schutz und Schirm': Screening in German During Early Modern Times", in: Craig Buckley, Rüdiger Campe e Francesco Casetti, a cura di, *Screen Genealogies. From Optical Device to Environmental Medium*, Amsterdam, Amsterdam University Press, 2019, pp. 51-72, qui p. 56.
15   *The Shepherdess* (*La pastorella*), 2017, 120 × 60 cm.
16   Sul possibile significato del bastone tipico di San Giovanni, sormontato da una croce, nel contesto del battesimo di Cristo, cfr. Gertrud Schiller, *Iconography of Christian Art*, vol. 1: *Christ's Incarnation, Childhood, Baptism, Temptation, Transfiguration, Works and Miracles*, London, Lund Humphries, 1971, p. 142.
17   *A Gospel* (*Un vangelo*), 2018, 120 × 120 cm.
18   *The Lost Lamb* (*L'agnello smarrito*), 2016, 80 × 100 cm (p. 98).
19   Cen Long, "Rivers. Generation Autobiography", in: Metra Lin, a cura di, *Cen Long and his Silver Age, 2007–2014*, Hong Kong, Today Art Museum, 2014, pp. 13-14, qui p. 13.
20   Jörn Rüsen, *Humanism. Foundations, Diversities, Developments*, London and New York, Routledge, 2021, p. 4.
21   Hans Küng, a cura di, *Ja zum Weltethos. Perspektiven für die Suche nach Orientierung*, Munich, Piper, 1995. Cfr. https://www.weltethos.org/ueber-die-stiftung/was-ist-weltethos/ (consultato il 29 novembre 2023) per l'espressione "Weltethos" coniata da Küng.
22   Rüsen (come in nota 20), p. 11.

Ciò che appassisce fiorirà di nuovo, 2018
Olio su tela
120 x 100 cm

What Wilts Will Bloom Again, 2018
Oil on canvas
120 x 100 cm

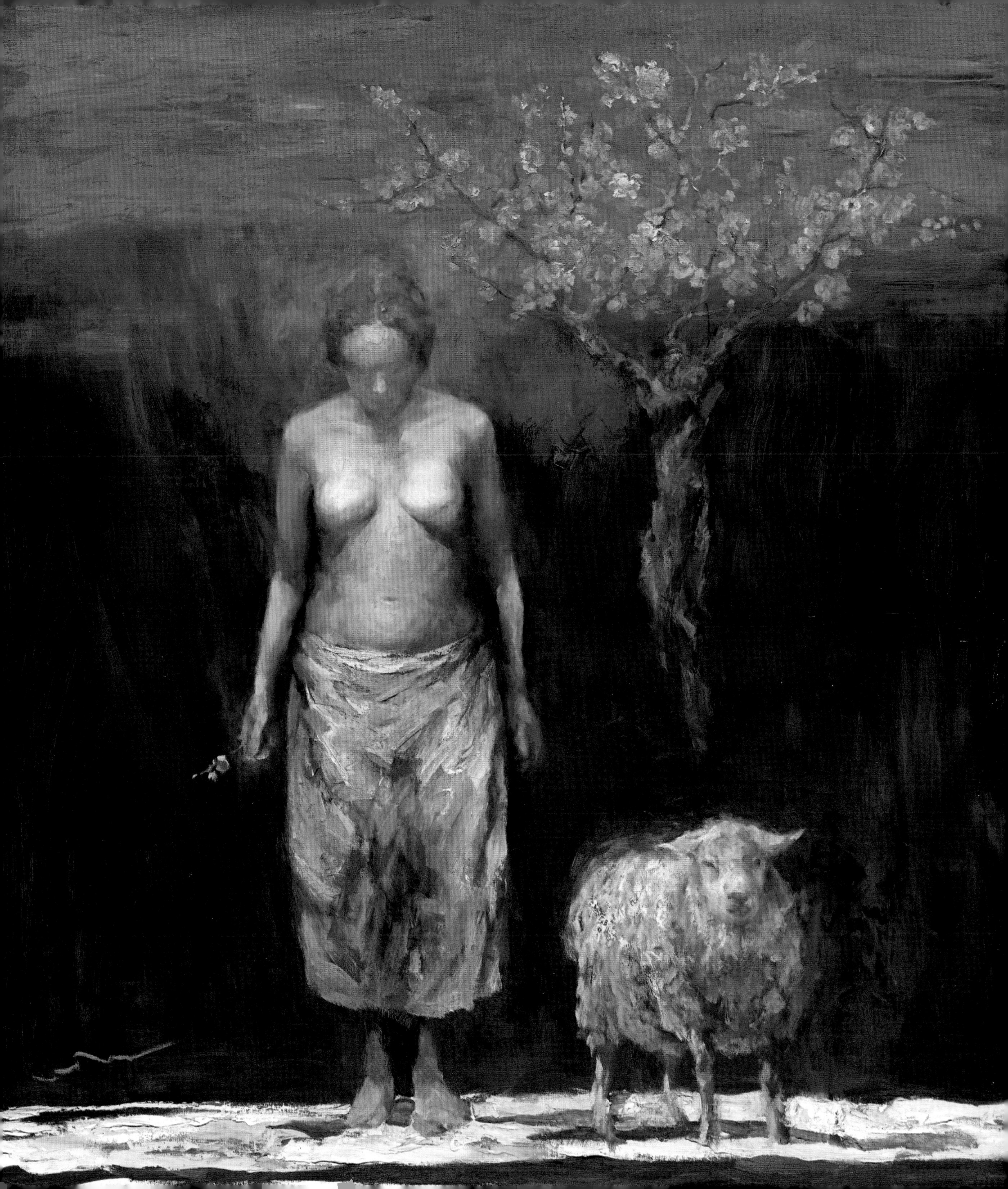

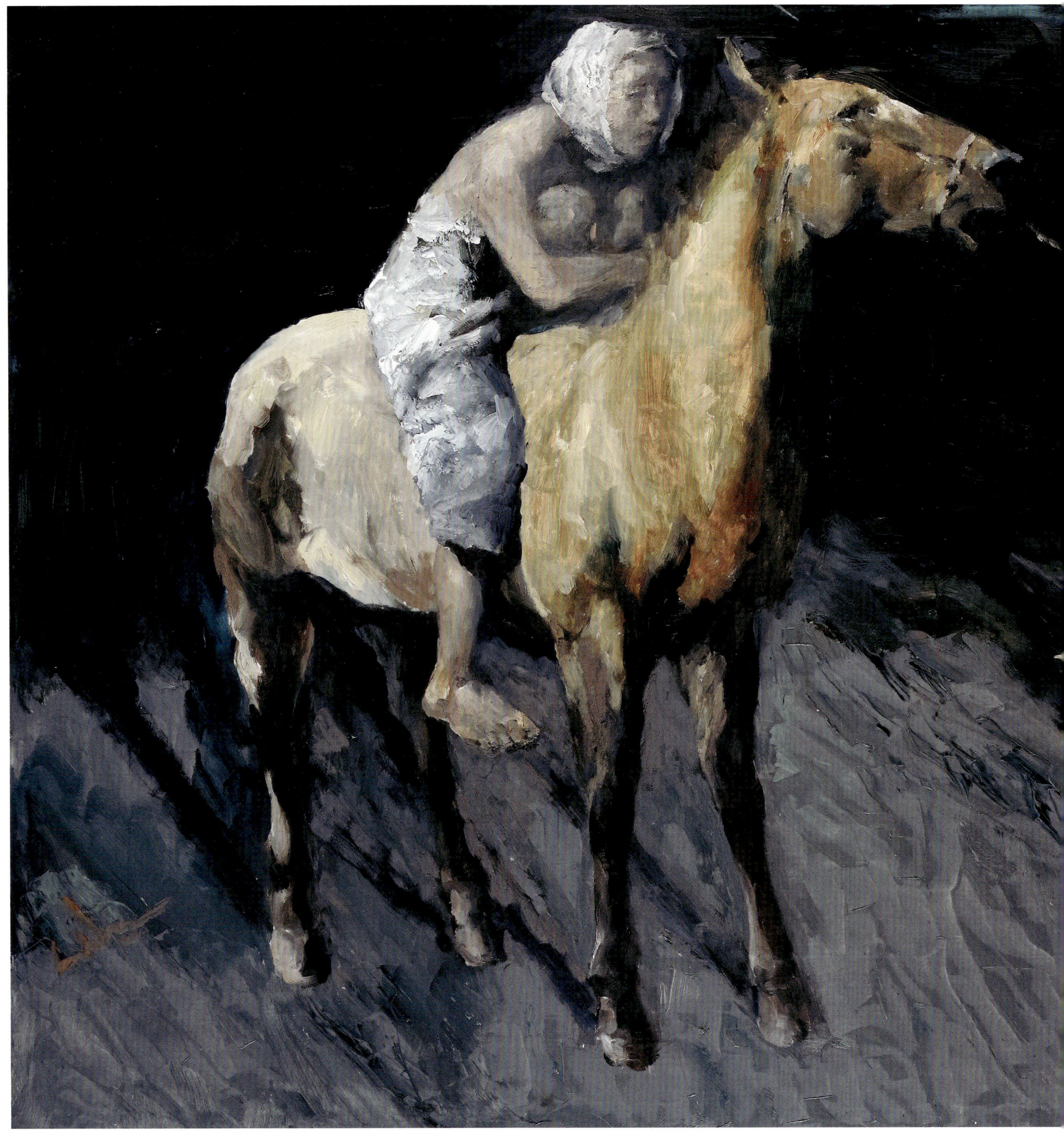

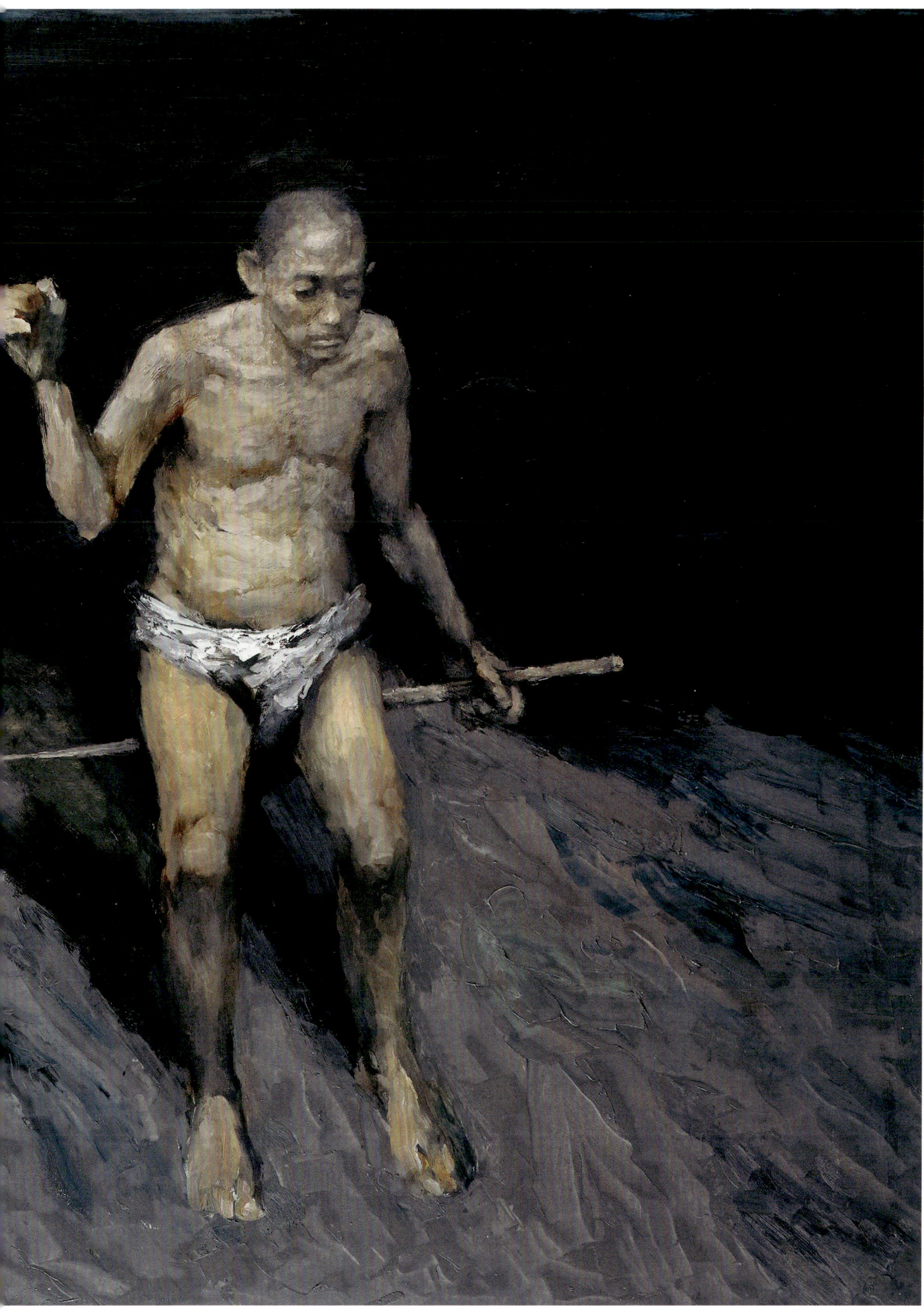

Parenti, 2022
Olio su tela
120 x 200 cm

Kinsfolk, 2022
Oil on canvas
120 x 200 cm

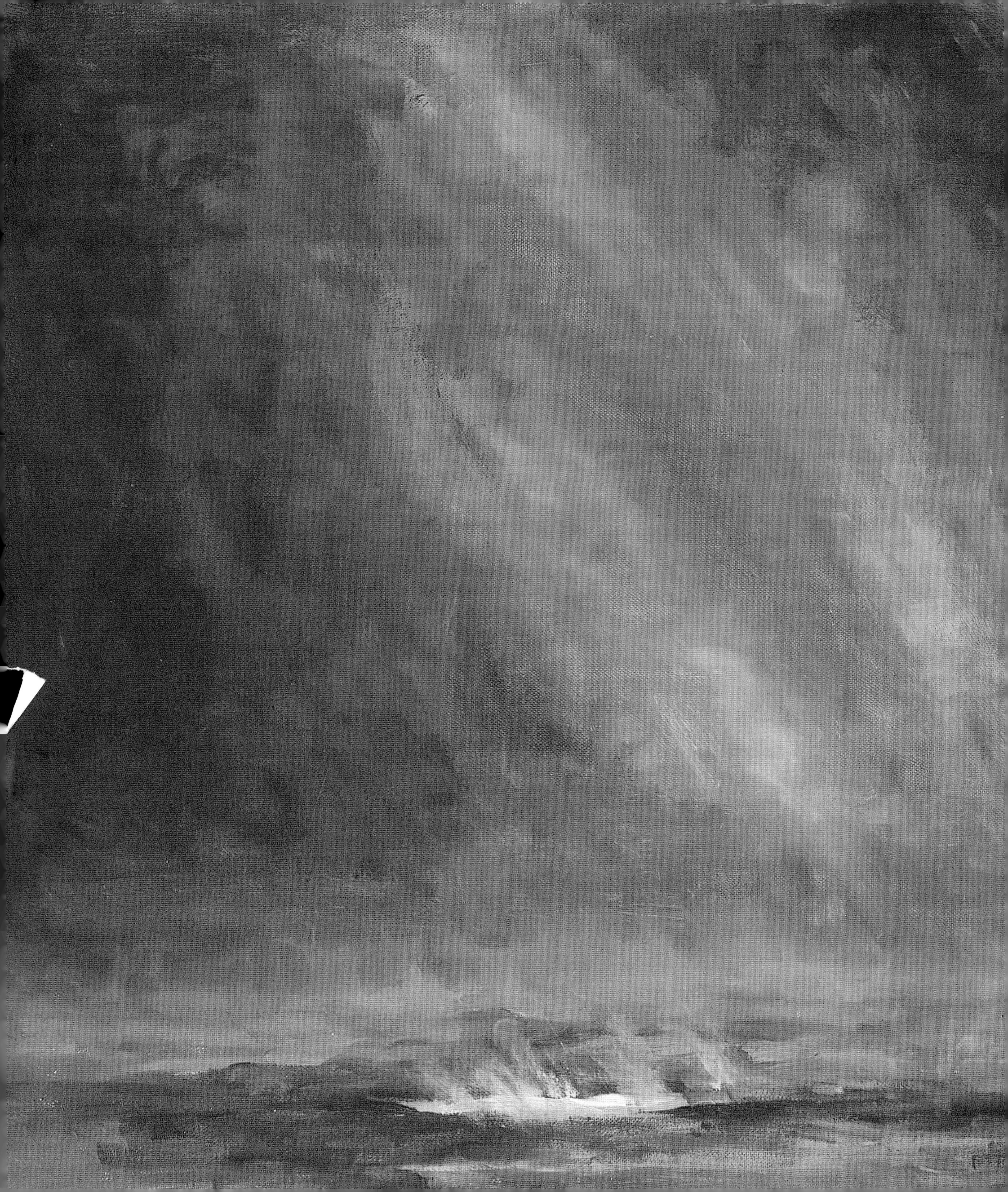

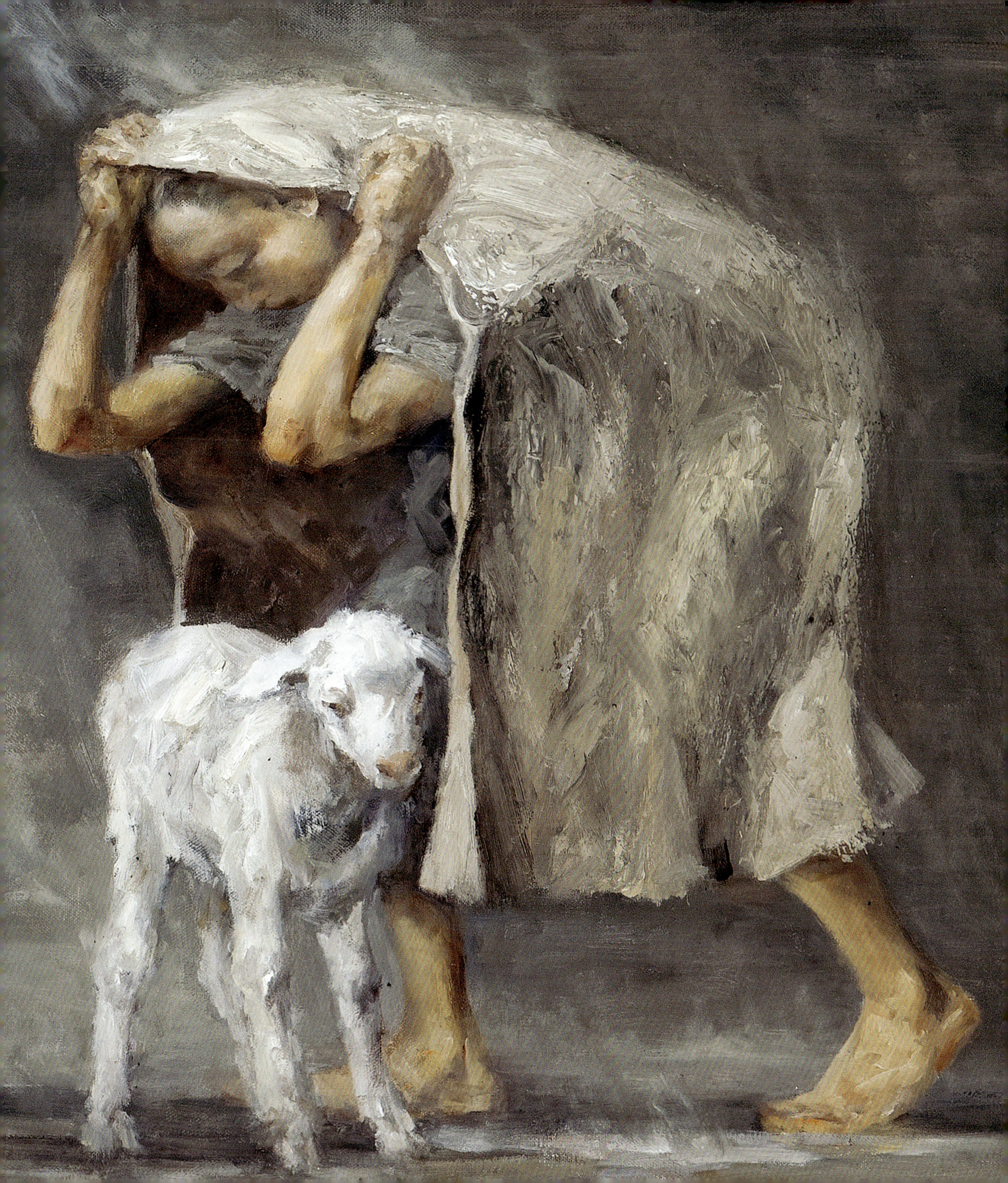

Seminare speranza

Metra Lin

Cen Long ha sempre coerentemente considerato l'arte della pittura come un mezzo attraverso il quale comprendere la vita e articolare le emozioni. Una volta ebbe a dire che gli individui da lui dipinti sono variamente impegnati in un viaggio di pellegrinaggio spirituale che ricorda i penitenti ritratti nel Purgatorio della *Divina Commedia* di Dante. In particolare, le tele di Cen evitano le raffigurazioni di devoti alle prese con il pentimento, ma ritraggono persone comuni impegnate nelle difficoltà dell'esistenza quotidiana. Di conseguenza, la sua esplorazione tematica del purgatorio è straordinariamente accessibile.

Da oltre un decennio l'opera artistica di Cen mi commuove profondamente. Questo sentimento risale alla prima volta in cui vidi le sue illustrazioni per *The Old Charcoal Seller* (1989, 2009) e il suo dipinto a olio *A Grand Vision* (*Una visione grandiosa*, 2018, p. 100). Da allora, il suo carattere e la sua arte hanno lasciato un segno indelebile nella mia crescita spirituale. *Far Away* funge da espressione di speranza ed evocazione delle aspirazioni umane da parte di Cen. Ricordo vividamente di aver ripercorso la sagoma della donna nel dipinto, guardando nella sua stessa direzione. Oltre l'orizzonte astratto e lontano – un mondo sfuggente – un regno invisibile a occhio nudo. Cosa c'è dinanzi a lei? Potrebbe essere il paradiso? Profonda è la spiritualità che pervade il ritratto di Cen, accompagnando il pubblico in un regno lontano. Elaborando lo stesso tema, *A Grand Vision* (*Una visione grandiosa*, 2018, p. 100) assume il ruolo più attivo di guidare il pubblico direttamente verso il regno lontano; una donna cammina liberamente accanto a un cavallo, seguendo i capricci dell'animale. La coppia sta viaggiando verso terre lontane, apprezzandone la disinibita vastità e purezza.

Grazie al desiderio di orizzonti lontani e alla ricerca della bellezza e della verità, Cen conserva intatta la sua resilienza nonostante le tribolazioni della vita. *A Small Bouquet* (*Un piccolo bouquet*, 2021, p. 102) offre uno sguardo toccante sul paesaggio spirituale dell'artista. Il bouquet incarna lo spirito primordiale della verità, della bontà e della bellezza, le sue compagne in un mondo non contaminato dalla finzione e dall'inganno. Questo filo tematico si estende agli altri suoi lavori, inclusa la sua opera rivoluzionaria *Twilight Snow* (*Neve al crepuscolo*, 1987)[1], tra le prime da lui dipinte, così come *What Wilts Will Bloom Again* (*Ciò che appassisce fiorirà di nuovo*, 2018, p. 105), *The Lone Sailor* (*Il marinaio solitario*, 2018, p. 12), *The Days of Youth* (*I giorni della gioventù*, 2019, p. 43), *The Constellations-II* (*Le costellazioni-II*, 2021, p. 90) e altri.

Attraverso lo sguardo artistico di Cen, discerniamo un amore che emana dal cosmo. Resta indelebile il sorriso squisito della pescatrice che si crogiola sotto il cielo stellato in *Starlight* (*Luce stellare*, 2018, p. 78). Nonostante le donne pescatrici debbano affrontare le difficoltà poste dalla natura, a queste difficoltà si intrecciano le cure della natura stessa e il sostentamento che le donne ottengono grazie a tali cure. *The Feathers of Hope* (*Le piume della speranza*, 2019, pp. 56-57) e *The Sea Elf* (*L'elfo marino*, 2021, p. 70) esemplificano la deliberata divinizzazione delle pescatrici da parte di Cen. La colomba della pace e la divinità della figura centrale riflettono benevolenza, offrendo conforto ed emergendo come fari di speranza per il futuro.

L'amore emerge come tema centrale nella narrativa artistica di Cen. L'amore materno, l'amore familiare e l'amore dovuto alla dipendenza reciproca tra animali e uomini avvolgono tutti i desideri profondi di Cen e sottolineano la forza essenziale per la sopravvivenza umana. Le opere rappresentative sul tema dell'amore materno includono *Silver Land in Twilight* (*Terra d'argento al crepuscolo*, 2013,

Sowing Hope

Metra Lin

La ragazza e la sua amica, 2015
Olio su tela
100 x 80 cm

The Gal and her Friend, 2015
Oil on canvas
100 x 80 cm

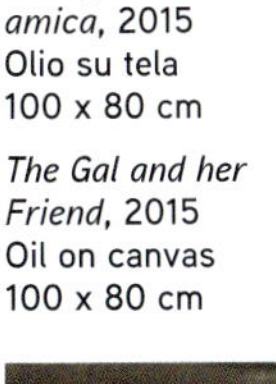

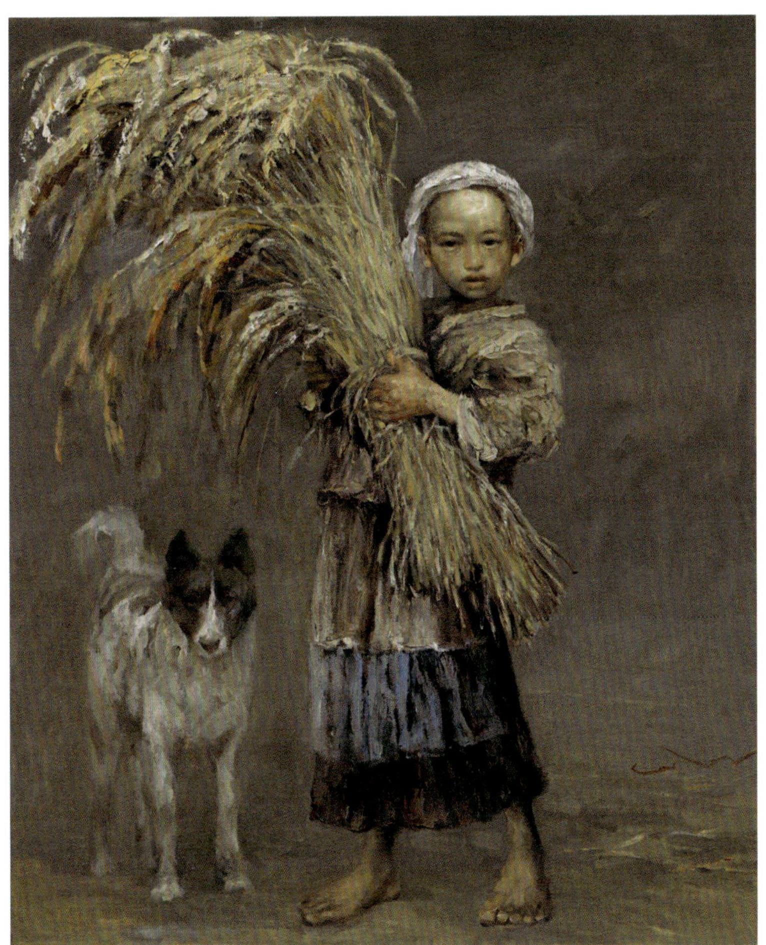

Cen Long has consistently regarded the art of painting as a means through which he comprehends life and articulates emotions. He once said that the individuals he paints are variously engaged in a journey of spiritual pilgrimage, reminiscent of the penitents portrayed in *Purgatorio* of Dante's *Divine Comedy*. Notably, Cen's canvases eschew depictions of devout adherents grappling with repentance. Instead, they portray ordinary folks engaged with the rigors of daily existence. Consequently, his thematic exploration of purgatory is remarkably accessible.

I have been deeply moved by Cen's artistic œuvre for over a decade. This sentiment dates back to when I saw his illustrations for *The Old Charcoal Seller* (1989, 2009) and his oil painting *A Grand Vision* (2018, p. 100). Since then, his character and art have left an indelible mark on my spiritual growth. *Far Away* serves as Cen's expression of hope and evocation of human aspirations. I vividly recall tracing the silhouette of the woman in the painting, gazing in the same direction as her. Beyond the abstract, distant horizon—an elusive world—a realm invisible to the naked eye. What lies before her? Could it be heaven? Such is the sanctity that pervades Cen's portrayal, ushering the audience into the distant realm. Elaborating on the same theme, *A Grand Vision* (2018, p. 100) takes on the more active role of guiding the audience directly toward the distant realm; a woman walks freely beside a horse, following the whims of the animal. The duo is journeying forward, to the distant lands, to revel in its uninhibited vastness and purity.

Through yearning for distant horizons and his pursuit of beauty and truth, Cen maintains resilience amidst life's tribulations. *A Small Bouquet* (2021, p. 102) offers a poignant glimpse into Cen's spiritual landscape. The bouquet embodies the primordial spirit of truth, goodness, and beauty—his companions in a world untainted by pretense and deceit. This thematic thread extends to his other works, including his earlier breakthrough piece *Twilight Snow*[1] (1987), as well as *What Wilts Will Bloom Again* (2018, p. 105), *The Lone Sailor* (2018, p. 12), *The Days of Youth* (2019, p. 43), *The Constellations-II* (2021, p. 90), and others.

Through Cen's artistic lens, we discern a love emanating from the cosmos. The exquisite smile of the fisherwoman basking under the starry sky in *Starlight* (2018, p. 78) remains indelible. Despite fisherwomen having to navigate the difficulties posed by nature, intertwined within those challenges is its nurturing care and the livelihood the fisherwomen build out of that care. *The Feathers of Hope* (2019, pp. 56–57) and *Sea Elf* (2021, p. 70) exemplify the deliberate deification of fisherwomen by Cen. The dove of peace and the divinity of the central figure reflect benevolence, offering solace and emerging as beacons of hope for the future.

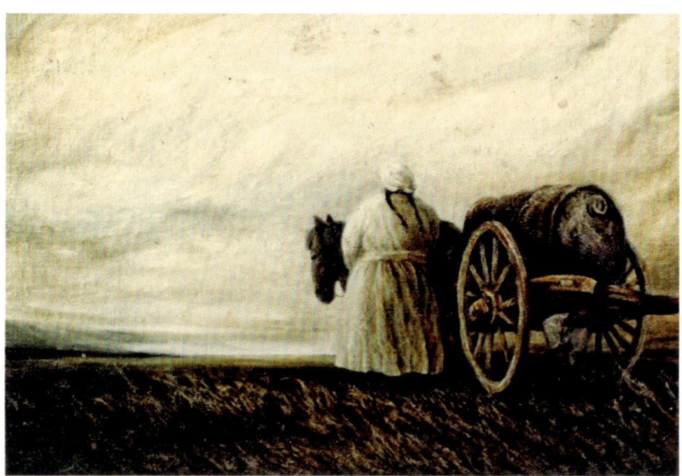

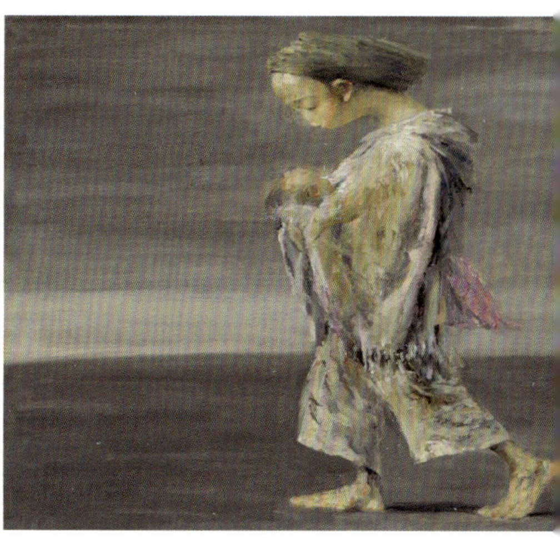

Una visione grandiosa, 1990
Olio su tela
120 x 160 cm

A Grand Vision, 1990
Oil on canvas
120 x 160 cm

p. 113), *Love* (*Amore*, 2013, p. 113) e *Starry Sky* (*Cielo stellato*, 2014, pp. 118-119). Le opere sul tema dell'amore familiare includono *Sowing Hope* (*Seminando speranza*, 2017, p. 35), *Ode to Life* (*Ode alla vita*, 2019, p. 85), *The Blind Girl* (*La ragazza cieca*, 2019, p. 60), *Siesta* (2021, p. 97) e *Kinsfolk* (*Parenti*, 2022, pp. 106-107); *Rainstorm* (*Temporale*, 2015, pp. 108-109), *Far Away Mountains* (*Montagne in lontananza*, 2015, pp. 86-87), *A Calf* (*Vitello*, 2016, p. 73), *The Gal and her Friend* (2015, p. 111), *Before the Journey* (*Prima del viaggio*, 2017, pp. 16-17) e *The Newborn Lamb* (*L'agnellino appena nato*, 2017, p. 59) ritraggono l'amore tra animali e uomini. L'amore, postula Cen, diventa il seme della speranza. *Sowing Hope* ripropone fedelmente l'idea che, con l'amore e la solidarietà familiare, anche le sfide più impegnative possono essere superate. Nella luce calante del giorno, una famiglia rimane all'aperto a coltivare il campo di grano. La moglie culla un bambino, seminando delicatamente i semi di grano, mentre il marito risoluto ara il campo con l'aiuto dei buoi. Sebbene sembri una rappresentazione di lavoratori comuni, Cen cerca di trasmettere attraverso le mani della donna il concetto che l'amore tiene unita indissolubilmente una famiglia, mentre la speranza per il futuro la rafforza.

Con la speranza sboccia il coraggio. Di fronte alle formidabili sfide poste dalla natura o all'angoscia della separazione tra la vita e la morte, l'umanità trae un coraggio senza pari dalla fede incrollabile nell'ordine cosmico. Questo coraggio emerge anche dalla solidarietà di cui sono intessuti i legami familiari e sociali e dalla fiducia reciproca condivisa tra uomini e animali. In definitiva, il coraggio consente agli individui di affrontare le avversità con impavido coraggio e di trionfare sulle difficoltà imposte dal destino. Cen, anch'egli impegnato nella capacità umana di resistere alle avversità, ha esplorato nelle sue opere diverse rappresentazioni di coraggio: ritrae una madre valorosa che trasporta un bambino in mezzo alle montagne in *Starry Sky* (*Cielo stellato*, 2014, pp. 118-119); in *The Days of Wind* (*I giorni del vento*, 2017, p. 15; 2019, p. 36), cattura il momento critico in cui due marinai spiegano le vele sulla scia di una tempesta; in *Impending Storm* (*Tempesta in arrivo*, 2018, p. 2), una ragazza guida un cavallo spaventato attraverso la polvere fluttuante; e in *The Pearl Fishers' Rite* (*Il rito delle pescatrici di perle*, 2019, pp. 20-21), *Balance and Strength* (*Equilibrio e forza*, 2020, pp. 74-75), le pescatrici vengono colte in un momento di straordinario sforzo fisico. Dinanzi alle sfide della vita, il ricordo di queste scene rafforza la mia determinazione e raddoppia il mio coraggio. In particolare, *What Wilts Will Bloom Again* (*Ciò che appassisce fiorirà di nuovo*, 2018, p. 105) ha assunto un significato fondamentale come fonte di forza spirituale dopo la morte di mia madre. Ogni volta che provo nostalgia per lei, l'immagine dello spirito del susino in questo dipinto fornisce conforto, una testimonianza della sua presenza duratura, indenne al velo della mortalità. Tale è il profondo impatto dell'arte di Cen Long, ed è mia fervida speranza che anche i lettori possano trarre amore, speranza e coraggio dalla sua arte.

---

1   Il dipinto originale del 1987 è andato perduto. La versione riprodotta in questo volume è stata realizzata nel 2007.

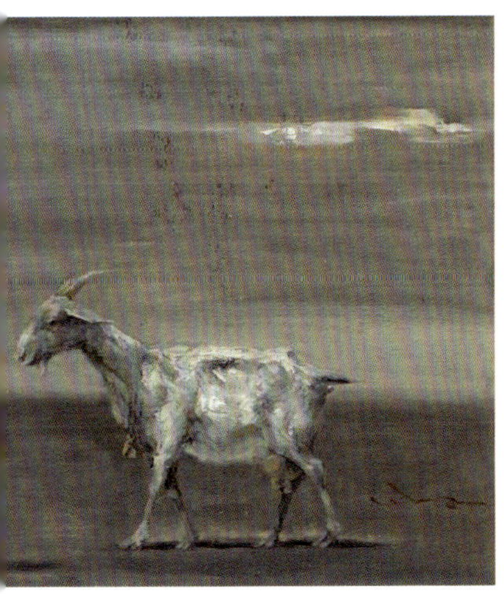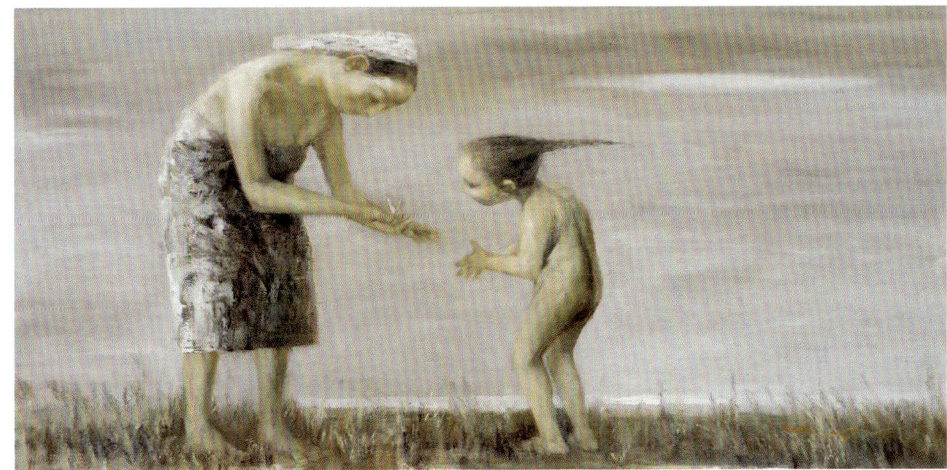

Love emerges as a pivotal theme in Cen's artistic narrative. Maternal love, familial love, and the love due to the mutual dependence between animals and humanity all encapsulate Cen's profound yearnings and underscore the quintessential force for human survival. Representational works under the theme of maternal love include *Silver Land in Twilight* (2013, p. 113), *Love* (2013, p. 113), and *Starry Sky* (2014, pp. 118–119); Works under the theme of familial love include *Sowing Hope* (2017, p. 35), *Ode to Life* (2019, p. 85), *The Blind Girl* (2019, p. 60), *Siesta* (2021, p. 97), and *Kinsfolk* (2022, pp. 106–107); *Rainstorm* (2015, pp. 108–109), *Far Away Mountains* (2015, pp. 86–87), *A Calf* (2016, p. 73), *The Gal and her Friend* (*La ragazza e la sua amica*, 2015, p. 111), *Before the Journey* (2017, pp. 16–17) and *The Newborn Lamb* (2017, p. 59) capture the love between animals and humanity. Love, posits Cen, becomes the seed of hope. *Sowing Hope* faithfully articulates the sentiment that with love and steadfast familial solidarity, even abysmal challenges may be surmounted. In the waning light of day, a family stays out to till the wheat field. The wife cradles a child, delicately sowing wheat seeds, while the resolute husband plows the field with the oxen's aid. Though seemingly a portrayal of commonplace laborers, Cen seeks to convey through the sowing hands of the woman that love weaves a family together and braces them with hope for the future.

With hope, courage blossoms. In the face of the formidable challenges posed by nature or the anguish of the estrangement between life and death, humanity draws unparalleled courage from an unwavering faith in the cosmic order. This courage also emerges through the solidarity interwoven within familial and social bonds and the mutual reliance shared between humans and animals. Ultimately, courage allows individuals to confront adversity with undaunted fearlessness and triumph over the difficulties imposed by fate. Cen, also committed to the human capacity to resist adversity, has explored different representations of courage in his works: Cen portrays a valiant mother carrying a child amidst the mountainous terrain in *Starry Sky* (2014, pp. 118–119); in *The Days of Wind* (2017, p. 15; 2019, p. 36), he captures the critical moment when two sailors unfurl the sails in the wake of a storm; in *Impending Storm* (2018, p. 2), a girl guides a startled horse through billowing dust; and in *The Pearl Fishers' Rite* (2019, pp. 20–21), *Balance and Strength* (2020, pp. 74–75), the toiling fisherwomen are captured in a moment of physical exertion. When confronted with life's challenges, the recollection of these scenes fortifies my resolution and redoubles my courage. Particularly, *What Wilts Will Bloom Again* (2018, p. 105) assumed paramount significance as a source of spiritual strength following my mother's passing. Whenever I yearn for my mother, the image of the plum tree spirit in this painting provides solace, a testament to her enduring presence, undeterred by the veil of mortality. Such is the profound impact of Cen Long's art, and it is my fervent hope that readers, too, may derive love, hope, and courage through his art.

1 The original painting from 1987 is lost. The version presented in this volume was repainted in 2007.

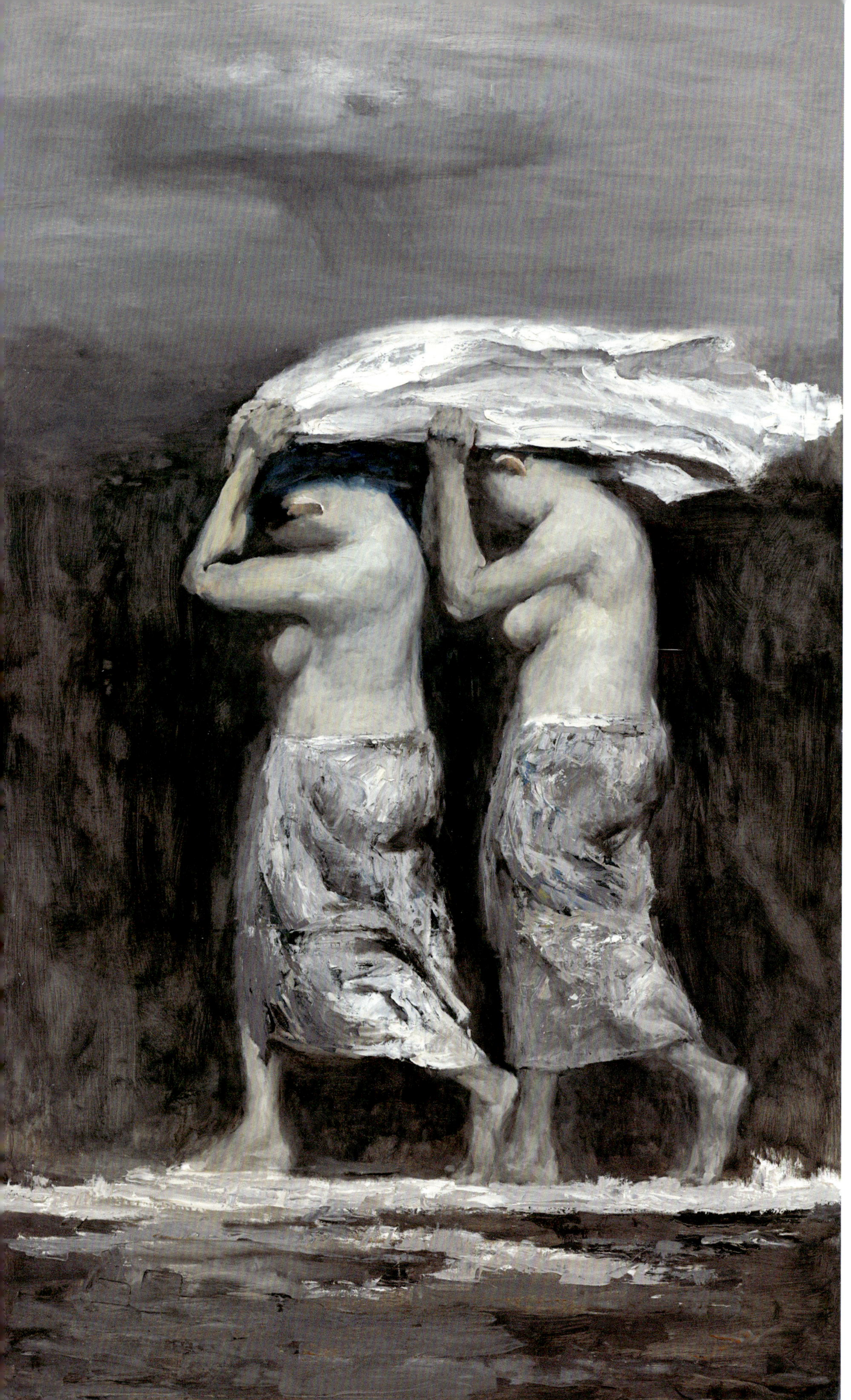

Precipitazioni, 2018
Olio su tela
200 x 120 cm

Precipitation, 2018
Oil on canvas
200 x 120 cm

Cen Long

Nato nel 1957 a Guangzhou, in Cina, è stato professore presso il Dipartimento di Pittura a Olio dell'Accademia di Belle Arti di Hubei. Poco incline ai vincoli istituzionali si è dimesso nel 2005, ritirandosi in isolamento a Wuhan e dedicandosi alle attività artistiche. Suo padre, Cen Jia Wu, è stato uno studioso di antropologia, etnologia e storia dell'arte molto apprezzato nell'ambito accademico cinese. Perseguitato durante la Rivoluzione Culturale, ha tragicamente concluso la propria esistenza gettandosi da un palazzo e lasciando un trauma perenne nel cuore di Cen. Profondamente influenzato dall'eredità paterna, Cen conserva uno stile di vita modesto ed evita di socializzare con la scena artistica locale, immergendosi completamente nella ricerca della verità artistica. Il suo approccio distintivo consiste in uno stile semplice, una pennellata sofisticata, una composizione rigorosa, una colorazione stratificata e solida. Attraverso il prisma dell'espressione disadorna, trasmette una profonda allegoria, creando opere che resistono al passare del tempo, che invitano alla contemplazione e stimolano l'intelletto. Ogni tratto diventa un contenitore di emozioni e ogni dipinto contiene un significato profondo celato dietro le sue qualità superficiali. Dal corpus delle sue opere emerge un'atmosfera di serenità e freschezza, che offre, a coloro che sono trincerati nella cacofonia dell'esistenza contemporanea, una tregua per riconnettersi con l'estetica sublime della tranquillità: un toccante ritorno alla purezza fondamentale intrinseca alla condizione umana.

Born in 1957 in Guangzhou, China, he once served as a professor in the Oil Painting Department at Hubei Academy of Fine Arts. Disinclined towards institutional constraints, he resigned in 2005 and retreated to seclusion in Wuhan, dedicating himself to artistic endeavors. His father, Cen Jia Wu, stood as a luminary in anthropology, ethnology, and art history in Chinese academia. Persecuted during the Cultural Revolution, he tragically ended his life by jumping from a building, leaving an everlasting trauma in Cen's heart. Deeply influenced by the profound legacy of his father, Cen maintains a modest lifestyle, avoids socializing with the local art scene, and immerses himself wholly in the pursuit of artistic truth. His signature approach consists of a simple style, sophisticated brushwork, rigorous composition, layered and solid coloring. Through the prism of unadorned expression, he imparts profound allegory, creating enduring works that withstand the crucible of time, inviting contemplation and stirring the intellect. Each stroke becomes a vessel of emotion, and each painting contains deeper meaning beneath its surface qualities. From the corpus of his artistic repertoire emerges an ambiance of serenity and freshness, affording those entrenched in the cacophony of contemporary existence a respite to reacquaint themselves with the sublime aesthetics of tranquility—a poignant return to the fundamental purity intrinsic to the human condition.

Sulle autrici

Metra Lin

Metra Lin è una gallerista e curatrice d'arte. Rimasta profondamente commossa dai dipinti di Cen Long, ha dedicato un lungo periodo allo studio delle sue qualità artistiche e personali. Lin ha fondato la Hann Art Agency nel 2009, un'agenzia che sostiene l'arte che incarna semplicità, sobrietà e una profonda fusione di filosofia ed emozioni toccanti per enfatizzare il valore spirituale insito nelle creazioni artistiche. L'agenzia rappresenta Cen in esclusiva dal 2009.

Candida Syndikus

Candida Syndikus è professoressa di Storia dell'arte occidentale al Graduate Institute of Art History presso la National Taiwan Normal University (Taiwan). Ha conseguito il dottorato di ricerca in Storia dell'Arte presso la Julius-Maximilians-Universität Würzburg (Germania) con una tesi sull'umanista, teorico e architetto italiano Leon Battista Alberti (1404-1472). Dal 1991 al 2010 ha ricoperto un incarico di docenza e ricerca presso l'Università di Münster (Germania). Nel 2006 ha conseguito l'abilitazione all'insegnamento in Storia dell'Arte presso l'Università di Münster con uno studio sugli affreschi cinquecenteschi dipinti nelle case di riunione delle confraternite laicali a Padova (Italia). Attualmente si occupa della ricerca e della pubblicazione di temi legati all'arte della Venezia rinascimentale. Candida Syndikus vive a Taiwan e in Italia.

About the Authors

Metra Lin

Metra Lin is an art dealer and curator. Deeply moved by the paintings of Cen Long, she has dedicated an extensive period to the study of both his artistic and personal qualities. Establishing the Hann Art Agency in 2009, the agency advocates for art that embodies simplicity, restraint, and a profound fusion of philosophy and poignant emotions to emphasize the spiritual value inherent in artistic creations. The agency has represented Cen exclusively since 2009.

Candida Syndikus

Candida Syndikus is professor of Western Art History at the Graduate Institute of Art History at National Taiwan Normal University (Taiwan). She earned her PhD in Art. History from the Julius-Maximilians-Universität Würzburg (Germany) with a dissertation on the Italian humanist, theorist, and architect Leon Battista Alberti (1404–1472). Between 1991 and 2010, she held a teaching and research position at the University of Münster (Germany). In 2006, she earned her Venia Legendi in Art History from the University of Münster with a study on sixteenth-century wall paintings in the meeting houses of the lay confraternities in Padua (Italy).
She currently researches and publishes on issues related to art in Renaissance Venice. Candida Syndikus lives in Taiwan and Italy.

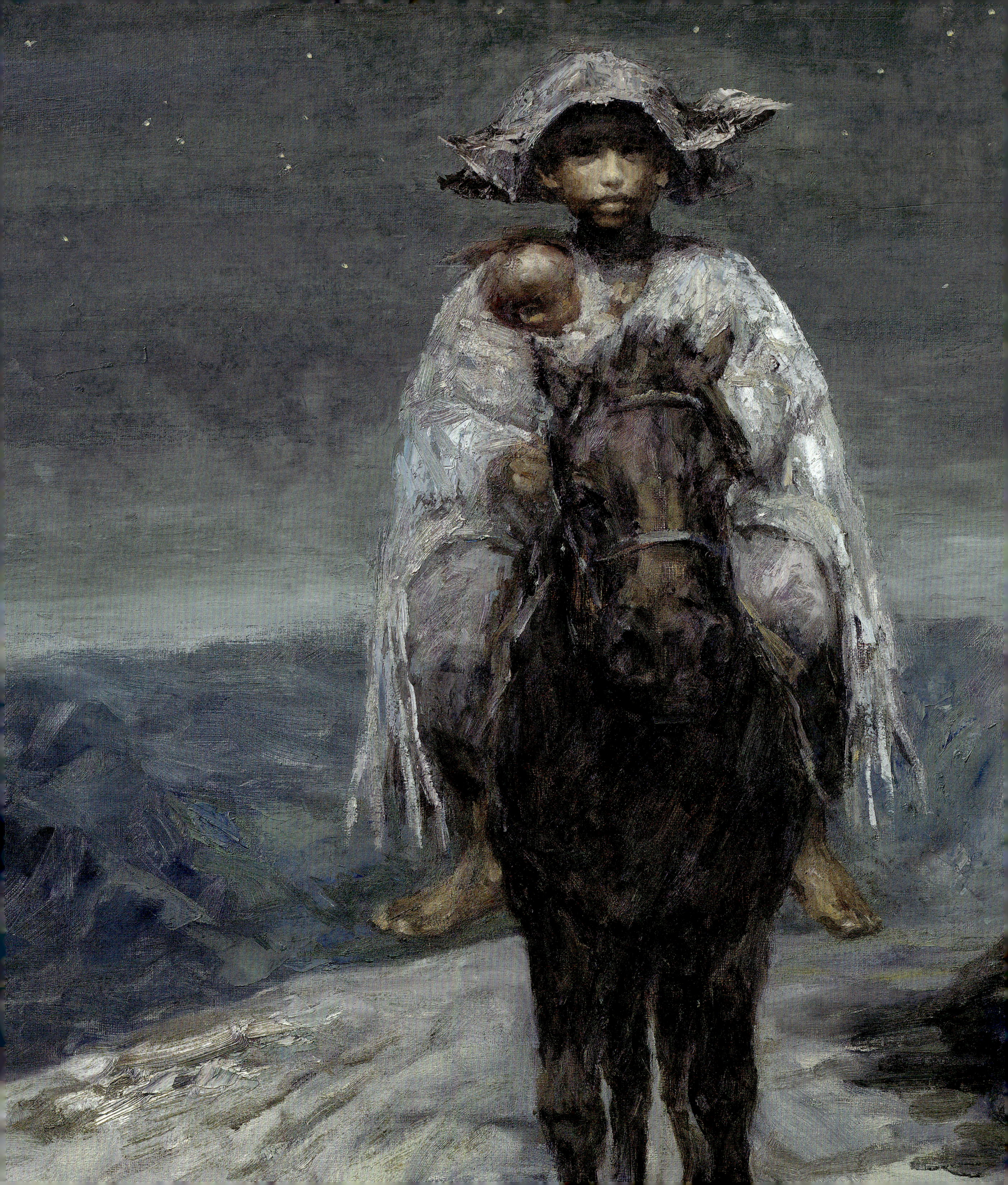

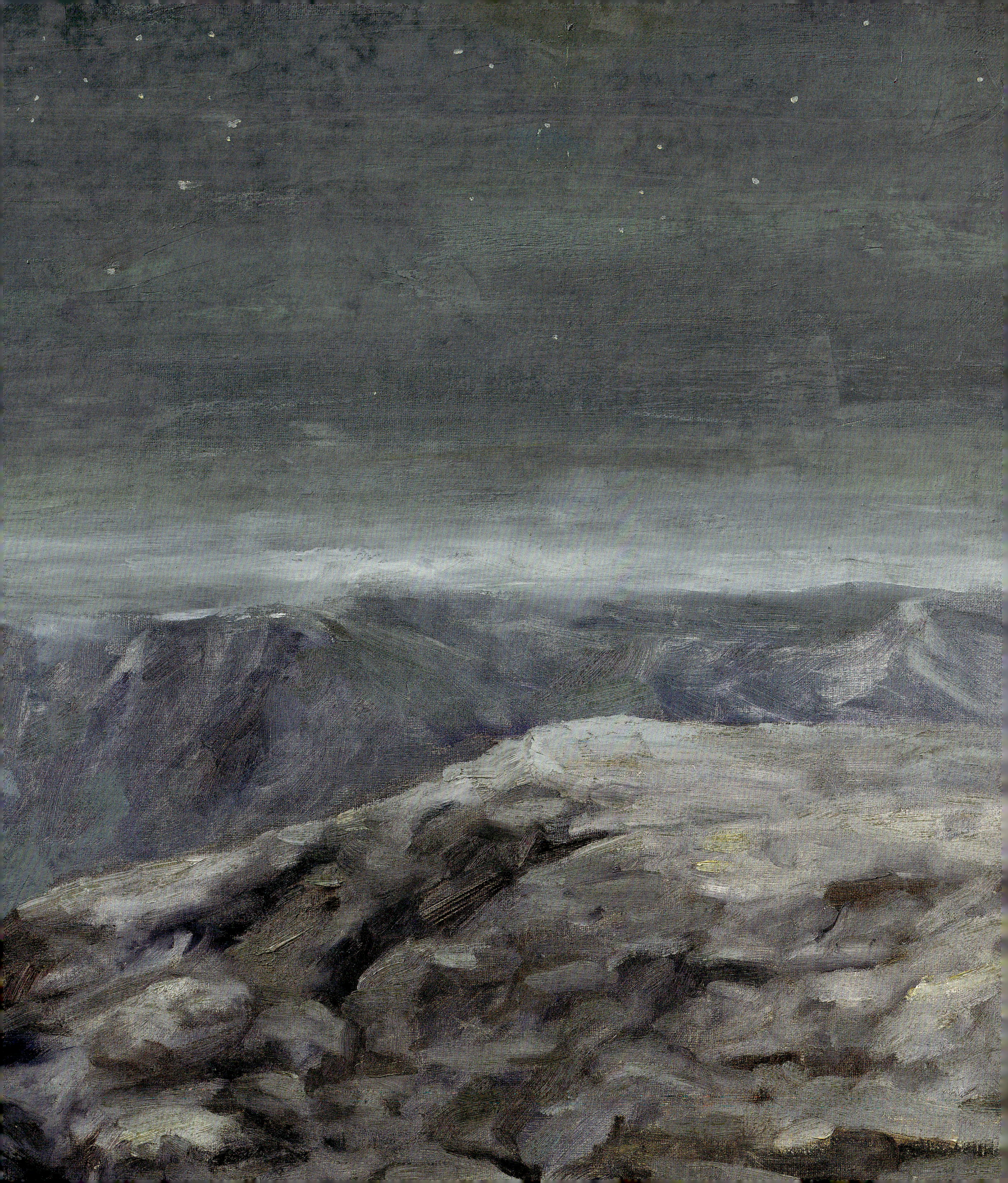

In copertina / Cover
I giorni del vento, 2017 (dettaglio)
The Days of Wind, 2017 (detail)
Olio su tela / Oil on canvas, 100 × 80 cm

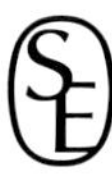

Silvana Editoriale

Direttore generale / General director
Michele Pizzi

Direttore editoriale / Editorial Director
Sergio Di Stefano

Art Director
Giacomo Merli

Coordinamento redazionale / Editorial Coordinator
Maria Chiara Tulli

Redazione / Copy Editing
Filomena Moscatelli

Traduzione / Translation
Cristina Pradella

Impaginazione / Layout
Stefano Tosi

Coordinamento di produzione / Production Coordinator
Antonio Micelli

Segreteria di redazione / Editorial Assistant
Giulia Mercanti

Ufficio iconografico / Photo Editor
Silvia Sala

Ufficio stampa / Press Office
Alessandra Olivari, press@silvanaeditoriale.it

ISBN 9788836656707

Silvana Editoriale S.p.A.
via dei Lavoratori, 78
20092 Cinisello Balsamo, Milano
tel. 02 453 951 01
www.silvanaeditoriale.it

Le riproduzioni, la stampa e la rilegatura
sono state eseguite in Italia
Reproductions, printing and binding in Italy
Stampato da / Printed by
Peruzzo Industrie Grafiche, Mestrino (Padova)
Finito di stampare
nel mese di febbraio 2024
Printed February 2024